護るために殺す？

アフリカにおけるスポーツハンティングの
「持続可能性」と地域社会

安田章人

Killing for "Protection"?
Sport hunting in Africa and "Sustainability" of local community

keiso shobo

はじめに

　我々は，すぐに彼らの痕跡を見つけた．真新しい足跡と排泄物．どうやら，この小高い丘を登っているようだ．気づかれないように，そして臭いをかぎつけられないように，息を殺して風下から群れに近づく．丘を登り切ったとき，木々の間から黒と赤茶色の巨体が垣間見えた．ライフルの射程内に入れるために，さらに近づく．ガイドの指示で，スペインから来た客は射撃体勢に入った．サバンナの静寂を切り裂く轟音．硝煙の臭い．黒い巨体を揺らし，オスのバッファローは地面に倒れた．首を一発で撃ち抜かれたようだ．絶命したのを確かめるために，ガイドは倒れた獲物に石を投げつけた．石は身体に当たったが，バッファローはピクリとも動かなかった．それを確認すると，客とガイドは満面の笑みを浮かべ，がっちりと握手をした．そして，死体となったバッファローを起こし，体勢を整え，記念撮影をした．

　これは，私が 2007 年にアフリカ中央部・カメルーン共和国（以下，カメルーン）北部州において，スポーツハンティング（sport hunting）に同行したときの様子である（写真 0-1）．

　スポーツハンティングとは，トロフィーハンティング（trophy hunting）やレクリエーショナルハンティング（recreational hunting）とも呼ばれるように，狩猟のなかでも，特に娯楽およびトロフィー（野生動物の角や皮など）の獲得を目的とした活動である（写真 0-2）．リーダー＝ウィリアムス（Leader-Williams, N.）は，スポーツハンティングを「ハンターが，一人または複数でレクリエーションあるいは楽しみのために獲物を追跡すること」と定義した（Leader-Williams 2009：11）．あるハンターは，週末に仲間とともにピックアップトラックに乗り込み，街から数時間離れた森に入り，シカをライフルで撃つ．そのロ

i

はじめに

写真 0-1　バッファローとハンター

出所：狩猟自然博物館（パリ）にて筆者撮影.

写真 0-2　壁に飾られたトロフィー

ース肉は，夜のメインディッシュに姿を変え，大きな角は部屋を飾るオブジェとなる．また，あるハンターは，夏休みのバカンスを利用して，家族とともにアフリカのサバンナにでかける．国際線と，ハンティング会社が手配したセス

ナ機と四輪駆動車を乗り継いで，サバンナの真ん中に建てられたキャンプにた
どり着く．翌朝，ガイドと地元従業員とともにゾウを仕留める．1週間ほど，
キャンプでハンティングを楽しんだのち，自国に戻り，仕留めたゾウの象牙な
どのトロフィーが自宅に届けられるのを首を長くして待つ．

　このスポーツハンティングというものは，我々日本人にどれほど馴染みのあ
るものだろうか．かつて日本でも，第二次世界大戦後に，欧米文化に追従した
趣味的な狩猟をおこなうブームがおこった．しかし現在，スポーツハンティン
グという娯楽性に特化した狩猟に限らず，狩猟という活動自体がもはや一般的
なものではなくなっている．ある3つの大学の学部生を対象にアンケートをと
ったところ，198人中，約7割にあたる144人がスポーツハンティングを知ら
なかった．読者のなかにも，スポーツハンティングというものを知っていたが，
植民地時代の話，あるいはヘミングウェイの小説や白黒映画の世界の話と思わ
れていた方もいるかもしれない．このように，狩猟が一般的でなくなった現代
の日本において，ましてや娯楽に特化した狩猟が，「過去の遺物」と考えられ
るのも無理はないであろう．

　しかし，冒頭に描写したように，欧米諸国からのハンターを中心にアフリカ
をはじめとした世界各国で，スポーツハンティングは今も活発におこなわれて
いる．では，スポーツハンティングはいかにして生まれ，どのようにして現在
までおこなわれてきたのであろうか．

　現代におけるスポーツハンティングをとりまく重要な2つのキーワードがあ
る．それは，「持続可能性」，そして，「護るために殺す」である．

　「持続可能性」とは，もはや環境保全の基本的理念として，世界的に認識さ
れているといってよい．そして，近年，スポーツハンティングにおける議論に
も，「持続可能性」という概念が導入されている．それはつまり，「狩猟頭数制
限などの規則に基づき，計画的におこなわれるスポーツハンティングは，野生
動物を絶滅させることはない．さらに観光業として，そこから永続的に生み出
される経済的便益によって国家や地元社会は潤い，野生動物を保全するための
政策も経済的に支えることができる」というものである．これが，本書のタイ
トルとした「護るために殺す」という論理である．つまり，「『持続可能性』を
念頭に，野生動物と地域社会を護る（発展させる）ために，野生動物を観光目

的で殺す」ということである．こうした考えは，近年，一部の研究者のほか，経済発展と環境保護の両立に悩むアフリカをはじめとした途上国の政府に受け入れられ，台頭している．

ところが，「スポーツハンティングは，娯楽や観光のために野生動物を狩猟することである」と聞いて，「なぜ，そのような残酷なことをするのか」，「そんなことをして野生動物は絶滅しないのか」と思った読者も多いだろう．いまや自然環境や野生動物の保護は，現代社会において世界の共通目標となっている．かたや，動物愛護思想も一般的となっており，野生動物はもとより，家畜の利用にさえ反対運動がおこっている．この結果，現在，動物愛護団体を中心とした「スポーツハンティングは時代遅れで残酷である」と主張する反対派と，狩猟団体や行政を中心とした「スポーツハンティングは，野生動物保全と地域発展に貢献する」と主張する賛成派による論争が巻き起こっている．

しかし，こうしたスポーツハンティングにおける「持続可能性」および「護るために殺す」という論理や，その賛否をめぐる論争のなかで抜け落ちているものがあるのではないだろうか．それは，スポーツハンティングがおこなわれている地域に住む人々の存在である．

「生態的な持続可能性と経済的な豊かさを保障する」とされるスポーツハンティングは，一見，人と野生動物との共存をめぐる問題のための理想的な解決策にみえる．しかし，「スポーツハンティングによって野生動物は絶滅しないし，地元の人々はお金をもらって幸せ」というユートピア的なシナリオは，どれほど実現しているのだろうか，そしてその地域に住む人々は，どれほどそのシナリオを共有しているのだろうか．

また，スポーツハンティングをめぐる賛否において，野生動物は，賛成派からは「経済と観光に貢献する資源」，そして，反対派からは「手つかずの自然＝ Wilderness の象徴」とみなされている．しかし，地域住民にとって，野生動物とはこのような単純な存在であろうか．

スポーツハンティングは，野生動物を娯楽のために殺すという血なまぐさい行為であるとともに，大きな経済的便益を生み出す．しかし，ここから，「野生動物を殺すのはかわいそう」，あるいは「儲かっているのだからしょうがない」という西洋近代的な動物愛護思想あるいは市場経済的観点のみで，スポー

ツハンティングの是非や地域社会の将来を決めるべきではないだろう．その際，スポーツハンティングが実際におこなわれている現場を無視することはできないのではないだろうか．

　つまり，スポーツハンティングがおこなわれている地域に住む人々にとって，スポーツハンティング，そして野生動物とはどのような存在なのであろうか．いま，このことに目をむける必要がある．

　このような考えを出発点として，私は，いままさに「護るために殺す」というシナリオのもと，スポーツハンティングを基盤とした野生動物保全政策が展開されつつあるカメルーン北部州において調査研究をおこなってきた．そこでは，スポーツハンティングが地域社会に与える影響を実証的に解明してきた．そして，本書では，生活者の立場と視点から，アフリカにおけるスポーツハンティングと地域社会の関係，そして，人と野生動物の関係の問題をとらえ直すことを目的とする．

　もちろん，現地の人々にとって，私は「よそ者」であるし，彼らの代弁者になることはできない．しかし，私は，日常的な存在として野生動物とともに生きてきた，そして現在も生きている地域住民と寝食をともにして，生活者の立場と視点からスポーツハンティングと地域社会の関係について考察をおこなってきた．本書は，その一区切りとして刊行するものである．

　アフリカ，そしてスポーツハンティングという，読者の生活にはほとんど馴染みのないエキセントリックな事例ではあるが，これは日本国内でおこっている「人と野生動物」の関係をめぐる問題とも無関係ではない．昨今，日本国内において，シカやイノシシ，サルなど，「増えすぎた」とされる野生動物がもたらす農作物被害や植生荒廃などが問題視されている．また，ブラックバスやヌートリアなど，外来種あるいは移入種による生態系の攪乱や固有種への悪影響が問題となっている．こうした問題に対して，間引きや根絶による個体数調整を中心とした野生動物管理（ワイルドライフマネージメント）が，官学を挙げて進められている．

　野生動物管理において中心となってきたのは，やはり，生物学や動物生態学など，動物側からの自然科学的なアプローチであった．しかし，人と野生動物の関係をめぐる問題はすでに社会問題化しており，そもそもこれは野生動物自

はじめに

身の問題であるとともに，人間社会の有り様，そして人々のもつ価値，倫理の問題とされているのである．そのため，問題の解決のためには，野生動物と深く関わる地域住民の視点と立場を重視した社会科学の分野からのアプローチも求められている．

　人と野生動物の関係をめぐる問題が深刻化，多様化している現代において，今後，我々が，動物とどのようにして共存していくべきかを考察するうえで，本書がその一助となれば幸いである．

　本書は以下のように構成されている[1]．

　第1章では，野生動物保護や動物愛護が市民権を得るなかで，スポーツハンティングは現代までいかにして生き残ってきたのか，その歴史的過程でハンティングがおこなわれている地域に住む人々とどのような関係をもってきたのか，そして，スポーツハンティングがどのように「持続可能性」と関わり，「護るために殺す」という論理によって台頭することとなったのか，について迫りたい．そのために，娯楽としての狩猟が西洋社会で生まれ，アフリカにまで導入されてきた経緯や，近現代における動物愛護精神と運動の萌芽と発展，中世西洋社会およびアフリカの地域住民と狩猟の関係の歴史，そして，スポーツハンティングの賛否をめぐる論争を概観し，本書の視座と目的を改めて示す．

　第2章では，ライセンス発行数や税収などの数値を示しつつ，カメルーン北部州におけるスポーツハンティングの歴史と現状を分析する．また，サファリとの比較をおこない，調査地の野生動物保全政策におけるスポーツハンティングの位置づけを明らかにする．

　第3章では，北部州東部において，スポーツハンティングがおこなわれている現場に住む農耕民と牧畜民の生業を概観したのち，スポーツハンティングがその生活にもたらす具体的な影響を詳究する．

　第4章では，北部州西部において，近年狩猟区が設定され，スポーツハンティングによる観光が開始されようとしている過程において，地域住民の生活に

1　本書は，2004年から2012年までの間に断続的におこなった，計24ヶ月にわたる5度のフィールドワークによって得られたデータに依拠する．調査地では複数の村落に滞在し，地域住民の生業活動を参与観察するとともに，地域住民，観光事業者，ハンター，政府関係者に対する聞き取り調査をおこなった．聞き取り調査は，カメルーンの公用語の1つであるフランス語でおこなった．また，首都などの政府関係機関において資料収集をおこなった．

はじめに

どのような社会的影響が及んでいるのかについて実証的に分析する.

　終章では，第3章および第4章で分析した，スポーツハンティングがもたらす地域社会への影響を，第1章で整理したスポーツハンティングに関する歴史的視点および，地域住民の生活や生業の観点から検討する．それによって，本書の出発点である「地域住民にとって，スポーツハンティング，そして野生動物とはなにか」という問いを糸口として，「護るために殺す」という論理の裏側に隠された実態に迫る.

目　次

はじめに　i

第1章　人，獣を狩る————————————————————1

第 1 節　スポーツハンティングの現状とアフリカ・・・・・・・・・・・・・・・・・・・・・・・1

第 2 節　スポーツハンティングの「誕生」とアフリカへの進出　・・・・・・・・・・6

　　　　1．娯楽のための狩猟の萌芽

　　　　2．アフリカへの進出と「要塞型保全」

　　　　3．「住民参加型保全」とサファリ

第 3 節　「時代遅れな狂気の遊び」か，「現代の野生動物保全の特効薬」か・・20

　　　　1．動物愛護の芽生えと狩猟批判

　　　　2．「動物の権利運動」とスポーツハンティング批判

　　　　3．ハンター側からの反論

　　　　4．「持続可能性」と「護るために殺す」

第 4 節　本書の視座と目的・・・39

第2章　カメルーン北部州のサバンナに響く銃声————————45

第 1 節　スポーツハンティングと自然保護政策の歴史・・・・・・・・・・・・・・・・・46

第 2 節　スポーツハンティングのいま・・・・・・・・・・・・・・・・・・・・・・・・・・・・・・56

　　　　1．狩猟区とスポーツハンティング

　　　　2．スポーツハンティングに関する規則と違反

　　　　3．「銃」と「カメラ」の比較

第 3 節　政府と観光事業者にとってのスポーツハンティング・・・・・・・・・・・77

第3章　スポーツハンティングがもたらす光と影——A村の事例——81

第 1 節　狩猟区に生きる人々・・・・・・・・・・・・・・・・・・・・・・・・・・・・・・・・・・・・81

目　次

第2節　A村周辺の地域史──スポーツハンティングとの「遭遇」・・・・・・・・88

第3節　スポーツハンティングがもたらす「光」・・・・・・・・・・・・・・・・・・・・・91

　　1．「それでも金のために働くしかない」──雇用機会の恵与

　　2．限られた「スポットライト」

　　　　──狩猟区の借地料の分配と公共施設の提供，野生獣肉の譲与

第4節　狩猟区に住む人々にとっての野生動物・・・・・・・・・・・・・・・・・・・106

　　1．食卓の「主役」と「タブー」

　　2．農業・牧畜の「敵」

　　3．狩猟儀礼と説話の「登場人物」

第5節　スポーツハンティングがもたらす「影」・・・・・・・・・・・・・・・・・・124

　　1．「違法」な生業

　　2．「違法行為」に対する取り締まりと罰則

　　3．生活に忍び寄る「影」

　　4．響く銃声と響かない声

第6節　「光」の拡充と「影」の固持・・・・・・・・・・・・・・・・・・・・・・・・・・141

第4章　新たな銃声がもたらすもの──Ｘ村・Ｙ村の事例 ──── 149

第1節　発砲を妨げるもの・・・・・・・・・・・・・・・・・・・・・・・・・・・・・・・・・・150

　　1．農牧の戦い

　　2．ウシに占拠された狩猟区

第2節　差し込む「影」・・・・・・・・・・・・・・・・・・・・・・・・・・・・・・・・・・・156

　　1．突然の来訪者

　　2．残り3日の「故郷」

第3節　「私はラミドの言葉に従う」・・・・・・・・・・・・・・・・・・・・・・・・・163

終　章 ─────────────────────── 171

第1節　護るために「殺されるもの」と欠けた柱・・・・・・・・・・・・・・・175

第2節　「持続可能性」と重い歴史の「桎梏」・・・・・・・・・・・・・・・・・179

おわりに　　193

初出一覧　　197
参考文献　　199
索引　　211

凡　例

1. 文中の外国語表記について，単にアルファベット表記されているものは，地名や人名を示す．アルファベット表記に加え，（仏：）とあればフランス語表記を，（英：）とあれば英語表記を示す．また，イタリック斜体は，単体では動植物の学名を表す．イタリック斜体表記とともに，（D：）とあれば現地語のディー語を，（P：）とあればペレ語を，（M：）とあればブーム語を，（F：）とあれば地域言語のフルベ語による表記を示す．なお，ディー語の綴りは（Bohnhoff et al. 2002）に，フルベ語は（Eguchi 1986）に主に準じた．ディー語，フルベ語ともに単数形で表記した．そのほか，併記したカタカナは筆者が現地でおこなった聞き取り調査に拠る．

2. 本書内の写真は，特に明記のない場合は筆者撮影のものである．

3. 聞き取り内容には，聞き取りをおこなった年月日と，対象者の年齢を付記した．なお，年齢は調査当時のものである．

第1章

人，獣を狩る

　本章では，本書の「主役」であるスポーツハンティングを多角的に分析する．本章の大きな目的は，「護るために殺す」という論理が台頭するに至った，スポーツハンティングとそれにかかわる政策の歴史的背景と過程を明らかにし，そのような歴史と現状において，地域住民はどのように位置づけられてきたのかに迫ることである．

　そのためにまず，世界におけるスポーツハンティングの現状を概観する．そののち，中世西洋社会で生まれ発展した娯楽のための狩猟がアフリカ大陸に導入された歴史，そしてその過程における地域社会とのかかわりを概括する．そのうえで，動物愛護精神の起こりやアフリカにおける野生動物保全政策の歴史を踏まえつつ，狩猟に対する倫理的批判と，「護るために殺す」という論理によって展開されている，スポーツハンティングの是非をめぐる二項対立を分析する．最後に，この議論において，当事者である地域住民の立場が欠落していることを批判的に考察したうえで，本書の視座と目的を示す．

第1節　スポーツハンティングの現状とアフリカ

　日本国内において，明治後期から大正，昭和初期にかけて，第一次世界大戦による好況や，散弾銃の輸入の増加，国際毛皮市場の参入の影響などを受けて，狩猟者人口は急激に増加した（全日本狩猟倶楽部 1973）．その後，第二次世界大戦後にも，欧米文化に追従した趣味的な狩猟をおこなう狩猟者の人口が増加し，狩猟ブームがおこった（朝日新聞 1959 年 11 月 23 日朝刊）．しかし，ブームの終

第1章　人，獣を狩る

焉とともに，1970 年代のピーク時には 50 万人と推定された狩猟者は，2000 年代に 20 万人以下にまで激減し，2005 年には人口の 0.16％を占めるにとどまっている（Igota and Suzuki 2008）．全日本狩猟倶楽部が刊行する機関誌『全猟』は，1959 年ごろから狩猟ブームに便乗し，発行部数が増加し始め，最盛期では月 2 万 5,000 部を発行していたが，狩猟者の減少と同調するように，2007 年には 5,000 部にまで落ち込んだ[2]．

　世界的なスポーツハンティング協会である Safari Club International（SCI）は，1996 年の時点で約 3 万人の会員を抱え，毎年 20％増の割合で会員を増やしている（Jackson 1996）．アメリカには，2006 年の調査では 16 歳以上の人口の 5.2％にあたる約 1251 万人のハンターがいるとされた（USDOI 2007）．1991 年から 2001 年の間，生業のための狩猟を含めて，全体の狩猟者数は減少傾向にはあるものの，大物を狙う，いわゆるビッグゲームハンター（big game hunter）の数は維持されている（Lovelock 2008）．また，約 647 万人のハンターを抱えるヨーロッパ 20 カ国[3]では，その 8 割にあたる 16 カ国[4]で，ハンターの数が維持または増加している（Chardonnet et al. 2002）．フランスでは，狩猟に関する雑誌が，日常的に駅や街角の売店で売られており，たとえば，月刊誌 "Connaissance de la Chasse" は 6 万部／号，季刊誌 "Le Magazine des Voyages de Chasse" は 2 万 5,000 部／号を発刊している[5]（写真 1-1）．これらの数字から，少なくとも前述の日本の現状と比較して，欧米では現在も狩猟は一般的な活動であるといえる．

　我々日本人に馴染みの薄いスポーツハンティングは，決して過去のものではなく，現在も活発に世界中でおこなわれている．欧米人を中心としたトロフィーコレクター（trophy collector）とよばれる多くのスポーツハンターが，世界中の珍しい野生動物のトロフィーや，それぞれの動物種のなかで世界最大のトロフィーを手に入れるために，世界中でスポーツハンティングをおこなっている．

2　2007 年におこなった出版社への聞き取り調査結果による．

3　オーストリア，ベルギー，デンマーク，フィンランド，フランス，ドイツ，ギリシャ，ハンガリー，アイルランド，イタリア，ルクセンブルク，オランダ，ノルウェー，ポーランド，ポルトガル，スロベニア，スペイン，スウェーデン，スイス，イギリスの 20 カ国．

4　前注の 20 カ国から，フランス，スペイン，ギリシャ，イタリアを除いた 16 カ国．

5　2007 年におこなったそれぞれの出版社への聞き取り調査結果による．

第1節　スポーツハンティングの現状とアフリカ

写真1-1　欧米で販売されているハンティング雑誌

　スポーツハンティングがおこなわれる国や地域について見てみると、北米や西ヨーロッパ諸国、南部アフリカ諸国がもっとも「伝統的」な地域であり、東ヨーロッパ、南米、オセアニア、アフリカ、中央アジアの諸国で、近年活発化している（表1-1）。北米や西ヨーロッパ諸国では、自国や隣国からのハンターによって、シカやイノシシ、鳥類などが狩猟されている。そのほかにも、アメリカでは、海外から導入した稀少な野生動物をランチ（ranch）と呼ばれる牧場で繁殖させ、狩猟するという経営がなされている。そのほかのいわゆる第三世界とよばれる地域は、新たなスポーツハンティングのフィールドとして、欧米からのハンターを誘集している。たとえば、カザフスタンやモンゴルは、大きな角をもったアイベックス（ヤギの仲間）やアルガリシープなどを目玉とし、世界中からハンターを集めている。

　北米や中央アジア、ヨーロッパなど、スポーツハンティングがおこなわれている世界中の地域のなかでも、特にハンターたちに今も昔も「故郷」あるいは「メッカ」とされているのが、アフリカ大陸である。前述のSCIの会員の1／3が、1年から1年半の間に1度は、スポーツハンティングのためにアフリカを訪れているとされる（Jackson 1996）。2003年の時点で、42あるサハラ以南のアフリカ諸国のうち25カ国において、スポーツハンティングが公式におこ

第 1 章　人，獣を狩る

表 1-1　野生動物に対する消費的な観光利用がおこなわれる地域の類型

類型	事例国	特徴
伝統的な旧世界 Traditional old-world	ドイツ フランス イギリス イタリア	「伝統的な」狩猟地域．ハンターは，自国内あるいは他の EU 諸国を訪れ，シカやイノシシなどを狩猟する．
伝統的な新世界 Traditional new-world	南アフリカ共和国 ジンバブエ ボツワナ アメリカ カナダ	国際的なスポーツハンティングがおこなわれる国々の代表格．しかし，いくつかの国では，不景気や人と野生動物の軋轢，野生動物保護が問題となっている．
振興する旧世界 Growing old-world	ポーランド ブルガリア ルーマニア ハンガリー	競争価格の設定と，来訪するハンターの密度が低いことにより，市場が振興している．
新興する新世界 Emerging new-world	チリ アルゼンチン メキシコ オーストラリア ニュージーランド トンガ ニューカレドニア カメルーン 中央アフリカ共和国 エチオピア モザンビーク	新興地として注目されている．しかし，アフリカに関しては，内戦など，安全面にまだ課題が残っている地域もある．
新たに開拓された地域 New discoveries	カザフスタン ウズベキスタン 中国 アゼルバイジャン モンゴル ロシア	他地域では保護種であることなどから，狩猟することが難しかった「新しい」野生動物種を狩ることができる．ただし，いくつかの野生動物保護に関する問題が残されている．

出所：(Lovelock 2008:7) より筆者作成．

なわれている（Roulet 2004）（図 1-1）．そして，それらの国々に，主に欧米諸国から毎年 1 万 8,500 人以上のハンターが訪れる（Lindsey et al. 2007）．スポーツハンティングが認められているアフリカ諸国の総面積の 22％にあたる約 13 万 9,400km^2 が，スポーツハンティングのために利用されている（Lindsey et al. 2007）．

4

第1節　スポーツハンティングの現状とアフリカ

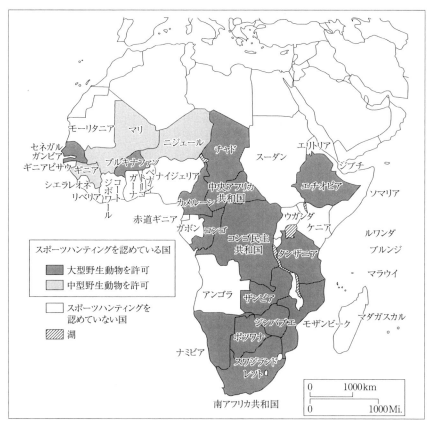

出所:（Roulet 2004:618）より筆者作成.

図1-1　サハラ以南のアフリカ諸国のうち，スポーツハンティングを正式に認めている国（2003年現在）

　地域別に見ていくと，アフリカ南部は，もっともスポーツハンティングが盛んな地域である．なかでも南アフリカ共和国は，もっとも多くのハンターを集める最大のスポーツハンティング産業国であり，アフリカでハンティングをおこなう客の88％がこの国を訪れている．アフリカ南部では，主に私有地でスポーツハンティングがおこなわれており，たとえば，私有地が国土の43％を占めるナミビアでは，複数の土地所有者によってコンサーバンシー（conservancy）とよばれる組織がつくられ，大規模なスポーツハンティング経

5

第1章　人，獣を狩る

営がおこなわれている（Barnes and Jones 2009）．スワジランドを除いたすべての南部アフリカ諸国で，ゾウ，バッファロー，ライオン，ヒョウといった狩猟価値の高い動物を撃つことができる．南アフリカ共和国とナミビアは，クロサイ，シロサイの両方をハンティングすることができる唯一の国である．

　アフリカ東部において，例外的にケニアでは1977年からスポーツハンティングは一般的に禁止されているが，他の東アフリカ諸国では活発にスポーツハンティングがおこなわれている．特にタンザニアでは，アフリカ全体でもっとも広大なハンティングのための土地が設定されており，アフリカの他のどの地域に比べても，より多くのバッファロー，ヒョウ，ライオンがハンティングされている（Baldus and Cauldwell 2004）．

　一方，アフリカ中部・西部では，東・南部に比べ，スポーツハンティングは活発ではない．しかし，そのなかでもカメルーンと中央アフリカ共和国は，ダービーズエランドやボンゴのような珍しい動物種を目玉としており，セネガルなどの河川を有する国では鳥類を対象としたハンティングが有名である．

第2節　スポーツハンティングの「誕生」とアフリカへの進出

　ここまで，世界におけるスポーツハンティングの現状を概観してきた．では，現在でも活発におこなわれている娯楽のための狩猟，スポーツハンティングは，どのようにして始まり，アフリカでおこなわれるようになったのであろうか．また，その過程において，スポーツハンティングと野生動物保全政策，そして地域住民はどのような関係にあったのか．本節では，西洋社会におけるスポーツハンティングの「誕生」と，アフリカへの導入の歴史，そしてその歴史過程における地域住民の位置づけについて整理する．

1.　娯楽のための狩猟の萌芽

　狩猟には，食料や生活用具のための資材（肉や内臓，骨，皮など）を得る，そしてそれとともに人命や農作物，家畜などを守るという目的がある．しかし，野生動物を狩るという行為には，自然や野生動物と対峙するスリルや，大量あ

6

第2節　スポーツハンティングの「誕生」とアフリカへの進出

出所：(Alexandre Menjaud, "François Ier tuant le sanglier" 1827).
http://www.latribunedelart.com/spip.php?page=docbig&id_document=1553
写真 1-2　イノシシを仕留めたフランソワ 1 世とそれを称える貴婦人たち

るいは特大の獲物を仕留めたときの征服感などがともなわれる．スポーツハンティングとは，このような精神的欲求を満たす目的に特化した狩猟といえる．狩猟は文明化とともに社会的優越性を示す道具として，次第に貴族，領主，戦士のような権力者に独占され，本来の生業のための活動からスポーツや娯楽へと昇華されてきた（ドロール 1998）（写真 1-2）．たとえば，ユーラシア大陸では紀元前 2000 年ごろに，娯楽的な要素を含んだタカを使役して獲物を獲る鷹狩りが発祥し，それは日本には 4 世紀ごろに伝わり，皇室の行事として始められた（全日本狩猟倶楽部 1973）．日本では，古代，そして近代の天皇にとって，鷹狩りに限らず狩猟をおこなうことは，娯楽や軍事的な訓練を目的とすると同時に，土地の支配を象徴する儀礼でもあった（瀬戸口 2008）．古代エジプトやアッシリアの帝王たちは，自らがライオンと戦うことで，民衆に自らの力を誇示し，英雄視させた．古代ギリシャ人は，犬と弓矢と槍を使って大型哺乳類に対

7

第 1 章　人，獣を狩る

出所：(Pier-Paul Rubens, and Jan Brueghel, "Diane et ses nymphes partant pour la chasse", 1623-1624).
狩猟自然博物館（パリ）にて筆者撮影.
写真 1-3　狩りの準備をするディアナとニンフたち

する狩猟をおこない，プラトン（Platon）は，それを若い支配階級の男たちにとってのスポーツであるとした（カートミル 1995）．古代ギリシャにおけるこのような狩猟は神話にも登場し，その後ローマ人によってディアナと呼ばれるアルテミスは，狩猟の神として頻繁にたたえられた（写真 1-3）．そして，「このような神話のなかでは，狩猟は食物供給とはなんら関係がない」（Fontenrose 1981：254）とされ，古代ギリシャにおける狩猟の神話性は，生業的・経済的な役割に比べて，格段に重要であったという．

　つぎに示すように，中世西洋社会において，狩猟とは支配者の代名詞であった（野島 2010）．中世初期までは，自由民であれば誰でも狩猟を自由におこなうことができ，ゲルマン民族が定住化し土地所有が開始されたのちも，狩猟の意義（肉・皮の利用，農作物・人命の保護）が依然高く，狩猟の権利は制限されなかった．ところが，開墾と農業技術の進歩によって，人口増加と人間の居住地の拡大が起こり，反対に森林と野生動物の数は縮小すると，わずかに残った野生動物が生息する森林は支配者のためだけの狩猟獣保護区として囲われ，狩猟は特権化された行為とされはじめる（カートミル 1995；ドロール 1998）．まずは，所有権が明確ではない森林や沼沢にはじまり，そしてすでに所有者のある森林，

放牧地や畑に至るまで，王による狩猟権の独占が進められた（野島 2010）．

やがて，皇帝権の弱体化によって，大貴族が独立した国家を形成する領邦君主制へと移行した．それにともない，13, 14 世紀には領邦君主は，共有地の管理者の立場を手に入れ，農村の共有林における狩猟を含めた利用権を掌握した．さらに，開墾が進み，森林減少が目立つようになると，領邦君主は，野生動物や森林の保護を口実に，狩猟や森林に関する監督権を主張し，土地所有に関係なく，領土内のすべての土地に適用される狩猟と森林に関する実権を握った．15 世紀になると，君主による狩猟熱はますます高まり，狩猟権は領邦君主に付属する特権との考えが貫かれた．17, 18 世紀には，狩猟は領邦間の外交・社交行事として成立した．狩猟に関する物品やタカなどの猟鳥，猟犬は，婚姻や外交的な取引の際の贈答品として利用された（頼 2005）．また，結婚式では，祝祭狩猟が豪華な見せ物としておこなわれた．たとえば，1666 年の神聖ローマ皇帝とスペイン王女の結婚の際には，6 種類 620 頭以上の狩猟動物（500 頭以上のアカシカ，50 頭のイノシシ，70 頭以上のダマジカ，数頭のシャモア，4 頭のクマ，オオカミ）が，皇帝や貴族らによって殺された（野島 2010）．

ドイツでは，囲い込み猟がおもにおこなわれ，王侯や宮廷への賓客らは，射手台から装填された銃を次々と受け取り，何の危険もなく天幕や人工湖で囲まれた狭い場に放たれた大量の動物を狩猟していった．フランスでは，特に追走猟がおこなわれた．これは，宮廷に仕える狩猟員が猟犬をつかい，シカを疲れ果てて動けなくなるほど追い回したのち，あとから来た王侯がとどめをさすというものであった（写真 1-4）．ルイ 9 世（Louis IX）は，1 週間のうち 3 日から 5 日を追走猟に費やし，50 年間で約 1 万頭のアカシカを狩猟したことで有名である（カートミル 1995）．フランスの貴族たちも，トゥルノワやジュート（それぞれ戦争と決闘を模した命がけの遊戯）とならんで，狩猟に熱狂した（ジュスラン 2006）．イギリスにおいても，ヘンリ 8 世（Henry VIII）は，数百頭ものシカを取り囲んで，グレーハウンドをけしかけるという狩猟に興じ，エリザベス 1 世（Elizabeth I）も晩年まで狩猟に熱中した（トマス 1989）．

こうした狩猟は，上流階級のステータスシンボルとなり，紳士的作法や知識を披露する場でもあった．野生動物の排泄物ひとつをとっても，「草をはむもの」，「害獣のたぐい」，「くさい連中」など，動物種によってそれを指す単語が

第1章 人,獣を狩る

出所:狩猟自然博物館(パリ)にて筆者撮影.
写真 1-4 シカの剥製と,シカ猟を描いたタペストリー

使い分けられていた(カートミル 1995).そのほか,シカの枝角の形,形跡,装備,猟犬に与える叫び声などの何百もの用語を記憶しておく必要があった.そして,この特権階級による狩猟は,儀式的な狩猟でもあった.駆り出し猟(大勢の勢子をつかい,獲物を追い立てる猟)では,獲物が得られたのち,「獲物の検分」と呼ばれる儀式がおこなわれた.それは,「緑の葉がついた枝で地面と周囲を飾り,獲物を並べ,各々の獲物の数が報告され,その後,各動物の栄誉を称え,動物に応じたホルン曲が狩猟員により吹かれ,最後に『ハラリ(狩猟は終わった)』の曲が奏される」(野島 2010:18)というものであった.このように王侯貴族による狩猟は細かく様式化され,煩雑な狩猟用語を使い分ける必要があったため,狩猟に関するマニュアルと知識が記された「狩猟術の書」が出回った(頼 2005).この狩猟術の書には,狩猟に関する実用的な技法だけでなく,貴族としての価値観と狩猟における美徳(姿の美しさ,武勇,気前の良さ

第 2 節 スポーツハンティングの「誕生」とアフリカへの進出

出所：J.-B. Oudry, "La Mort du cerf (tenture des chasses de Louis xv)", 1736〜1738 (Chimay et al. 1970: 136).

写真 1-5　ルイ 15 世による猟犬と馬をつかったシカ猟

など）についても言及されていた．

　この一方で，庶民による落とし穴や罠をつかった狩猟は，貴族らがおこなう高貴な狩猟の対極に位置づけられ，野蛮であるとされた（頼 2005）．さらに，王侯貴族らは，豪奢な狩猟行事を一般庶民に見せつけることで，彼らの社会的優越性を誇示し，庶民が起こすかもしれない反乱の試みをくじいていたとされる（ドロール 1998）．つまり，狩猟を独占し権力を見せつけるため，そして治安維持のために，王侯貴族らは庶民による狩猟に対して厳しい制限を課した．具体的には，剣や槍，くくり罠などの所持とそれをつかった狩猟を禁じ，御猟地（領主のための狩猟地）に入ることを厳しく制限した．そして，密猟者には，生き埋めや絞首刑，四肢の切断など，残酷な処罰が与えられた[6]（デンベック 1979）．また，領主による狩猟の邪魔になるという理由で，畑のまわりに獣害を防除するための柵や垣根を設置することを禁止し，犬を飼うことを制限する

---

[6] フランスにおいては，18 世紀まで，金銭や賦役と引き替えに狩猟権を王侯貴族以外の者に移譲することが頻繁になされ，比較的自由に狩猟をおこなうことができる地域があった．しかし，密猟が目に余るようになると，特に 16 世紀と 17 世紀の間，密猟に対する処罰は，他のヨーロッパ諸国と同様に厳しくなり，密猟者はガレー船送りや絞首刑に科せられた（ジュスラン 2006）．

11

第 1 章　人，獣を狩る

とともに，飼っていても片方の脚や腱を切らせた事例があった（デンベック 1979；野島 2010）．農民たちはシカが穀物やカブを食べ，イノシシがあらゆる作物を踏みつぶし掘り出すのを，ただ眺めるしかなかった．彼らは，動物らを追い払うことは許されず，それどころか，領主の狩猟動物に敬意をはらうために，脱帽することさえも要求された（デンベック 1979）．さらに，御猟地周辺の農民に対しては，狩猟賦役として，狩猟員の宿泊，猟犬の世話，狩猟具，衣服，食料の運搬，狩猟動物を追う勢子，囲いから逃げないための番，幕などの建設，獲物の運び出し，牛馬車の提供などを無償でおこなうことが課せられた（野島 2010）．得意とする長弓で王のシカを狩り，金持ちから金品を盗み貧者に施しをした義賊ロビン・フッドの物語は，こうした禁猟や狩猟賦役など，圧政に苦しむ庶民が権力に対する反逆として語り継いだものだった．

　しかし，こうした王侯貴族らによる独占的な狩猟は，フランスでは 1789 年におこったフランス革命によって，ドイツ，オーストリアでは 1848 年の三月革命によって終焉を迎える．これらの市民革命によって貴族が没落した後，ハンターたるための決定項は階級から財力に移行し，その中心的存在は裕福なブルジョワ階級となった．やがて，裕福なハンターは，ヨーロッパ列強による帝国主義によって，ヨーロッパ以外のアジアやアフリカの植民地にも進出する．

2.　アフリカへの進出と「要塞型保全」

　19 世紀中ごろからアフリカ内陸部へ赴いたヨーロッパ列強からの探検家らは，凶暴な猛獣が生息する未知の「暗黒大陸」での探検を，まさに冒険として描いた（たとえば Kirby 1896；Cumming 2005）．アフリカ内陸部への探検を足場に，アフリカ大陸が列強によって植民地化された後，欧米の富裕層は入植した狩猟ガイドに案内させ，豪奢な狩猟旅行をおこなった．特に，多様な大型ほ乳類が豊富に生息していたケニアはハンターたちの楽園であり，1920 年代，30 年代にはケニアで狩猟旅行をおこなうことは，欧米の上流階級にとって第一の野外レクリエーションとなった（Steinhart 2006）．西洋人が植民地においておこなう狩猟は，大勢の現地の人々を引き連れ，「邪悪で凶暴な」野生動物を近代的な銃で大量に狩猟し，エキゾチックなトロフィーを得るものであった（写

12

第2節 スポーツハンティングの「誕生」とアフリカへの進出

出所：(Hutchinson 1905：294).
写真1-6 西洋人によって狩猟された野生動物の大量のトロフィー

真1-6）．植民地期の東アフリカで狩猟ガイドをおこなっていたハンター (Hunter, J. A.) は，野生動物が豊富に生息していた地域にアメリカからの客を連れてきた際，猟の様子を次のように描写した．

　「私の二人の客は，いきなり菓子屋の店の中にとびこんだ子供のように歓び，銃が熱くなつて持てなくなるまで射ちまくつていた（原文ママ）．毛皮と角に対する彼等の情熱を満足させるには明るい昼日なかの時間は余りにも短すぎた」（ハンター 1957：46）．

このような破壊的な狩猟は，異国の領土の征服と支配による帝国主義を象徴し，他人種の支配を正当化することの一役を担っていたとされる（MacKenzie 1997）．つまり，中世西洋社会と同様に，西洋人が植民地でおこなった狩猟にも，権力と財力を誇示し，下位階級を支配するという象徴的な意味が存在した．それを示すように，西洋人ハンターが記した旅行記には，「猛獣に立ち向かう勇敢な白人と，逃げ惑う臆病な黒人」という明確な対比をおこなった挿絵がしばしば登場した（写真1-7）．

13

第1章 人，獣を狩る

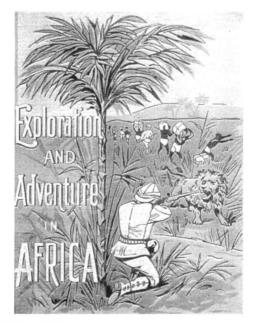

出所：(Holmes 1893).
写真1-7　ライオンを狙う西洋人ハンターと，逃げる現地の人々

　このような過剰な狩猟を主因として，ヨーロッパからの入植者は，20世紀初頭までにアフリカ大陸で多くの野生動物を激減あるいは絶滅させた．たとえば，シマウマの近縁種のクアッガや，青い毛皮を持ったブローボック，ケープライオンは姿を消し，アフリカゾウは激減した．

　これを受けて，西洋からのハンターらは，それまでのどれだけ多くの獲物を仕留められるかという歯止めのない暴力を賞賛する倫理に代わって，獲物の美的・質的な基準を考慮した眼識と抑制を強調した倫理を打ち立てた．彼らは，「大量殺戮」，「残虐」という批判を避けるために，自分たちのおこなっている狩猟を，スポーツ精神・博愛をアピールしたスポーツハンティングとして確立させようとした（リトヴォ 2001）．たとえば，彼らは南ローデシア（現在のジンバブエ）の草原地帯を，植民地の若者がスポーツ精神を養うことができる，野生でエキゾチックな土地としてみなした（Wolmer 2005）．そして，無益で思慮

第2節　スポーツハンティングの「誕生」とアフリカへの進出

に欠ける狩猟をおこなうハンターは「似非『遊猟家』」であり，「真の『遊猟家』」ではないと，ハンターの間で線引きをおこなうようになった[7]（リトヴォ 2001）．

　しかし，当初，野生動物が激減したことについて，西洋からのハンターらは，野生動物は人為の及ばない僻遠の地へ退却したと考えていた（Kirby 1896）．つまり，彼らはまだ人が足を踏み入れたことのない処女地には，まだたくさんの野生動物がいると信じていた．それどころか，自分たちがおこなったそれまでの過剰な狩猟を棚上げし，野生動物を減少させたのはアフリカ人だと主張した．それによって，「地域住民の無計画で野蛮な狩猟」と，自分たちの「質を求める思慮深いスポーツハンティング」との差異を訴えるようになった．

　　「（猟獣の激減について）しかし，まったく疑いなく今日狩猟しているイギリス人ハンターがこの点において犯人ではない．ふつうのイギリス人ハンターは注意深く倹約的なマナーを持ち，少しのよいトロフィーと短いキャンプでの生活のための肉を望んでいる．アフリカの猟獣を絶滅に追いやっているのは，アフリカ人自身である．彼らは安い銃を持ち，日々，そしていつでも殺し，尽きない忍耐とともに茂みを這いまわり，確実に仕留めるまで追い込む」[8]（Bryden 1905：17）．

　　「疑うことなく第一歩として，『銃をもった黒んぼ（nigger with a gun）』を抑圧しなければならない．現地民は，メスはオスよりも多くの脂肪を蓄えているため，メスを撃ちたがる．また，そのメスが妊娠していた場合，2倍満足する」[9]（The Times, May 7, 1900）．

　ところが，やがて奥地でも満足に目当てとする野生動物を狩猟することができなくなると，入植者らは初めて事態の深刻さに気がついた．これにより，アフリカにおけるスポーツハンティングは，19世紀後半から法的に規制される

7　アメリカにおいても同様に，野外におけるエチケットの有無によって，ハンターは，密猟者や市場目当ての狩猟者との線引きをおこなおうとした（ミゲット 1995）．
8　筆者による和訳．括弧内は筆者による注釈．
9　同上

第1章 人，獣を狩る

ようになった（リトヴォ 2001）．そして 1900 年にロンドンで開かれたアフリカ
における野生動物，鳥類，魚類の保全に関する国際会議（Convention for the
preservation of wild animals, birds, and fish in Africa）において，アフリカのサハ
ラ以南に植民地を持つ西欧諸国 [10] が集まり，初めて野生動物の保護に関する
協定と保護区（game reserve）の設定が決められた（United Kingdom of Great
Britain and Ireland 1900）．その結果，たとえば，1925 年にアフリカ初の国立公
園として，ヴィルンガ国立公園がザイール（現在のコンゴ民主共和国）に設定さ
れた．そして，続く 1933 年に同じくロンドンで開かれた国際会議によって，
アフリカにおける国立公園やサンクチュアリーの誕生に拍車がかかった
（Steinhart 2006）．

　西洋人がアフリカに野生動物保護区を設定した別の大きな理由として，雄大
な「手つかずの自然」の保存があった．そもそも，西洋社会では，「原生自然
＝ Wilderness」は「文明が絶えず戦いを挑んできた危険で不快な環境」（ナッ
シュ 1995）という否定的なイメージでとらえられていた．そして，啓蒙の時代
であった 18 世紀は，人間の自然に対する支配は称揚され，世紀末に始まった
産業革命の後押しを受け，その支配の程度を強めていった（鬼頭 1996）．とこ
ろが，アメリカ大陸の開拓において，リョコウバトやアメリカバイソンなどが
大量に殺され，多くの野生動物が絶滅してしまった．この状況に対して，18
世紀後半に自然を神秘的にとらえるロマン主義の思潮が出現し，それはアメリ
カ東部の都市化した地域で生活していた人々に支持された（鬼頭 1996）．この
人間による自然支配の反動により，「原生自然＝ Wilderness」は一転して，美
意識をもって「理想的な自然」と見なされるようになった（Crandell 1993）．そ
して，国立公園の世界的な先駆けとして，アメリカ西部に 1872 年にイエロー
ストーン国立公園が，1890 年にヨセミテ国立公園がつくられた．そして，同
時期にアフリカへの入植を始めていた西洋人も刺激を受け，アフリカ大陸にお
いても，勢力下においた地域の景観やめずらしい動植物を保護しようという動
きが起こった（クリストファー 1995）．つまり，西洋人の眼に「神秘大陸」とし
て映っていたアフリカ大陸でも，ロマン主義からの審美的な精神によって，雄

10　現在のイギリス，ドイツ，スペイン，フランス，イタリア，ポルトガル，コンゴ独立国（ベルギ
　　ー国王の私領地）．

16

大な「手つかずの自然」を残さなければならないとされたのである.

　植民地における狩猟への制限は，当然，地域住民に対してもおこなわれた．地域によっては，地域住民が飢饉などの緊急時や自給のために慣習的に依存している場合は，部分的に許可される事例もみられたが（Neumann 1998），植民地政府によって猟獣保護区や国立公園，狩猟規則が設定されたことにより，野生動物を狩猟することができるのは西洋人に限定された（Mackenzie 1987；岩井2008）．つまり，植民地支配と，その後の野生動物の減少によって，アフリカに生息する野生動物は，アフリカに住む人々のものではなく，支配した西洋人のものとなっていった．保護区の設定のために，もともとその地域に住んでいた人々を強制的に移住させ，彼らがおこなう狩猟などに対して，逮捕と罰金による厳しい制裁が科せられた（Mackenzie 1997；Adams and Hulme 2001）．強権的な方法によって生業形態を変容させられ，飢餓によって家族や社会の崩壊にまで追い込まれた集落も存在した（ターンブル 1974）．このような保護区と狩猟規則を設定し，住民を排除したうえで野生動物を保全しようとする政策は，「要塞型保全（Fortress Conservation）」（Adams and Hulme 2001）と呼ばれる．つまり，スポーツハンティングは，アフリカにおける初期の自然保護政策の開始において，その主たる要因となったのである．アフリカに住んでいた人々（＝被支配民族）に対する強権的な対処は，中世西洋社会において，貴族や王侯などの特権階級が自分たちの御猟地を柵で囲み，庶民には狩猟を禁じたことと同様である．このような時代と場所を越えた共通点から，狩猟における象徴性と権力性が見てとれる．

3.「住民参加型保全」とサファリ

　中世から植民地時代にかけて，ヨーロッパ，そしてアフリカにおいておこなわれていたスポーツハンティングは，特権階級に独占され，西洋社会の庶民，あるいはアフリカに住む人々に対して，権力と支配を誇示するためのものであった．そして，アフリカに導入されたスポーツハンティングは，野生動物や自然を保護するための保護区の設立の大きな要因の１つであった．その保護区とは，「要塞型保全」に基づいて，地域住民を排除したうえで維持されるもので

第1章 人，獣を狩る

あった．しかし，1980年代に入り，保護区と地域住民の関係は大きな転換点
をむかえる．

　一定の土地を保護区に設定し，人為的活動を制限し，自然保護政策を進める
アプローチは，世界中でおこなわれるようになった．2005年には，地球の陸
上面積の約12%を保護区が占め（Chape et al. 2005），20世紀の始まり以来，保
護区は自然保護政策の要とされている（Adams 2004）．アフリカにおいては，
スポーツハンティングのための猟獣保護区を基盤あるいは前身として国立公園
が整備され，戦後に急速に拡大した（Neumann 2002）．

　しかし，1980年代に入って，保護区や自然保護政策から地域住民を排除し
たうえでおこなわれる「要塞型保全」における問題点が浮上する．それは，①
高いコストをかけた保護区の設定と維持にも関わらず，商業的な密猟により野
生動物の生息数が激減したこと，②1970年代以降の発展途上国への開発援助
において，トップダウン的手法が疑問視され，住民参加型のアプローチへと転
換したこと，そして，③先住民権利運動と相まって，狩猟規制や強制移住など
の住民の生活を無視し，彼らの権利を侵害する植民地主義的手法に対する批判
が高まったことであった（Western and Wright 1994；岩井 2009）．

　これらの批判を受けて台頭したのが，「地域住民が関与する保全アプローチ」，
いわゆる「住民参加型保全」（Community Conservation）[11] であった（西崎 2009）．
これは，密猟を防止するための監視強化よりも，野生動物を保全することで生
み出される利益（観光収入や雇用機会など）を住民に分配・還元することによっ
て保全へのインセンティブを与え，それまで密猟など保全活動の敵と位置づけ
てきた住民を，自然保護政策や資源管理に積極的に参加させ，保全の主体的な
担い手とすることを目指すものであった（Adams and Hulme 2001；Chardonnet
et al. 2002；岩井 2009）．

　そのためには，以下の2点が重要な要素とされた．すなわち，第一に，自然
環境，特に野生動物の利用によって生み出される経済的便益を地域住民に還元
すること，第二に，自然資源や土地の管理および利用に対して，地域住民が主

---

11 「住民参加型保全」以外にも，Integrated Conservation and Development Project（ICDPs），
　Community-Based Conservation（CBC），Community-Based Natural Resource Management
　（CBNRM）などと言い表される（西崎 2009）．

18

第2節　スポーツハンティングの「誕生」とアフリカへの進出

出所：マサイマラ国立保護区（ケニア）において筆者撮影．
写真1-8　車上からライオンを観察するサファリ観光客

体的に参加することである（Hackle 1999；岩井 2009）．「住民参加型保全」は，「万能解決策（privileged solution）」（Adams and Hulme 2001）として，アフリカ各地の保護区で広く受け入れられ，世界の自然保護戦略において支配的なアプローチとなったとされる（Hulme and Murphree 1999；Adams and Hulme 2001）．「住民参加型保全」の台頭によって，植民地主義的手法から脱却し，さらに保全政策の意思決定におけるトップダウンから，住民参加を謳ったボトムアップへ転換するという2つの変化が期待され，住民に対する高圧的な対応は批判されるとともに，その克服が目指されている．

「住民参加型保全」へのモデルシフトと時を同じくして，1980年代後半から保護地域を運営するための経済的手段を導入しようとする考え方と，自然志向の旅行者ニーズの増加に対応しようとする観光産業分野の要求が結びついた．その結果，保護地域や地域経済への貢献，観光資源の持続可能な利用の観点から，広義に「環境に優しい観光」と定義される「エコツーリズム（eco-tourism）」が隆盛した（菊地 1999）．そこで，「住民参加型保全」を経済的に支える野生動物の利用方法として理想とされたのは，スポーツハンティングではなく，サファリであった（Novelli et al. 2006；Adams and Hutton 2007）（写真1-8）．

第1章　人，獣を狩る

たとえば，サファリが，アフリカにおける野生動物を利用した一般的な観光活動と認識されるようになった象徴として，そもそも植民地時代，サファリという単語は，スポーツハンティングのための「狩猟旅行」を意味していたが，今日では，「野生動物探訪・観察・撮影旅行」として使われるようになった（Chardonnet et al. 2002）．このサファリによって，「住民参加型保全」を進めている国として，ケニアが挙げられる．ケニアでは，1977 年にスポーツハンティングを禁止とし，サファリによる観光活動を軸とした．1988 年にはサファリを中心とした観光活動は，約 1 兆 US ドル（約 80 兆円）[12] もの価値を持っていると推算された（Okello et al. 2008）．2004 年には，約 120 万人の観光客によって，4 億 9,500 万 US ドル（約 327 億 6,000 万円）の消費が生み出された（Fletcher and Morakabati 2008）．

第3節　「時代遅れな狂気の遊び」か，「現代の野生動物保全の特効薬」か

前節では，スポーツハンティングがいかにして「誕生」し，アフリカに導入されてきたのか，その歴史をみてきた．特権階級の娯楽として西洋社会において「誕生」し発展したスポーツハンティングは，権力と支配の象徴として，アフリカに導入された．地域住民を排除して猟獣を保全することを目的の 1 つとして「要塞型保全」が始まったが，1980 年代に「住民参加型保全」へとパラダイムシフトした．そして，「住民参加型保全」を経済的に支える理想的な観光は，サファリとされた．

それでは，残酷とも思われるスポーツハンティングは，どのように今日まで「生き残ってきた」のであろうか．本節では，スポーツハンティングをめぐる議論について整理し，多くの読者がもったであろう疑問，つまり「なぜ，野生動物や自然環境の保護が叫ばれている現代においても，スポーツハンティングがおこなわれているのか」，そして「『護るために殺す』とはどういうことか」について迫りたい．

12　2012 年 6 月現在 1 US ドル＝約 80 円の為替レートより換算．

第3節 「時代遅れな狂気の遊び」か,「現代の野生動物保全の特効薬」か

1. 動物愛護の芽生えと狩猟批判

1980年代後半に,植民地主義的な政策に対する批判を1つの端緒として,「住民参加型保全」へのモデルシフトがおこり,エコツーリズムの台頭とともに,それを経済的に支える観光活動として理想とされたのは,野生動物を殺さないサファリであった.この背景には,「住民参加型保全」の台頭よりも少し前に活発になった運動が関係している.それは,「動物の権利運動(animal right movement)」である.これは,動物愛護の精神や権利の概念に基づき,人間が動物に苦痛を与えて利用することに反対した運動である.こうした運動によって,娯楽のために野生動物を殺すスポーツハンティングも,当然,批判の対象となり,銃よりもカメラを持つべきとされた.つまり,この時代から,野生動物を「守ること」と「殺さないこと」は,理念的に合致しやすかったのである(Steinhart 2005).

しかし,こうした動物の消費的利用への反対は,この時代に突然現れたものではない.「人間に権利があるのに,なぜ動物にはないのか」という問いかけは,約200年も前からされてきたし(伊勢田 2008),愛護精神に基づいた動物の殺戮に対する最初の反発は,いまから2000年以上前(紀元前55年)におこっている[13](カートミル 1995).

中世西洋社会において,王侯貴族らによって,大量の野生動物が娯楽を目的に狩猟されていたことはすでに記述した.さらに当時,野生であろうが,家畜であろうが,動物は「モノ」あるいは「遊び道具」として扱われていた.たとえば,1666年の神聖ローマ皇帝とスペイン王女の結婚の際には,大量の野生動物が殺された祝祭狩猟とは別に,「キツネ潰し」もおこなわれた.これは,「まず貴族の男女が交互に向かい合うように並び,向かい合う2人がテニスのネットのような幅の狭い網を開いて地面に置き,キツネがその上を通る瞬間にそれを2人で引き,キツネを跳ね上げる.何度も高く跳ね上げたのち,網を外

---

13 それは,古代ローマのポンペイウス(紀元前106年~同48年)がコロセウムで開催した18頭のアフリカゾウと人間を戦わせる見せ物でおこった.狩猟を伝統的娯楽としてもたなかったローマ人は,アフリカゾウが無残に殺されていくのを哀れと思い,それに反対し決起したというものであった(カートミル 1995).

第 1 章　人，獣を狩る

出所：(Jesse 1846：454).
写真 1-9　「牛いじめ」

してキツネを地面に激突させる」（野島 2010：43）というものであった．特権階級だけに認められた狩猟とは異なり，こうした動物に対する残酷な行為は，庶民のあいだでも一般的におこなわれていた．闘鶏や「オンドリいじめ」（杭にくくりつけるか，地面に埋めたオンドリに石を投げつける「遊び」），「牛いじめ」，「熊攻め」（いずれもイヌをけしかける娯楽）などが，当時のヨーロッパの大衆娯楽としておこなわれていた[14]（トマス 1989；井野瀬 2009）．
　こうした庶民による動物虐待に対する批判は，16 世紀後半に始まり，18 世紀を通じて，次第に活発化していく（カートミル 1995）．
　それまで，西洋の人々が動物を「モノ」として扱う態度は，キリスト教における「全知全能の唯一神にかたどって想像された人間に，そのいっさいの生物

[14] そのほかにも動物の種類や人間の年齢を問わず，多様な残虐な行為がおこなわれていた（トマス 1989：216-219）.

第3節 「時代遅れな狂気の遊び」か，「現代の野生動物保全の特効薬」か

を支配する特権を与える」とした教義[15]によって支えられていた．そして，楽しみのために動物を好んで殺そうとする人々でさえ，この「被造物に対する人間の支配特権」を援用できるとされた（トマス 1989）．また，17世紀に次々と発見された自然科学における法則や発明された科学技術によって，自然現象を真に十分に説明するものは機械的な見解であるとされた（カートミル 1995）．その一環として，デカルト（Descartes, R.）は，動物はそもそも歓びや痛みなどの意識を持たない自動機械のような存在と考えた．

しかし，18世紀から19世紀にかけて活躍したベンサム（Bentham, J.）は，「快楽は善，苦痛は悪」という功利主義の立場から，動物と人間の奴隷の権利を同様の論理的理由から要求した（シンガー 2011）．つまり，理性や会話の能力ではなく，苦痛を感じることができるかという観点から，動物に対しても道徳的配慮をしなければならないと主張した．こうした人間が心理学上，動物と似ていることを認めるという思想が18世紀に広まった影響を受けて，倫理的権利と義務に関する理論のなかで，動物にもなんらかの地位を与えようとする人々がでてきた（カートミル 1995）．また，イギリスにおいて「動物は人間に奉仕するために神が与えたものであるが，人間は尊敬の念をもって動物を扱い，創造主が意図した目的にのみ使うべきである」というキリスト教の教義の再解釈がおこった（トマス 1989）．つまり，人間は神からほかの動物を好き勝手に使うことができる支配権ではなく，責任をもって適正に扱う管理権を与えられたと解釈し直すものであった．その結果，「同じ被造物である動物をも愛せよ」という宗教的義務としても，動物への配慮がなされるようになった．

こうした動物の虐待に対する反対の機運を受けて，1800年にイギリスの庶民院において「牛いじめ防止法案」が提起された．法案は棄却されたが，井野瀬（2009：71）は，「対仏戦争の緊張をはらんだ時期に，当時民衆の間で全盛期を迎えていた牛いじめを防止する法案が議会に提出された事実自体，（中略）『虐待から愛護へ』の第一歩を示す『事件』であったことを見のがしてはならない」と指摘している．この直後から動物，とりわけ家畜に対する類似の法案の提案と棄却が繰り返された．そして，1822年に，家畜[16]を理由なく虐待す

---

15 「産めよ，増えよ，地に満ちよ，地を従わせよ．また海の魚と，空の鳥と，地に這うすべての生き物を支配せよ」（旧約聖書，創世記 1-28）．

第1章　人，獣を狩る

ることを違法とする法案が通過した．この法律は，提案した下院議員マーティン（Martin, R.）の名前にちなんで「マーティン法」とよばれ，イギリスにおける近代的な動物愛護の出発点とされた．そして，マーティンらによって，法律を実効させるために「動物虐待防止協会（SPCA）」が設立され，のちにエリザベス女王の後ろ盾を得て，「王立動物虐待防止協会（RSPCA）」となり，現在もイギリスにおける動物愛護活動の中核をなしている．こうした「庶民の娯楽」は，その後もひそかに存続していたが，たとえば，1849年に闘鶏が禁止となったように，法律上，動物虐待は一定して禁止の方向に進んでいった．

　動物虐待に対する反対運動が芽生えるなかで，残虐に野生動物を殺すかたちでおこなわれていた狩猟に対しても，当然，批判がおこった．しかし，狩猟は動物虐待とは「別物」として扱われてきた．

　初期の狩猟に対する批判は，16世紀の文学作品のなかにみられる．エラスムス（Erasmus, D）やトマス・モア（Thomas More）は作品[17]のなかで，中世の凝った狩猟儀式を嘲笑し，狩猟を単なる残酷な屠殺であると批判した．また，モンテーニュ（Montaigne, M. E.）は1580年の随筆『残酷性について』のなかで狩猟に対する嫌悪を表明し，シェークスピア（Shakespeare, W.）も狩猟と強姦，暴行，殺人とを同一視した．しかし，こうした批判は，当時は広く一般には受け入れられず，狩猟は緑の中でおこなわれる牧歌的な遊び，楽しい貴族の戯れと考えられていた（カートミル 1995）．

　古くから教会は，世俗的な娯楽として聖職者が狩猟をおこなうことを何度も禁止する命令を出してきた．506年に司教，司祭，助祭に対して猟犬と鷹を保持することを禁止とする決定が教会会議でなされ，その後も頻繁に聖職者による狩猟を禁止する勅令が出された．これに対し，聖職者らは，許されていた小鳥猟の「小鳥」を拡大解釈したり，猟犬や角笛を使わない「静かな狩猟」は認められると勝手に解釈し，これまで通り狩猟を続けた．教会の頂点に立つ法王のなかにも，公務を忘れるほど狩猟に熱狂する者がいた．キリスト教において狩猟はふさわしい行為かという疑問に対しても，もともと狩猟好きだった司教

16　ここで言う「家畜」は「農業用，荷役用の動物の大半を含むが，雄牛や愛玩動物は含まない」とおおざっぱに解釈された（リトヴォ 2001）．
17　エラスムスの『愚神礼賛』（1511年）やトマス・モアの『ユートピア』（1516年）．

第3節 「時代遅れな狂気の遊び」か，「現代の野生動物保全の特効薬」か

を死後，狩猟の守護聖人としたこと，そして，狩猟自体を，キリスト教の戦士を特徴づける騎士道を経て精錬された肉体の鍛錬としたことから，教会に対する狩猟の批判は薄れた（野島 2010）．

そして，16世紀後半に動物愛護の運動が芽生え，18世紀に活発化し始めたあとでさえ，動物愛護と狩猟の間には矛盾が見いだされていなかった．スポーツハンティングをおこなう人が，動物自身の感情まで考慮に入れて狩りをやめることなどめったになかった（トマス 1989）．さらに驚くことに，マーティン法に実効力を持たせるために設立された「動物虐待防止協会」の会員の多くは，熱狂的な狩猟愛好家であった．狩猟をおこなう会員らは，狩猟を非難の対象からはずし，それを正当化するために，追跡される動物の巧妙さを強調したり，狩猟は動物が増えすぎるのを防ぐために神によって意図された行為であるという理由づけをおこなった（リトヴォ 2001）．

なぜ，動物愛護が盛り上がるなかでも，狩猟は「別物」だったのであろうか．それは，庶民の娯楽であった動物いじめとは異なり，狩猟はやはり権力と深い関わりがあったためである．貴族は聖職者のパトロンであったため，教会は，貴族の最大の娯楽に対して異議を申し立てることはほとんどなかった．17世紀に狩猟が教会の間で議論の的となったのは，一定の社会レベルより上層の人々に狩猟を限定しようとしたためにほかならないという．野外スポーツとしての狩猟は，古くから受け継がれてきた階級的特権であったため，貴族自身も，動物愛護や権利を説く新しい思想に反感を示した（トマス 1989）．

しかし，やがて動物愛護運動のきっかけのひとつとなった，同じ被造物である動物や奴隷，罪人などに対する適正な扱いを求める風潮によって，18世紀になると，食料や自己防衛のためならよいが，気晴らしのために野生動物を残酷に殺すような狩猟は，批判の的となった（トマス 1989）．そのため，猟犬と馬をつかって，獲物が動けなくなるまで追い回す狩猟や，狩りの楽しみ以外から動機を説明することが困難な狩猟は，「古代野蛮性の遺産」や「非人間的で破滅的な行為」と呼ばれ，残酷な娯楽として非難されるようになった[18]（カー

---

18 しかし，すべての動物に対する狩猟が批判されたのではなかった．特に，キツネは「陰険な夜盗」と見なされ，家畜などの有益な動物とは対照的に，何ら慈悲をかける必要はないとされていた．キツネ狩りに対する批判がおこったのは，他の狩猟に比べて遅く，19世紀後半になってからであった（トマス 1989）．

25

第1章　人，獣を狩る

トミル 1995)．そして，のちの「動物の権利運動」によって，さらにスポーツ
ハンティングは激しく攻撃にさらされることとなる．

2.「動物の権利運動」とスポーツハンティング批判

20世紀前半の二度の世界大戦の間，動物愛護運動は沈静期を迎えたが，
1970年代後半に状況は一変する．1975年に哲学者・倫理学者のシンガー
(Singer, P.) が，『動物の解放（Animal Liberation)』という本をまとめた．この
著書で彼は，動物実験施設や工場畜産の悲惨さを訴え，ベジタリアン（菜食主
義者）になることを提唱し，「種差別（speciecism)」という概念から動物が苦
しめられていることに反対した．種差別とは，人種や性別を理由とする人種差
別（racism）や性差別（sexism）が不当であることと同様に，種を理由とする
扱いの線引きをすべきではないというものであった（伊勢田 2008)．シンガーは，
マーティン法から始まる動物愛護の歴史を背景とし，ナッシュ（Nash, R.）が
『自然の権利』(1999) において示した倫理対象の進化を暗示しつつ，黒人解放
運動や女性解放運動に触れながら，「動物解放論」を展開させている（シンガ
ー 2011)．また，レーガン（Regan, T.）も，1983年の著書『動物の権利の擁護
論（The Case for Animal Rights)』のなかで，動物に対する不当な扱いに反対
している[19]．その後，増補改訂された邦訳本の帯に「動物の権利運動のバイブ
ル」と書かれているように，シンガーの著書『動物の解放』をきっかけとして，
本格的な「動物の権利運動」を起こす団体が世界中で作られていった[20]（伊勢
田 2008)．

　シンガーの主な「敵」は工場畜産と動物実験であり，スポーツハンティング

19　「動物の解放」や「自然の権利」を含めた環境思想の歴史や，各思想間の対立や類似などについ
ては，（キャリコット 1995；鬼頭 1996；海上 2005）が詳しい．シンガーの「動物解放論」とレーガ
ンの「動物の権利論」の違いは，前者が，「快楽は善，苦痛は悪」とするベンサムの功利主義をベ
ースとしている一方で，後者は「『他人』に危害を加えてはいけない」とするカント（Kant, I.）の
義務論に則っている（伊勢田 2008)．そのため，前者は排他的に苦痛を感じる生物を権利の対象と
しているが，後者は生物の独立した価値を尊重し，権利の対象外となる生物に対しても権利の擁護
を保留している点などの相違点がある（鬼頭 1996)．

20　シンガーの影響を受けた人々は，シンガーが説いた「動物の解放」ではなく「動物の権利」を好
んで用い，それが「動物の権利運動」という運動自体を指す名前となっていった（伊勢田 2008)．

については著書のなかでほとんど触れられていない[21]．しかし，「動物の権利運動」において，狩猟は動物に身体的苦痛と恐怖を与えることから，問題視されている．さらに，そのなかでもスポーツハンティングという，必ずしも食べるわけではなく，スポーツや娯楽目的でおこなわれる狩猟は，まったく正当化されていない．

たとえば，1980年にアメリカで設立された動物愛護団体PETA（People for the Ethical Treatment of Animals）は，食料，衣服に対する家畜の利用に反対するだけでなく，スポーツハンティングに対しても「数え切れないほどの動物を傷つけ，簡単に餓死し，捕食され，野ざらしにされる孤児を生み出」しており，「残酷で不必要な」活動であるとして反対している（PETAウェブサイト）．イギリスの愛護団体League Against Cruel Sportsは，娯楽やスポーツのために野生動物や家畜を利用することに反対しており，闘牛や闘犬，ドッグレース，そしてスポーツハンティングの禁止を求めている．そのほかにも，Friends of Animals や IFAW（International Fund for Animal Welfare）などの国際的な団体が狩猟に反対している．

欧米では，こうした反狩猟感情を示すのは，動物愛護・福祉団体に所属する人々に限られたことではない．研究者でいえば，コロンビア大学教授だったクルーチ（Krutch, J. W.）は，スポーツとして動物を殺すことは純粋な悪事であり，スポーツハンターはヴァンダル（vandal：美術や文化，公共物などの破壊者）と同等のものであるとみなした（クルーチ1971）．霊長類学者として著名なジェーン・グドール（Jane Goodall）は，あるNGOとのインタビューのなかで，カナダにおけるクマを対象としたスポーツハンティングに反対を表明した（Pacific Wildウェブサイト）．コロラド大学教授のベコフ（Bekoff, M）も著書のなかで「狩猟にはまっている」ことは「殺しにはまっている」ことと同じ意味であると非難している（ベコフ2005）．そして，ハンターとは，「気の狂った殺し屋」，「動くものは何でも撃ちたい強迫観念を持つ精神異常男」であるとの非難もされている[22]（カートミル1995）．

21　種差別の議論を動物実験と家畜に限定した理由として，シンガーは，「人間が行っている他のどんな行為よりも多くの動物により多くの苦しみをひきおこす」ためとしている（シンガー2001：46）．

第 1 章　人, 獣を狩る

※　「我々が狩猟すると, 我々は彼らを失う. 彼らから命を奪うな」と書かれている.
出所：ジョモ・ケニヤッタ国際空港 (ケニア) にて筆者撮影.
写真 1-10　狩猟に反対する動物愛護団体の看板

　反狩猟団体や狩猟に反対する人々は, 街頭でのデモ活動のほか, 近年はインターネットを利用して, ハンターや狩猟団体を「攻撃」している. たとえば, アメリカのアイダホ州で, はじめてオオカミを狩猟したハンターに対して, 一部の狩猟に反対する人々は, 「あなたは生粋の悪魔だ」, 「地獄に堕ちろ」などの悪意に満ちた内容をブログに書き込み, 直接メールを送りつけるほか, ネット上にハンターの電話番号, 住所, メールアドレス, さらには自宅までの地図までも公開した (Hart 2010).

　また, 動物愛護の立場からではなく, 過去とは異なるものと位置づけ, 現代のスポーツハンティングを批判する者もいる. たとえば, ドロール (1998) は, 中世の西洋社会において, 娯楽としての狩猟は, ハンターにとって危険な状況, つまり冒険として, 自己解放や欲求不満の解消とともに, 動物への愛をともなっておこなわれていたことを認めている. しかし, 一方で, 現在のアフリカな

22　欧米において反狩猟感情を大衆化させるのに, もっとも大きな役割を果たしたのが, ディズニー映画の『バンビ』である. この映画では, ハンターを筆頭とした人間の汚れと, 子鹿を使った動物の無邪気さを対照的に力強く描いた. その結果, 「バンビ・シンドローム」と呼ばれるように, 映画を見た人が反狩猟の感情を呼び起こされ, 菜食主義になるなど, ハンターからは最強の反狩猟プロパガンダとみなされている (カートミル 1995).

どでおこなわれているスポーツハンティングは，暴力映画や戦争映画を観ることで沸き上がる欲望を求めておこなわれる，少しの危険もない暗殺であるとして批判している．その事例として，たとえばアフリカ南部では，狩猟に先立って獲物を放ったうえでおこなわれる put-and-take hunting や，獲物がハンターから逃げられないように狭い囲いの中でおこなわれる canned hunting といった形態のハンティングがおこなわれており，これらにも非難が集中している（Barnett and Patterson 2005；Lindsey et al. 2006）．このような危険ではない娯楽のための狩猟の極端な例として，メディアに取り上げられたのが「オンライン・ハンティング」である．これは，アメリカのテキサス州の牧場に仕掛けられたライフルをインターネットとパソコンで遠隔操作し，動物を撃つというものである．このような「狩猟」に対しては，動物愛護団体からだけでなく，狩猟団体からも非難の声があがった（The Washington Post, May 8, 2005）．

3. ハンター側からの反論

　動物愛護精神の起こりや，動物虐待に対する反対，そして「動物の権利運動」の隆盛という社会的潮流によって，狩猟は矢面に立たされた．では，これらの逆風に対して，狩猟をおこなうハンターやそれを擁護する人々は，どのように対処してきたのであろうか．もちろん，彼らもなにもしていないわけではなく，一種の哲学や，狩猟が担う現実社会への貢献などから反論をおこなっている．

　まず，ハンター側は，反論として狩猟における自然との接続という精神的な動機をあげる．ハンターのなかには，いわゆる自然愛好家（ナチュラリスト）として動物や自然を愛し，「狩猟とは土地との約束を守ることであり，それによって自分が自然界から切り離されるのを防ぐ」ことを根拠とし，一部の自然保護論者と同様に，人間と動物の境界を消したいがために，狩猟をおこなうと語る人もいる（カートミル 1995）．ラダー（Radder, L）は，南アフリカ共和国のある地域でスポーツハンティングをおこなった経験を持つハンター 2,700 人を対象に，「なぜ，スポーツハンティングをおこなうのか」というアンケート調査をおこなった．600 人から有効回答を得た結果，「自然の中にいたいから」

第1章 人，獣を狩る

という精神的な動機が最多であった（Radder 2005）．スペインの哲学者オルテガ（José Ortega y Gasset）も，「人間は自然からの脱走者である（中略）人間なる存在は狩猟というスポーツで，一時的に人為的に自然に『かえることにより』一息入れようとする」（オルテガ 2001 : 155, 156）と説明する．つまり，ハンターらは，乖離してしまった自然と再接続するために，狩猟をおこなうと説明する．

　1970年代後半から隆盛した「動物の権利運動」および動物倫理の議論において，娯楽のために野生動物を殺すスポーツハンティングは，槍玉にあげられてきた．しかし，イギリスの哲学者スクルートン（Scruton, R）は，義務論と徳倫理学によって，スポーツハンティングを擁護している．義務論とは，「～すべし」「～すべからず」という比較的単純な命令によって与えられた義務に照らし合わせ，それに合致する行為は正しい行為で，合わない行為は不正な行為とするものである．徳倫理学とは，こういった義務よりむしろ，感情や性格に重点をおいて倫理を考える立場である．スクルートンは，道徳的な行為者同士の間では厳密な義務が成り立ち，徳をもって振る舞わなくてはならないと考える．このため，彼は，野生動物に対してはなんの責任もないので，世話をしなくても悪徳にはならないが，我々は環境に配慮する責任があるので，その一部として動物への配慮は必要であり，共感の欠落や傲慢さといった悪徳は避けなければならないとする．こうした文脈により，スポーツハンティングは，徳のあらわれとして考えることができるという．スポーツハンティングが存続するためには，野生動物が生息する環境が維持される必要がある．これは，環境に対する責任を果たす環境保護の強い動機となる．また，野生動物に苦痛を与えて喜ぶようなサディスティックなハンターは，悪いハンターであり，その一方で，よいハンターならば，必要最低限の苦痛しか与えない．そのため，よいハンターの態度には残酷さも共感の欠如も見られず，悪徳とはよべないとスクルートンは言う[23]（伊勢田 2008）．

　また，スポーツハンティングは，その名の通り，スポーツとしての意義があるという主張もある．全日本狩猟倶楽部は，明治以降，一般に浸透したレクリエーションとしての狩猟について，「狩猟は人間性の根源に根ざした第一級の健全かつ素朴の（原文ママ）スポーツである」（全日本狩猟倶楽部 1974 : 22）と述

第3節 「時代遅れな狂気の遊び」か,「現代の野生動物保全の特効薬」か

べた. 世界的な狩猟団体 Safari Club International は, 世界の野生動物のトロフィーの大きさに関するレコードブックを刊行している. それは, アフリカ編だけでも 1,200 ページ以上にわたって, およそ 180 種の動物ごとの頭骨や角などの大きさによって得点が与えられ, ハンターの氏名, 狩猟会社名とともに順位付けがなされている. トロフィーの大きさを競うというスポーツ的要素のほかに, 四輪駆動車で獲物を探すとはいえ, 最終的に獲物を仕留めるためには, 山野を数時間歩き回る運動が必要となる. そして, スポーツハンティングには, 運動としてのスポーツだけではなく, 今日, ハンターらは自らのことを "sportsmen" と呼ぶように, その精神, いわゆるスポーツマンシップが必要とされている. 中世西洋社会において, 騎士は, 動物に対しても逃げる機会を与えることや, 動物にふさわしい武器を使うなど, 騎士道の精神に則った態度を示した (野島 2010). オルテガも, 人間は火薬と銃の発明によって, 動物を簡単に絶滅させる力を手に入れてしまったが, 自己の破壊力を抑制することで, 狩られる動物に活躍の余裕を残すことを案出したという[24] (オルテガ 2001).

その他にも, スポーツハンティングにおける動機や利点として, 社交的理由や, 数の少なくなった肉食獣の代役としての個体数調整という役割, 余すことなく獲物からの産物を完全利用する美点などが挙げられている (カートミル 1995).

しかし, 自然のなかで活動し, 精神的に自然に回帰することや, スポーツ, 社交などが狩猟の動機ならば, 狩猟によって野生動物の命を奪う必要もなく, 写真を撮るだけでも十分ではないかという非難がおこりそうである. 確かに, リーダー＝ウィリアムス (Leader-Williams, N.) は, スポーツハンティングにおける楽しみとは, 「必ずしも獲物を殺すことをともなわず, ハンターと獲物の

---

23 これに対して, ハーストハウス (Hursthouse, R) は, 「共感の欠如」とは, サディスティックに動物を苦しめて喜ぶことよりは, 苦しんでいる動物になんの感情ももたないことであると指摘する. つまり, サディスティックでなくとも, 苦しむ獲物に対して共感しないハンターは, 残酷な悪いハンターであることになる. また, ハーストハウスは, 徳倫理学を自身の行動規定に反映させるべきと考えており, スクルートンがスポーツハンティング (この議論の場合は, キツネ狩り) は徳のある行為であるとして一般化していることを批判する (伊勢田 2008).

24 このような観点からいえば, 柵によって動物の逃げる自由を奪っておこなわれる canned hunting や, ヘリコプターを使って上空から射撃する形態の狩猟は, 「スポーツハンティング」ではないことになる.

第1章　人, 獣を狩る

間でおこるスポーツ的競合および狩猟にともなう社会文化的規範から生じる」
と定義した（Leader-Williams 2009 : 11）. しかし, 一部の狩猟擁護者は, 狩猟に
おける動物の死に対する意味づけをおこなう. すくなくとも18世紀ごろまで
は, 狩りのクライマックスは獲物の死をもって達成されることであり, モンテー
ニュは, 獲物を殺さない狩りなど, オルガスムのない性交渉のようなもので
あると述べた（トマス 1989）.

　しかし, 近代以降, 狩猟は単なる殺戮ではないかという非難と関連して,
「殺すために狩猟する」のではなく, 「狩猟するために, そしてその確証のため
に殺す」のであると一種の理論武装がおこなわれる. オルテガは, 狩猟あるい
は死に対する「倫理」を根拠に, 銃をカメラに持ち替え, 野生動物を殺さずに
観察し, 写真におさめるサファリをおこなうことは「子供だまし」であると反
論する（オルテガ 2001）. つまり, スポーツハンティングは, 生業のための実
利的な狩猟と異なり, 重視されるのは動物の死ではなく, そこまでの過程であ
り, ハンターが猟に終止符を打つために, 動物を殺してしまうことによって生
まれる狩猟の道徳的な問題や倫理は, 非常に難解であるという. そのため, サ
ファリに対して, 「写真による狩猟などという, （狩猟の倫理性における）進歩
にはあらざる脱線であり, 心的に最悪の流儀の上品振りであるようなもの」[25]
（オルテガ 2001 : 128）と反論する. オルテガに同調して狩猟に関する哲学的思
考をおこなうシェパード（Shepard, P）は, 現代の屠殺場にみられるように,
殺しを消費者の目から隠すことによって, 本来, 人間が狩猟によって得ていた,
人と動物の間の関連性は霧散してしまっていると述べる. そのうえで, 「草食
主義は無知から生じた夢, あわれみから生じる幻想である」と痛烈に批判して
いる（シェパード 1975 : 167）.

　しかし, このようなハンターあるいは狩猟擁護者からの反論が大きく支持さ
れているため, 世界各地で現在もスポーツハンティングがおこなわれていると
は考えがたい. それでは, 現代のスポーツハンティングの存在を支えているも
のとはなにか. それは, 次節に示すスポーツハンティングと野生動物保全にお
ける「持続可能性」を基盤とした「護るために殺す」という論理である.

25　括弧内は筆者による注釈.

4. 「持続可能性」と「護るために殺す」

　本章第2節3に示したように，1980年代後半に，野生動物保全政策において，野生動物を保全することで生み出される利益を利用し，住民を資源管理や野生動物保全の主体的な担い手とすることを目指す「住民参加型保全」モデルが台頭した．「住民参加型保全」の成功例として有名なプロジェクトが，ジンバブエにおけるCAMPFIRE（Communal Areas Management Programme for Indigenous Resources）である[26]（Frost and Bond 2008；Mbaiwa 2008）．1989年より正式に開始されたCAMPFIREにおいて，「共有地」（communal land）に生息する野生動物の利用によって生み出される経済的便益は，地域社会のインフラ整備に利用されるとともに，世帯へ直接配分されることによって，地域住民に付与・還元されている．また，野生動物の利用・管理に関する一定の権限は，その地域の住民に認められている[27]（Bond 2001）．

　アフリカにおける野生動物を利用した観光といえば，野生動物を観察し，写真におさめるサファリを想像するだろう．ところが実は，CAMPFIREを経済的に支える野生動物の利用方法とは，サファリではなく，スポーツハンティングなのである．CAMPFIREに参画する18の地方行政区委員会は，1989年から2001年の間に合計で2,000万USドル（約16億円）以上の収益をあげたが，そのうち，実に89％がスポーツハンティングに由来するものであった（Frost and Bond 2008）．つまり，「住民参加型保全」の成功例とされているCAMPFIREの経済的基盤とは，野生動物を消費的に利用するスポーツハンティングなのである．

　確かに，1980年代に「住民参加型保全」と時を同じくして台頭したサファリは，「住民参加型保全」を支える理想的な観光とされた（Novelli et al. 2006；Adams and Hutton 2007）．しかし，現代のスポーツハンティングは，それが生み出す経済的利益のほかに，サファリと比較した実践的利点，そして生態的な

26　しかし，近年の政治的混乱によって，CAMPFIREは停滞している．

27　しかし，権限の移譲先が村や地区などの末端レベルではないことから，本質的には「住民参加」ではないとの批判もある（小林 2001）．

第1章　人，獣を狩る

持続可能性という3点によって，「住民参加型保全」を支える「持続可能性」[28]
を備えたツールとして，近年，一部の政府や研究者に再評価されている（e.g.
Lindsey et al. 2007）．つまり，しっかりとルールに基づいておこなわれるスポ
ーツハンティングは野生動物を絶滅させることはなく，むしろ，サファリより
効率的に生み出される利益や雇用などによって，地域社会は潤い，野生動物保
全のための政策もうまくいくというシナリオである．

　現代のスポーツハンティングが「住民参加型保全」をささえうるツールとし
て評価される上記の3点について，以下に解説する．

　第一に，スポーツハンティングが生み出す経済的利益について，スポーツハ
ンティングは，一般的につぎのような方法によって観光活動としておこなわれ
ている．Hunting operator と呼ばれる狩猟旅行を取り扱う観光事業者は，
game reserve や wildlife management area，game ranch などのスポーツハン
ティングをおこなうことができる土地を，国や個人から買収あるいは賃借し，
インターネットや狩猟雑誌に載せた広告でハンターを集客する．そして，観光
事業者はハンターを宿泊施設（以下，キャンプ）に滞在させ，ガイドやポータ
ーなどとして雇用した地域住民をハンティングに同行させるなど，ハンターの
狩猟旅行の全体をコーディネイトする．スポーツハンティングがおこなわれて
いる地域に住む人々は，キャンプで雇用されることによって，あるいは国によ
っては，政府から利益の分配を受けることによって，野生動物による観光活動
による経済的便益の一部を享受する．また住民らは直接，観光事業者から学校
や病院などの公共施設の提供を受ける場合もある．そして，スポーツハンティ
ングがおこなわれる国の政府は，ハンターから支払われる狩猟ライセンス料や
動物一頭ごとにかかる狩猟税，そして観光事業者から支払われる借地料などを
収益として得る．

　Lindsey ら（2007）は，1999 年から 2005 年までの間の文献あるいは公表さ
れていない報告書から，アフリカにおけるスポーツハンティングの経済的利益
についての試算をおこなった．その結果，サハラ以南のアフリカ諸国で，約1
万 8,500 人のハンターによって1年間で少なくとも2億 100 万 US ドル（約 160

28　これ以降，括弧をともなう持続可能性とは，生態的要素だけでなく，経済的・制度的要素を包摂
　した概念として表記する．

第3節　「時代遅れな狂気の遊び」か，「現代の野生動物保全の特効薬」か

億8,000万円）の利益が生み出されていたという．また，スポーツハンティングによる収益は，ボツワナにおいてはGDPの0.13％を，ナミビアでは0.08％を占めていたことが明らかになった．そのほかにも，アフリカ最大のスポーツハンティング産業国である南アフリカ共和国は，スポーツハンティングによって年間1億ドル（約80億円）もの収益[29]をあげ（PHASAウェブサイト），90年代後半のジンバブエでは，その収益はGDPの約8％を占めていた（Barnett and Patterson 2005）との報告がなされている．これは，ヨーロッパでもっとも大きなスポーツハンティング産業を有する国の1つであるハンガリーでは，その収益がGDPのわずか0.0005％を占めるにとどまっている（Hofer 2002）ことと比較しても，アフリカにおけるスポーツハンティングの経済的意義の大きさがわかる．

　第二に，アフリカにおけるスポーツハンティングは，サファリにはない利点を備えているとされる．まず，スポーツハンティングがもつサファリを上回る経済性についてである．ハンター1人あたりが観光のために出費する金額は，同じ期間滞在するサファリをおこなう観光客のそれの2倍から3倍にもなるという（Baker 1997）．また，タンザニアの野生動物関係省庁の長官は，地元経済にとって，1人のハンターは100人分のサファリをおこなう観光客に相当する経済性をもつと語った（Economist, July 17, 1993）．さらに，サファリと比較して，より多くの金銭が海外に流出することなく，そのスポーツハンティングがおこなわれた国にとどまることも利点として挙げられている（Baker 1997）．

　つぎに，サファリと比較してスポーツハンティングは，社会的インフラがあまり整備されていない景観の悪い土地でもおこなうことができるとされる（Barnett and Patterson 2005）．サファリをおこなうためには，ケニアのように多くの観光客を受け入れるために整備されたインフラや美しい景観などが必要であるが，ハンターは，狩猟におけるスリルとトロフィーの獲得を目的としているため，目玉となるような野生動物がいれば，景観の悪い土地や質素な宿泊施設であっても訪れる（Barnett and Patterson 2005）．また，スポーツハンティングは，世界情勢の影響を受けにくいという点もある（Roulet 2004）．たとえば，アメリカ同時多発テロ事件が起こった2001年に，中央アフリカ共和国では，

29　観光事業者とトロフィーを加工する剥製師に支払われた料金の総額.

第1章 人，獣を狩る

さらに内戦も起こっていたにもかかわらず，旅行会社は機能し，例年よりは少ないながらもヨーロッパや南北アメリカからハンターが訪れた[30]（Roulet 2004）．つまり，貧弱なインフラと政情不安を抱えるいくつかのアフリカ諸国にとって，スポーツハンティングは，安定した実現可能な観光事業とされている．そのため，スポーツハンティングは，サファリによる観光活動が実行できないような土地における野生動物の保全に貢献できると評価されている（Leader-Williams and Hutton 2005；Lindsey et al. 2006）．

　第三に，スポーツハンティングの生態的な持続可能性についてである．非消費的に野生動物を利用するサファリとは異なり，スポーツハンティングは野生動物を殺し，消費的に利用する．そのため，スポーツハンティングは，必ずしも生態的に持続可能な活動ではない（Baker 1997）．しかし，スポーツハンティングには，生態的な持続可能性や観光活動としての永続性を保障するために，狩猟規則および捕獲枠が設定されている．狩猟規則とは，たとえばメスを対象とした狩猟や車上からの発砲，夜間の狩猟などを禁止するものである．また捕獲枠とは，猟期中に狩猟することができる，それぞれの動物種についての狩猟頭数制限である．スポーツハンティングにおけるこれらの規則は，狩猟対象とする動物の性別や年齢が個体数に大きな影響を与えることを前提に（Coltman et al. 2003；Loveridge et al. 2007），生態学的な持続可能性を保障することに立脚して定められている．ルイス（Lewis, D. M.）とアルパート（Alpert, P.）は，多くの収益をあげつつ，生態系へのインパクトを少ないものにすれば，スポーツハンティングは社会と環境の規範にしたがい，銀色の弾丸は野生動物の減少を阻む「緑の弾丸」になりうると主張する（Lewis and Alpert 1997）．

　しかし，狩猟規則や捕獲枠に対する違反は存在する．たとえば，狙っていた野生動物を逃すまいと車上から発砲したり，夜間に照明や暗視装置を使って狩猟をおこなうハンターが存在するという（Roulet 私信）．また，Spong ら（2000）は，1995 年から 1998 年にかけて，タンザニアにおいてハンティングされたヒョウから 77 頭のサンプルを取り出し，それらの性別を調べた．その結果，そ

---

[30] アフリカを訪れる観光客のすべてがハンターではないが，2001 年のテロ事件によって，その年の世界全体の観光客数は 0.5％減少したのにもかかわらず，アフリカでは，それまでの傾向を維持し，2.6％増加した（WTO 2003）．

第 3 節 「時代遅れな狂気の遊び」か,「現代の野生動物保全の特効薬」か

のうち 28.6% が違法に狩猟されたメスであった. 加えて, 違反などではなく, そもそも捕獲枠の設定に数値的な間違いがあると指摘されている例もある. Caro ら (1998) は, タンザニアにおけるスポーツハンティングがもたらす狩猟圧を試算した. その結果, エランドや小型のアンテロープ類に対する狩猟圧は, 現在の捕獲枠の範囲であっても生態的に持続的ではなく, 捕獲枠の再設定が必要であるとした.

ところが, 一部の国際機関, 政府, 保全論者は, 狩猟規則や捕獲枠に対する違反はあるものの, 適正に管理されれば, スポーツハンティングは生態的および経済的観点から「持続可能な」野生動物の利用方法であるとしている. たとえば, 2004 年にタイのバンコクでおこなわれた第 3 回世界自然保護会議において, IUCN (the International Union for Conservation of Nature : 国際自然保護連合) は,「適正に管理されたレクリエーションのための狩猟は,『持続可能な』野生動物の消費的方法の役割を担う」という条文を採択した (IUCN 2005). Bond ら (2004) は, 適正に管理されるならば, スポーツハンティングの狩猟圧は低く, 持続的であるとした. また, Lindsey ら (2007 : 461) は,「トロフィーハンティングは『持続的』である.(中略)高いトロフィーの質と来期のその土地での市場性を保障するために, 適正な数の狩猟が求められることから, 適切に監視されたトロフィーハンティングは, 内在的に自己制御される」と述べた[31]. 実際に, 一部の南部アフリカ諸国では, 特に私有地における新自由主義的な方策により, 野生動物の消費的な利用と保全の両立が実現しているとの報告もある (Child 2004).

つまり, スポーツハンティングを基盤とした「住民参加型保全」の理想像は, 図 1-2 に示すような概念図として説明できる. まずハンターは, 狩猟規則および捕獲枠を遵守し, 生態的に持続可能な範囲で, 野生動物を消費的に利用する. そこから生み出された経済的利益は, 政府に税金という形で保全活動資金を与えるとともに, 地域住民にもその一部が分配される. 同時に, スポーツハンティングがおこなわれることによって, 観光事業者から地域住民に対して, 雇用

---

31 そのほかにも, スポーツハンティングは, サファリと比較して, より少ない人数でより多くの収益が得られるため, 生息地の攪乱や化石燃料の使用などの観光活動による環境に対する負荷も小さいとされる (Lindsey et al. 2006).

第1章 人，獣を狩る

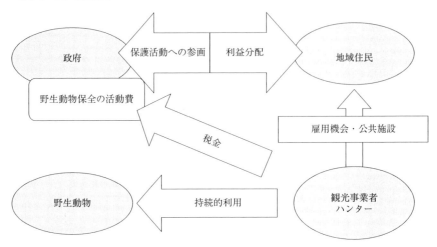

出所：筆者作成．
図1-2 スポーツハンティングを基盤とした「住民参加型保全」の理想像

機会の創出や公共施設の提供がなされる．このような利益分配および雇用とインフラの提供は，地域社会の発展や貧困削減に寄与し，住民に対して保全活動参画へのインセンティブを与える．野生動物は再生産可能な資源であるため，枯渇させなければ，生態的，経済的および制度的にも持続可能性が達成されるというモデルである．

スポーツハンティングが「環境の時代」である現代まで「存続」してきた背景は，世界的な狩猟団体 Safari Club International の会長の次のような言葉に概括することができる．「我々は，動物権利の過激論者との重要な争いに勝利しつつあり，効果的な野生動物の管理計画において，スポーツハンティングは重要な役割を持っていることを，ハンターではない人々に知らしめている」[32]．

つまり，1980年代における「要塞型保全」への批判と，「住民参加型保全」およびそれを支えるサファリの理念的台頭，そして1970年代からのスポーツハンティングに対する倫理的批判によって，スポーツハンティングの評価は失墜した．しかし，現代においてスポーツハンティングは，経済的利益と実践的利点，そして生態的な持続可能性を柱として，「持続可能性」および「護るた

---

32 Safari Club International の会員に対して送られるレターより抜粋および筆者による和訳．

めに殺す」という論理のもと，「住民参加型保全」を支える有効なツールとして，一部の政府や保全論者に再評価されているのである（Baker 1997；Roulet 2004；Lindsey et al. 2007）．

とはいえ，スポーツハンティングが「動物の権利運動」を支持する人々に受け入れられ，狩猟の是非をめぐる議論が終結したわけではない．「動物の権利運動」を支持し，スポーツハンティングに反対する人々は，生き物を殺すことと金儲けがリンクしていることに，さらに嫌悪感を抱いている（PETA ウェブサイト）．一方，スポーツハンティングを擁護する人々は，反対派の「自己満足」や独善からスポーツハンティングを守らなければならないと述べる（Leader-Williams 2009）．つまり，スポーツハンティングを擁護する人々と反対する人々は，やはりお互いの主張を相容れず，真っ向から対立している．

第4節　本書の視座と目的

本節では，これまでのスポーツハンティングをめぐる歴史や議論をまとめ，本書の視座と目的を示すこととする．

生業目的の枠を越え，レクリエーションや娯楽に特化したスポーツハンティングは，特に西洋社会において，社会的優越性を示す道具として，特権階級に独占されてきた．ヨーロッパ列強による植民地支配によって，権力と財力を誇示するために，スポーツハンティングはアフリカ大陸にも導入された．その際，入植者らは，自分たちがおこなう狩猟を高貴なスポーツハンティングとし，地元の人々がおこなう狩猟を「野蛮な狩猟」として差別した．しかし，西洋の近代的な銃をつかった破壊的な「高貴なスポーツハンティング」は，多くの野生動物の激減と絶滅を引き起こした．アフリカにおける初期の自然保護政策は，スポーツハンティングのための猟獣を確保することを目的の一つとして開始された．しかし，それは「要塞型保全」とよばれるように，自然環境や野生動物を保護区で囲い込み，保護区の周辺に住む人々の資源に対する慣習的な権利，ひいては人権を無視した植民地主義的な政策であった．

そのため，1980年代後半に強権的な政策は批判されるようになり，それに代わって，地域住民を保護活動に参画させ，自然保護と住民生活の両立を目指

第1章　人，獣を狩る

すという「住民参加型保全」が台頭した．「住民参加型保全」における重要な要素とされたのは，野生動物を保全することで生み出される観光収入や雇用機会などを住民に分配・還元すること，そして，地域住民が自然資源や土地の管理・利用に対して主体的に参加することであった．このパラダイムシフトのなかで，同時期に台頭したエコツーリズムと同調して，「住民参加型保全」を支える理想とされたのは，野生動物を殺さないサファリであった．

　また，動物観と狩猟批判の歴史についてふり返ると，西洋社会において「モノ」あるいは「遊び道具」として扱われてきた動物に対して，16世紀後半から愛護精神が芽生え始めた．それはやがて社会全体で受け入れられ，1970年代後半からは「動物の権利運動」として動き出す．この動物愛護運動の潮流のなかで，スポーツハンティングは目の敵にされることとなる．

　しかし，根強い倫理的な批判に対して，ハンターや一部の哲学者は様々な動機で狩猟を擁護してきた．そして，現在のスポーツハンティングを支えるもっとも強力な柱が，「持続可能性」に基づいた「護るために殺す」という論理であった．現代のスポーツハンティングは，それがもつ経済的利益，サファリにはない実践的利点，そして生態的な持続可能性によって，「住民参加型保全」を経済的に支える重要なツールとして，一部の政府や保全論者に再評価されている．そして，「不必要な野蛮な行為」と非難する反対派と真っ向から対立しつつ，スポーツハンティングは，今日まで「存続」してきたのである．

　このような現状に対して，以下の2点から，本書における問題設定をおこなう．

　第一に，「生態的な持続可能性と経済的な豊かさを保障する」とされるスポーツハンティングは，一見，人と野生動物との共存をめぐる問題解決のための理想的な「特効薬」のようにみえる．そして，この文脈のなかでスポーツハンティングがおこなわれている地域に住む人々への影響は，雇用創出や利益分配など肯定的に評価される傾向にある．しかし，地域社会に与える社会的影響は，十分に，そして実証的に明らかにされているのだろうか．

　1980年代後半に「要塞型保全」から「住民参加型保全」へモデルシフトがおこり，生態的に持続可能な野生動物の利用が履行され，保護区周辺の住民が経済的便益の分配を受けるようなモデルが確立された．これにより，保護区と

地域住民の間の軋轢の解消が目指された．しかし，現在でも，地域住民が自然保護政策から受ける，強制移住や生業制限などの社会的な悪影響は存在する．たとえば，エチオピア南部のネチザル国立公園では，2004年に「長期的な生態学的・経済的な持続可能性の保障と，公園内の自然資源の管理と維持」のために，500人の地域住民が政府と外部団体によって公園外へ移住させられた（Pearce 2005）．

　アダムス（Adams, W. M.）とハットン（Hutton, J.）は，「持続可能性」をキーワードとした生態学・経済学からの保護区に対するアプローチには，社会的・政治的コンテクストが欠如していることを指摘する（Adams and Hutton 2007）．そして，自然保護政策による地域住民に対する社会的影響は，人権運動者を含め，ポリティカル・エコロジーの分野において，学術的にますます注目を集めている（e.g. Peluso 1993 ; Chapin 2004）．また，観光人類学の分野では，グローバル化が進んだ現代における観光において，ホスト社会とゲスト社会の力の不均衡が発生することが指摘されている（山村 2006）．特に，途上国における観光開発において，ゲスト社会である先進国側の特定の様式や権益（使用言語や食事など）をホスト社会である途上国に押しつけることで，新植民地主義の様相を呈することがあるとされている．

　このように自然保護政策の名の下に，あるいは観光のために地域住民に対する新植民地主義的な対処が現存している地域が存在することを鑑みると，スポーツハンティングにおいても，そうした実態があるのではないかと容易に想像することができる．

　第二に，スポーツハンティングをめぐる議論に関して，賛成派は，狩猟によって適正な個体数管理がなされることを主張しているが，反対派は，これに対して「自然は自分で自分を世話できる」（PETA ウェブサイト）と反論している．このように，反対派は「野生動物を『手つかずの自然 =Wilderness』の象徴，いわゆる『Wildlife』として『保存』せよ」と訴えている．一方で，賛成派は，生態的あるいは経済的な観点から，「野生動物は人間にとって管理すべき対象，経済的便益をもたらす資源であり，賢く『保全』すべき」としている．ここから，環境倫理学において，古くから議論されてきた「自然のために自然を護るのか（保存）」と「人間のために自然を護るのか（保全）」という二項対立構造

第1章　人，獣を狩る

が，スポーツハンティングをめぐる議論にも透けて見える．しかし，こうした環境保護をめぐる二項対立において，その護るべき「環境」には人が含まれておらず，人と自然・野生動物の関係を単純化，矮小化していることが問題として指摘されている（e.g. 鬼頭 1996 ; 森岡 2009）．

　森岡（2009）は，自然や野生動物を「手つかず」のまま保護しようとする「保存」の思想には，人間の「美的な価値判断」が忍び込んでいると指摘する．「自然そのものに価値があるから自然を護る」とは言いつつ，「何が護られるべき自然か」について，恣意的な線引きをしてしまっているという．野生動物に限定しても同様である．スモール（Small, E.）は，『新しいノアの方舟』という論題で，野生動物保護の取り組みは，同じ生態系を構成する生物として重要であるにもかかわらず，人間の目から見て美しく見える種（パンダ，ゾウなど）が優先され，醜く見える種（クモ，ヘビなど）は無視される傾向があることを指摘した（Small 2012）．つまり，スポーツハンティングに反対する団体や人々は，「野生動物の立場に立ち，それらに対する不当な扱い」を糾弾し，野生動物「保存」を訴えているが，野生動物保護を考えることにおいて，人間を抜きにすることは不可能である．にもかかわらず，彼らの考えや訴えには，人間を含めた「環境」が存在していないのである．

　一方，「人間のために自然を護る」という「保全」の思想は，どうであろうか．一部の政府や研究者，観光事業者が，「スポーツハンティングによって，経済的便益が生み出され，それは地域振興に役立ち，野生動物を賢く持続的に管理することを可能にする」と訴えているのは，まさに，「『人間の利益』のために野生動物を護る」という野生動物「保全」の思想にみえる．しかし，この「人間の利益」とは，自然とは無関係に決められるものではないと，森岡は述べる（森岡 2009）．人間の身体には「内なる自然」が刻み込まれており，その「内なる自然」が「外なる自然」を求めるために，自然のなかにいることを快適に思い，それを護りたいと感じるのであるという．つまり，人が美しい自然環境や勇壮な野生動物を護りたいと考えるのは，金銭という社会的な利益だけではなく，食欲や睡眠欲のような根源的な欲求を求めるためであるという．ハンターたちの反論を思い出していただきたい．彼らは，スポーツハンティングをおこなう動機として，「自然のなかにいたい，あるいは戻りたい」というこ

とを挙げていた．つまり，「保全」の思想における人間の「利益」とは，自然によって決められているのである．さらに「儲かる」，「絶滅しない」ということだけで，人と野生動物の共存関係は構築されるのであろうか．言い換えると，経済的観点あるいは生態的観点からの「利益」だけでよいのであろうか．上記のように，「人間の利益」とは，けっして人間側からだけで規定されるものではなく，そのように考えることは「保存」と同様に，真の意味での人間を考えておらず，人間を含めた「環境」が欠落しているといえる．

　このように，「保存」と「保全」の論考を参照にすると，スポーツハンティングをめぐる議論においても，そこには，「人そのもの」が含まれておらず，人と自然・野生動物の関係は単純化，矮小化されていたといえる．

　以上の2点の問題意識から共通して示唆されることとは，すなわち，スポーツハンティングをめぐる議論において，地域社会に対する影響とその地域に住む人々と自然，野生動物とのかかわりは等閑視されている，あるいは経済的な側面から単一視されているのではないかという危惧である．つまり，「スポーツハンティングによって野生動物は絶滅せずに，地元の人々もお金をもらって幸せ」というユートピア的なシナリオからは，その地域に住む人々の視点が抜け落ちているのではないだろうかという疑念がわき起こるのである．

　これに対して，人と自然あるいは野生動物との将来の関係を考えるうえで重要とされていることは，「人間か，自然・野生動物か」という二者択一ではなく，人と自然・野生動物の関係を，一種の「つながったもの」としてとらえるべきであり，その際，人間を含めた「環境」や「人と自然のかかわり」をローカルにみる必要があるとされている（鬼頭1996；丸山2006）．つまり，この実態を解き明かすためには，スポーツハンティングおよび野生動物保全政策がおこなわれている現場で，野生動物と「かかわり」をもっている現地の人々の視点と立場にたって考えることが必要である．

　このような視座に依拠し，次章より，カメルーン北部州でおこっているスポーツハンティングと地域社会をめぐる問題を具体的な事例として取り上げる．近年，スポーツハンティングを経済的な基盤とした「住民参加型保全」モデルは，成功例とされたジンバブエにおけるCAMPFIREを発信源として，東・南アフリカ諸国から中央，そして西へと伝播している（Wilkie and Carpenter

第1章　人，獣を狩る

1999；Roulet 2004；Lindsey et al. 2007）．本書で取り上げるカメルーン北部州も，その一地域である．そこでは，スポーツハンティングを基盤とした野生動物保全政策が積極的に展開されようとしている．

　スポーツハンティングがおこなわれている現場では，いま，なにが起きているのであろうか．そして，地域に住んでいる人々の生活や生業の観点から，スポーツハンティングをめぐる議論をどのようにとらえなおすことができるであろうか．ここから読者を遠いアフリカの地にいざないたい．

第2章

カメルーン北部州のサバンナに響く銃声

　日本から遙か約 1 万 2,000km．アフリカ大陸がギニア湾によってくびれた部分に，カメルーンは位置する（図 2-1）．「アフリカのミニチュア」と呼ばれるように，カメルーンには，北は半砂漠から南は熱帯雨林まで多様な気候と植生が広がっている．そのなかでも，北部州は雨季（5 ～ 10 月）と乾季（11 ～ 4 月）に分かれたスーダン・サヘル気候に属し，疎林と灌木を交えたサバンナが広がる（写真 2-1）．北部州の州都ガルアの年平均降水量（2000 ～ 2003 年）は934.3mm であり（National Institute of Statistics 2008），比較的湿潤なサバンナ地域であるといえる．北部州の中央に位置するベヌエ国立公園とその周辺には，30 種以上の大型哺乳類，306 種の鳥類，77 種の魚類，620 種の植物が生息・生育しているとされる（MINEF 2002）．その中には，IUCN のレッドリストに登録されているアフリカゾウ，ライオンなどが含まれる．また，この地域には，アフリカ最大のアンテロープであるダービーズエランドも生息している（表2-1）．

　自然，そして野生動物が豊かなカメルーン北部州のサバンナにおいておこなわれるスポーツハンティングは，カメルーン政府とスポーツハンティング観光をおこなう事業者にとって，どのような存在なのであろうか．本章は，その歴史と実態を分析し，彼らのなかでのスポーツハンティングの位置づけに迫る．

第2章 カメルーン北部州のサバンナに響く銃声

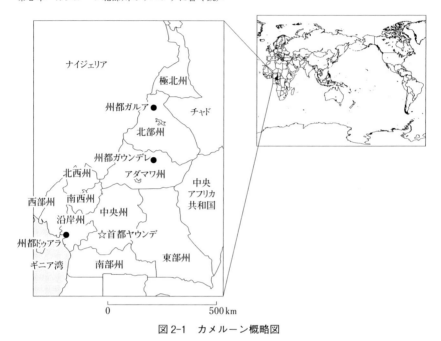

図2-1 カメルーン概略図

第1節　スポーツハンティングと自然保護政策の歴史

　カメルーン北部州におけるスポーツハンティングは，今日までどのようにおこなわれてきたのであろうか．本節では，フランスによる委任統治時代および独立後の歴史を中心に，ハンティングに関する法律，狩猟区の整備過程，狩猟ライセンスの発行数，税収の推移などのデータとともに，現在までのその変遷を概観する．
　カメルーンは，15世紀にポルトガル人がギニア湾から上陸したのをきっかけに，ヨーロッパとの接触をもちはじめた[33]．ヨーロッパ列強がアフリカを分割支配するなか，1884年におこなわれたベルリン会議によって，カメルーン

---

[33] カメルーンという国名は，当時，ポルトガル人が現在のカメルーン南西部，ギニア湾岸に到着した際に，たくさんのエビを見つけたことから，その地域をカマラウン（camarão，ポルトガル語で「小エビ」）と名付けたことに由来する．

46

第1節 スポーツハンティングと自然保護政策の歴史

写真 2-1 雨季（上）と乾季のサバンナ（下）

はドイツに支配された．しかし，第一次世界大戦においてドイツが敗退すると，1919年から国際連盟の委任統治制度により，ナイジェリアと接する現在のカメルーン西部はイギリスに統治されるようになった．そして，現在のカメルーン北部州を含む，それ以外の地域は，1922年よりフランスによる実質的な支配を受けるようになった．

表2-1　カメルーン北部州に生息する主な野生動物とその現地名

和名	英名	学名	仏名	ディー語	フルベ語
アフリカゾウ	African elephant	*Loxodonta africana*	Eléphant	bàl（バル）	nyiiwa（ニワ）
クロサイ	Browse rhinoceros	*Diceros bicornis*	Rhinocéros noir	gan dágá（ガンダガ）	ngoorowa（ンゴルゥワ）
カバ	Hippopotamus	*Hippopotamus amphibius*	Hippopotame	zò´òm（ゾォム）	ngabbu（ンガブ）
イボイノシシ	Common warthog	*Phacochoerus africanus*	Phacochère	ndàgàd（ンダガ）	gaduuru（ガドゥル）
キリン	Giraffe	*Giraffa camelopardalis*	Girafe	ŋgelobà（ンゲロバ）	tireewa（テェレワ）
ダービーズエランド	Derby's Eland	*Tragelaphus derbianus*	Eland de Derby	léégg（レァッグ）	yamoussa*（ヤムッサ）
バッファロー	African buffalo	*Syncerus caffer*	Buffle	zèè（ゼー）	mbana（ンバナ）
コブ	Kob	*Kobus kob*	Cob de Buffon	bàl（バル）	mbadda（ンバダ）
ウォーターバック	Waterbuck	*Kobus ellipsiprymnus*	Cob defassa	dùgu（ドゥグ）	ndumsa（ドゥムサ）
ローンアンテロープ	Roan antelope	*Hippotragus equinus*	Hippotrague	dàl（ダル）	kooba（コバ）
ハーテビースト	Hartebeest	*Alcelaphus buselaphus*	Bubale	gbìi（ビィー）	luyndu（ルンドゥ）
ヒョウ	Leopard	*Panthera pardus*	Panthère	zàg（ザッ）	siiwo（チオ）
ライオン	Lion	*Panthera leo*	Lion	kaə（クー）	baaba ladde（ババラデ）
ハイエナ	Brown hyaena	*Hyaena brunnea*	Hyène brune	mbùù（ンブー）	fowru（フォウル）
ジャッカル	Common jackal	*Canis aureus*	Chacal commun	wɔɔg（ウォッグ）	donndu（ドォンドゥ）

※1　括弧内は筆者が現地でおこなった聞き取りに拠る.
※2　英名，学名，仏名は（Kingdon 1997），ディー語名，仏名は（Bohnhoff et al 2002），フルベ語は（Eguchi 1986）に拠る．ただし＊は聞き取りに拠る．

第1節　スポーツハンティングと自然保護政策の歴史

　19世紀の探検家時代および20世紀の植民地時代において，アフリカにおける欧米人によるスポーツハンティングは，ケニアやウガンダ，北ローデシア（現在のザンビア），南アフリカ共和国などの東・南アフリカ諸国を中心におこなわれてきた（e.g. Maydon et al. 1932）．しかし，著名なイギリスの探検家パウエル＝コットン（Powell-Cotton, P. H. G.）が「獲物を入れる袋を追加したくなる」（Powell-Cotton 1932：389）と述べているように，カメルーンでもゾウやクロサイ，ダービーズエランドなどを対象としたハンティングが，当時からおこなわれていたようである．

　アフリカの多くの地域において，ヨーロッパ列強の入植が進み，野生動物が激減すると，19世紀後半からスポーツハンティングは，宗主国によって法的に規制されるようになった．当時，現在のカメルーンの大部分を統治していたフランスも，カメルーンにおけるスポーツハンティングの規制に乗り出す．フランスは，現在のガボンや中央アフリカ共和国を含んだ植民地であるフランス領赤道アフリカ（Afrique Équatoriale Française）に対して，狩猟に関する法律を1916年に交付した．カメルーンに対しても，委任統治を開始した2年後の1924年に，この法律を導入した．この法律により，保護される野生動物種，狩猟対象種，狩猟期間，禁止される猟具，保護区の設定などについての決定がなされた．ヨーロッパ人を対象としたスポーツハンティングのためのライセンスは，現在のカメルーンでの狩猟規制と同様に，大型狩猟，中型狩猟，小型狩猟の3つに区分された．

　そののち，1930年にフランスは，カメルーンにおける独自の狩猟規制を設けた．この規制により，国立公園や保護区の設定が検討された．当時の政府は，「この政令によって特異な動植物の保全を保障し，カメルーンの自然景観をともにつくるため，学術的関心のため，また自然の豊かさの破壊と将来の経済的損失をさけるために国立公園を設ける」（Journal Officiel de la République Française 1930：4437）とした．これは，1900年にイギリスのロンドンで開かれた，アフリカにおける野生生物保全に関する国際会議での決議の影響を受けたものであると考えられる．この会議には，イギリスやドイツ，スペイン，そしてフランスなどの列強が参加し，当時，狩猟によって激減していた野生動物を保全するために，年齢や性別，種に準じた狩猟の制度化と保護区の設定を各国

49

第2章　カメルーン北部州のサバンナに響く銃声

がすすめることが決議された[34]（United Kingdom of Great Britain and Ireland 1900）．これらの決定の影響を受け，1932年にカメルーン国内に7つの保護区が設定された．その中には，本書の主な調査地の1つとしたベヌエ国立公園の前身である，ベヌエ野生動物保護区も含まれていた．

　確かに，カメルーン北部州でも探検家や入植者によるスポーツハンティングはおこなわれ，狩猟規制や猟獣保護区が整備された．しかし，当時，カメルーンをハンティングのために訪れるヨーロッパ人は，他のアフリカ諸国，特に東・南アフリカ諸国と比べても，それほど多くはなかったようである．そもそも，カメルーン北部州は，農産物の商品化が困難であったことや，運搬のためのインフラが整備されていなかったことから，「忘れられた」植民地とされてきた（嶋田 1994）．さらに，この土地には牧畜民フルベによって建国されたレイ・ブーバ（Rey-Bouba）王国があり，フランスは間接統治政策をとり，この地域に植民地支配の影響をそれほど強く与えなかった．そのため，1937年から1950年までの間，レイ・ブーバ王国が支配していた北部州の東部には，まったくヨーロッパ人（軍人・企業関係者・キリスト教関係者）は居住しておらず，1951年になってはじめて，1人の軍人が入植したと記録されている（Roupsard 1987）．フランス植民地政府の行政官によるレイ・ブーバ王国全域の視察でさえも 1939年までおこなわれず，1945年に初めて行政機関が設置された（嶋田 1995）．現在も存在するレイ・ブーバ王国の重臣からの聞き取りによると，欧米人のハンターが北部州の東部を訪れるようになったのは，1950年代前半からだったという．

　1960年に，フランスに委任統治されていたカメルーンは独立を果たす．この頃から，カメルーン北部州におけるスポーツハンティングは活発化していく．独立後の野生動物の管理を担う省庁の報告書によると，極北州と北部州において 1963年および 1964年に発行された狩猟ライセンスの数は，それぞれ80と79であった（Flizot 1963 ; 1964）．1964年の場合，79のうち21は，入植者ではなく海外からきたハンターを対象として発行されたものであった（Flizot 1964）．そして，年々増えるハンターに対応するために，より広大な猟場の開拓が必要であるとし，当局は同地域で新たな狩猟地域を開発するための許可を出し，対

34　第1章第2節2.参照．

50

第1節 スポーツハンティングと自然保護政策の歴史

応した (Flizot 1963).

カメルーン政府は，1968年にベヌエ野生動物保護区をベヌエ国立公園へと格上げし，同時にスポーツハンティングをおこなうための狩猟区[35]を16区画設定した（図2-2）. 1970年には180人のハンターが，16の狩猟区を訪れ，16のうち10の狩猟区に，4つのベッドを備えたキャンプが建設されていた (République Fédérale du Cameroun 1970). 1972年には新たに11の狩猟区が設定され，北部州における狩猟区は合計で27となった. 1975年には旅行者を対象とした狩猟ライセンスの発行数が240に達し，1980年代前半には250を越えた（図2-3）.

しかし，1980年代後半に入り，旅行者を対象とした狩猟ライセンスの発行数は130を切る. また，現地に滞在する外国人居留民に発行したライセンス数も激減している. この活動の衰退には，その時期におこったカメルーンにおける経済危機と，スポーツハンティングに関係する税金の値上げ (WWF 2000) が関係していると考えられる. 1986年にCFAフラン[36]高ドル安の影響によって石油，カカオ，コーヒーなどの一次産品の輸出収益が激減し，5,080億CFAフラン（約850億円）の財政赤字を計上し，カメルーンは経済危機に陥る（墓田 2000）. カメルーン政府は，1986年および1988年にスポーツハンティングにかかる税金を値上げしたが，それによってカメルーン北部州を訪れていたハンターは，他のアフリカ諸国へ流出してしまった (WWF 2000). これらの社会的動向を原因に，カメルーン北部州におけるライセンス発行数は減少し，同地域におけるスポーツハンティングは衰退したと考えられる.

その後，1980年代後半に，旅行者を対象とした狩猟ライセンスの発行数は，約200まで一時的に落ち込んだが，多少の増減はあるものの，現在までに250前後を維持するまでに回復している（図2-3）. さらに，スポーツハンティングによって得られる税収は，増加の一途をたどっている（図2-4）. これらの復興の要因として，経済状況の改善と，政府による積極的なスポーツハンティング活動への「てこ入れ」という2点が考えられる.

---

35 狩猟区の詳細については，本章第2節1にて後述する.

36 CFA（セーファ）フランは，カメルーン，ガボン，中央アフリカ共和国，チャド，コンゴ共和国の共通貨幣である. 2012年現在，1ユーロ＝655.957CFAフランと固定されているため，1円≒6CFAフランである. 以降，この換算レートによって，日本円を併記する.

第2章　カメルーン北部州のサバンナに響く銃声

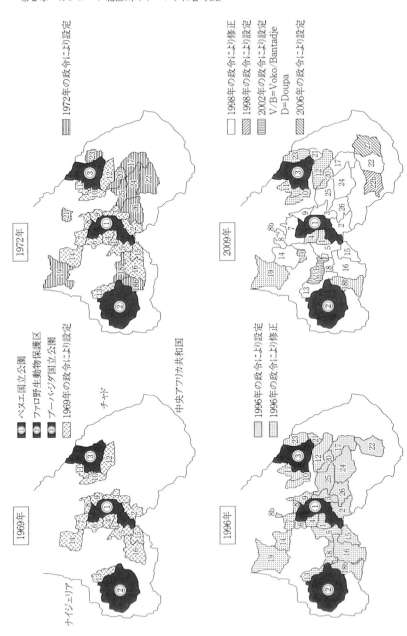

図 2-2　北部州における 1969 年から 2009 年までの狩猟区の拡大過程図
出所：WWF 内部資料および省庁の年間報告書より筆者作成。

第1節　スポーツハンティングと自然保護政策の歴史

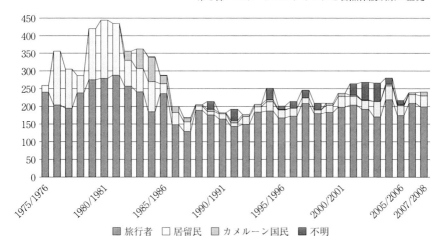

出所：省庁の年間報告書（75/76～83/84, 90/91, 96/97, 99/00, 00/01, 07/08年）および野生動物森林省に保管されている帳簿から集計．

図2-3　1975年から2008年までに北部州で発行された狩猟ライセンスの数と交付対象

　第一に，1988年に，国際通貨基金および世界銀行主導による構造調整計画を受け入れることによって，カメルーン政府は経済の立て直しを図り，比較的安定した経済成長を取り戻した（墓田 2000）．また，1994年には構造調整計画の一環として，現地通貨フランCFAが，それまで1フランス・フラン＝50CFAフランだったものが，100CFAフランに切り下げられた．これによって，カメルーンでスポーツハンティングによる観光活動をおこなうヨーロッパからの事業者にとって，現地経費が低減し，観光活動の回復につながったと考えられる．

　第二に，カメルーン政府は1980年代以降，狩猟区および捕獲枠を拡大させることで，スポーツハンティングの復興を試みてきたと考えられる．

　まず，政府は，1980年代後半以降にスポーツハンティングの対象となる，主な野生動物種の捕獲枠を拡大させており，それにともない，狩猟頭数も漸増している（図2-5）．さらに，1985年の当局の報告書によると，政府はそれまでライオンを厳正保護の対象とし，狩猟することを禁じていたが，当局の長官の特別許可を出すことで認めるようにした．ところが，わずか4頭しかハンティングされなかったため，多くのハンターを呼び寄せるためにも，より自由に

53

第2章 カメルーン北部州のサバンナに響く銃声

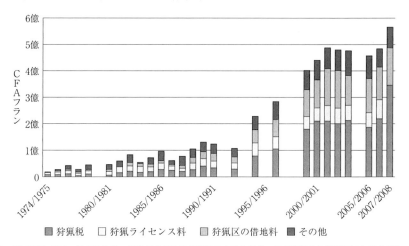

※ 「その他」には，銃の輸入税，狩猟ガイドの資格取得のための税金，国が管理する狩猟区における収入，印紙代などを含む．
出所：省庁の年間報告書より筆者作成．

図2-4 1974年から2007年までの期間，北部州の狩猟区におけるスポーツハンティングによって得られた各年の税収の合計

ライオンをハンティングできるようにすべきであると報告している（République du Cameroun 1985）．そして，1988年に政府は，ライオンに対して44頭の捕獲枠を設けた（République du Cameroun 1988）．

つぎに，政府は，一貫して狩猟区を拡大させてきた（図2-2）．1996年に，政府はすでにある狩猟区を修正し，3カ所に新たな狩猟区を設定し，2009年までにも，さらに3つの狩猟区を新たに設定した．その結果，狩猟区の設定数は，設定当初（1968年）の16区画から，2012年現在の32区画にまで倍増した．それにともない，狩猟区の面積は1996年には，設定当初（1968年）の約7,300 km^2 から3倍の約2万1,900 km^2 に，そして2012年現在，当時の3.6倍にあたる約2万6,000 km^2 にまで拡大した[37]．

通貨の切り下げにともなう現地経費の低減および狩猟区の拡大を背景に，主にヨーロッパからの観光事業者によって賃借されている狩猟区の数も，1980年代末には10であったが，2000年代始めには26に，そして2009年には28

---

[37] （WWF 2000）および各年の政府関係資料より算出．

第1節　スポーツハンティングと自然保護政策の歴史

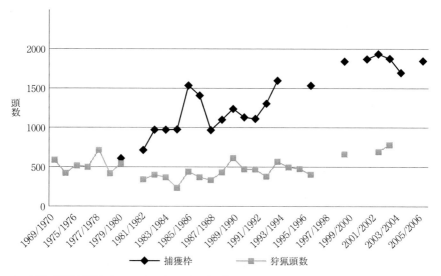

※　13種の狩猟対象種とは，アフリカゾウ，ダービーズエランド，ライオン，バッファロー，カバ，ハーテビースト，ローンアンテロープ，ウォーターバック，コブ，ボホールリードバック，イボイノシシ，ブッシュバック，オリビを示す．
出所：各年の当局の年間報告書および（WWF 2000）より作成．

図2-5　13種の狩猟対象となる野生動物の捕獲枠と狩猟頭数の合計の推移（1969～2006年）

に増加している．

　これらの結果，1994年に政府は狩猟税を値上げしたにもかかわらず（WWF 2000），北部州の狩猟区を訪れるハンターの数は，多少の上下動はあるものの，250前後を維持するまでに回復し，スポーツハンティングによって得られる税収も右肩上がりに増益しており，2007/2008年の猟期には，約5.7億CFAフラン（約1億円）を突破した（図2-3, 2-4）．

　以上のように，カメルーン北部州におけるスポーツハンティングの歴史をまとめると，まずカメルーンにおいて，1922年にフランスによる委任統治が開始されたのち，ヨーロッパ人によるスポーツハンティングを目的とした狩猟に関する法律の整備が，他のフランス領植民地と同調してなされた．しかし，レイ・ブーバ王国の支配も関係し，第一次世界大戦後から独立前まで，カメルーン北部州ではそれほど活発にスポーツハンティングはおこなわれていなかった

55

ようである．独立後，1960 年から 1980 年代半ばにかけて，ヨーロッパからの
ハンターが訪れるようになり，スポーツハンティングは活発化していく．ところが，1980 年代後半からの経済危機によって，ハンターらは，ほかのアフリカ諸国へ流出してしまい，ライセンス発行数は落ち込んでしまう．その後，1988 年より実施された構造調整計画による経済の立て直しや，政府による捕獲枠，捕獲対象（ライオン），そして狩猟区の拡大によって，カメルーン北部州におけるスポーツハンティングは立て直された．

第 2 節　スポーツハンティングのいま

　前節では，カメルーン北部州におけるスポーツハンティングが盛衰を経て，今日まで存続してきた歴史を概観してきた．それでは，その現在の姿は，どのようなものか．そもそもスポーツハンティングとはどのような娯楽で，どのような規則の下でおこなわれているのか．サファリとはどの点で異なるのか．本節では，こうした疑問を念頭に，現在のカメルーン北部州におけるスポーツハンティングの実態に迫る．

1．狩猟区とスポーツハンティング

　カメルーンは，コンゴ盆地の北のうっそうとした熱帯林から，スーダン・サハラの広大なステップまで，生態系の多様性に富み，北部にはダービーズエランド，南部にはボンゴやシタトゥンガなど，スポーツハンティングにおいて象徴的かつ価値の高い動物が多く生息する（Roulet 2004；Lindsey et al. 2007）．ハンティング関係者からの聞き取り（2009 年 1 月 19 日）によると，なかでもアフリカ最大のアンテロープであるダービーズエランドは，中央アフリカ共和国や南スーダン南部にも生息するが，両国とも政情が不安定であるため，そのトロフィーを望むハンターはカメルーン北部州へやってくるという．ダービーズエランドは警戒心が強く，ハンターの間で「幽霊」と呼ばれるように，移動範囲が広く，見つけることが難しい．また，たとえ発見できたとしても，逃げ足が速く，3 日間も歩いて追跡することもあるという．珍しく，そして仕留めるこ

第2節　スポーツハンティングのいま

とが困難なダービーズエランドのほか，多くの野生動物が生息するカメルーン
は，トロフィーコレクターと呼ばれる熱心な収集家にとって，注目の国の1つ
とされている．

　カメルーンにおいて，スポーツハンティングは，北部州のサバンナおよび東
部州の森林地帯に設定された狩猟区（仏：Zones d'Intérêt Cynégétique：ZIC），
コミュニティ管理狩猟区（仏：Zones d'Intérêt Cynégétique à Gestion Commu-
nautaire：ZICGC），共同管理狩猟区（仏：Zones d'Intérêt Cynégétique à Cogestion：
COZIC）においておこなわれている（図2-6）．野生生物の利用規制に関する政
令[38]（以下，野生生物の利用規制に関する政令）第3条1項によると，狩猟区に
対して，以下のような定義と規制がされている．狩猟区とは，スポーツハンティ
ングがおこなわれる区域であり，個人あるいは団体によって管理される．ま
た，後述するように，狩猟区内での狩猟には納税義務が発生し，保護されてい
る動物の規制を遵守しなければならない．多くの狩猟区は，それぞれカメルー
ン政府から狩猟ガイド（仏：Guide de chasse）の資格を得たスポーツハンティ
ングによる経営をおこなう観光事業者に賃貸されている．賃借人のいない狩猟
区は，野生動物森林省（仏：Ministère des Forêts et de la Faune：MINFOF）[39]が
管理している．賃借人がカメルーン国民の場合，年間の借地料は1km²あた
り5,000CFAフラン（約830円）であるが，外国人居留者の場合は1km²あた
り7,000CFAフラン（約1,160円）と定められている[40]．賃貸契約は5年ごとに
更新され，契約を結んだ観光事業者は，その狩猟区の自然資源の利用権を得る
ことで，スポーツハンティングによる観光ビジネスをおこなう．国立公園とは
異なり，狩猟区内での住民の居住に関する制限はされていない．そのため，狩
猟区内には多くの村落が存在している．

38　仏：Décret n° 95-466-PM du juillet 1995 fixant les modalités d'application du régime de la faune,
　英：Decree No.95-466-PM of 20 July 1995 to lay down the conditions for the implementation of
　wildlife regulation.

39　2004年12月に，環境森林省（Ministère de l'Environnement et des Forêts：MINEF）が野生動
　物森林省と自然保護環境省（Ministère des l'Environnement et la Protection de la Nature：
　MINEPN）に分割された．

40　許可されたスポーツハンティングの権利と税金および，野生動物の管理を担う当局に発行された
　そのほかの許可に関する財政法より抜粋（Extrait de la Loi de Finance Relatives aux Droits et
　Taxes des Permis Sportifs de Chasse et Autres Permis Delivres par l'Administration de le
　Faune）第10条．

第2章 カメルーン北部州のサバンナに響く銃声

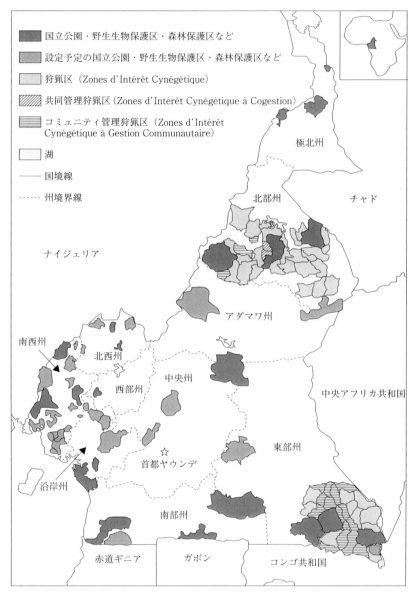

出所：(WDPA ウェブサイト)，(MINEF 2002) および野生動物森林省年間報告書より作成．

図2-6　2009年現在，カメルーン国内に設定されている国立公園，保護区など（予定も含む）

第2節　スポーツハンティングのいま

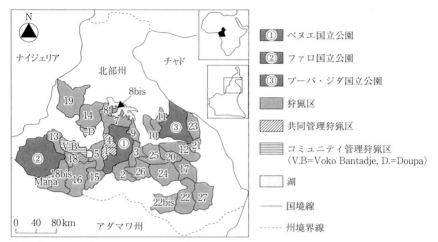

出所：(MINEF 2002) および野生動物森林省年間報告書より作成．
図2-7　2012年現在，北部州に設定されている国立公園および狩猟区など

　コミュニティ管理狩猟区と共同管理狩猟区は，その地域の住民によって組織された委員会とともに政府，観光事業者が共同で管理をおこなうことを目的とした狩猟区である．委員会の判断により，コミュニティ管理狩猟区あるいは共同管理狩猟区も，観光事業者に委託することができる．これらの狩猟区における住民と観光事業者，政府の関係は，第3章および第4章で詳しく論じたい．
　2012年現在，北部州には3つの国立公園と32の狩猟区が設定されている（図2-7）．狩猟区全体で，北部州全体の面積の約40％にあたる約2万6,000 km^2 を占め，国立公園を加えると，約3万3,100km^2（北部州の約50％）を占める[41]．狩猟区には区画番号が振られており，それぞれ政府から観光事業者に賃貸されている．2012年現在，32の狩猟区のうち，25区画が観光事業者に賃貸されている．北部州の狩猟区を賃借する25人の観光事業者は，不明の2人をのぞいて，全員がヨーロッパ人であった．そのうち約40％（N=23人）にあたる9人がフランス人であった．
　賃貸契約を結んだ観光事業者は，キャンプを建設し，スポーツハンターを招致する．観光事業者は，狩猟に精通しそれを生業としている，いわゆるプロフ

41　(République du Cameroun 2009) より算出．

第2章　カメルーン北部州のサバンナに響く銃声

ェッショナルハンターを現地のマネージャーとして雇い，ハンターに同行させる．このマネージャーは，ヨーロッパ諸国，特に，観光事業者と同じ国の出身者が多い．また，元軍人が雇用されている例もある．そして，観光事業者は，おもに首都や地方都市に住む人々を料理人や機械工などとして雇い，狩猟区内外の村落住民を足跡や糞などから動物を追跡するトラッカー（仏：pisteur，英：tracker）や，狩猟した獲物などを運ぶポーター（仏：porteur，英：porter），皮剥ぎ人（仏：taxidermiste，英：taxidermist）[42]，雑用係などとして雇用する[43]．

　筆者が観察した5つのキャンプには，キャンプの規模にもよるが，それぞれ3つから9つの客室があった（写真2-2, 2-3）．すべてのキャンプには，自家発電設備が整っているため，各部屋に給湯・冷暖房が完備されていた．野生動物はミネラルを補給するために，地表面に析出する天然ソーダ（炭酸ナトリウム）をなめる．観光事業者は，水場のほか，野生動物を集める目的で，都市でこの天然ソーダを購入し，塩場（仏：salin）を狩猟区内につくっていた．また，キャンプ内には，客に提供するために，トマトやハーブ，メロンなどの欧米で一般的な野菜や果物を育てる菜園もつくられていた．

　スポーツハンティング観光の経営には，こうしたキャンプの設備維持費用や，街からキャンプに物資を輸送する費用など，多額の資金が必要とされる．そのため，たとえば，ある狩猟区の観光事業者はスペインの海運会社の社長であるように，観光事業者の多くは欧米の富裕層である．

　カメルーン北部州における猟期は，ほぼ乾季と重なる12月1日から翌年5月31日までの半年間とされており，なかでも水場が減り，川に動物が集まる1月から2月にかけて，もっとも多くのハンターが訪れる．キャンプの規模によって異なるが，1つのキャンプに2, 3組のハンターが同時期に滞在し，生活をともにする．

　ハンターらは，欧米から飛行機と四輪駆動車を乗り継いでキャンプを訪れ，2週間ほど滞在する．観光事業者への聞き取り調査によると，狩猟区を訪れるハンターの多くは男性であるが，単独のほか，友人や家族とともに訪れるグル

42　英語および仏語を和訳すると「剥製師」となるが，実際に剥製は製作せず，皮を剥ぎ，肉を落とし，防腐処理をおこなうだけであるため，このように意訳する．

43　詳細な仕事内容については，第3章第3節1.を参照．

60

第2節　スポーツハンティングのいま

写真 2-2　調査地のあるキャンプの外観

写真 2-3　キャンプのサロン

ープも多い．北部州の狩猟区には，1983年から1997年までの15年間で，2,424人のハンターが訪れた（WWF 2000）．全体の90％（2,182人）が外国人旅行者で，そのうち58％（1,266人）がフランス人であった．また，その出身国

は 34 カ国にのぼり，その 62% にあたる 21 カ国が欧米諸国であった．ハンターは，キャンプの宿泊費や狩猟ライセンスを取得するための税金などを一括して，観光事業者が経営する旅行会社に支払う．たとえば，2008 年 6 月 5 日から 12 日までカメルーンにおいてスポーツハンティングをおこなった，あるハンターは，狩猟税や渡航費などすべて含めた旅行代金として 4 万 7,000 ドル（当時のレートで約 500 万円）を支払っていた（The Hunting Report ウェブサイト）．スポーツハンティングをおこなうためには，このような高額な費用がかかるため，複数の観光事業者からの聞き取りによると，狩猟区を訪れる欧米からのハンターは，観光事業者と同様に，50 〜 70 歳代の実業家や医者，弁護士といった富裕層に限られる．ハンターは，滞在するキャンプを毎年換えるのでなく，一度訪れたキャンプの観光事業者あるいは他のハンターと交友関係を築き，同じキャンプをバカンスのたびに訪れるようである．たとえば，筆者が聞き取りをおこなったハンターたちは，次のように語った．

「このキャンプを訪れるのは 4 回目で，今回はバカンスのために 2 週間滞在した．現在，保険会社に勤務しており，10 歳のときに狩猟を始めた」（60 歳代，男性，フランス人，2007 年 3 月 13 日）．

「このキャンプの観光事業者とは友人で，毎年，彼のキャンプを訪れており，今回で 6 回目となる．今回は 2 週間滞在し，ゾウとダービーズエランドを狩猟する予定．去年，死去した夫とともに，セネガル，ベナン，ナミビア，タンザニア，ジンバブエ，南アフリカでスポーツハンティングをおこなったことがある．あらかじめ観光事業者に，航空券，狩猟ライセンス料，銃の輸送料として 6,000 ユーロ（約 80 万円）を支払った．ほかの人はいくら支払ったか知らないが，自分は友人なのでいくらか割引してもらっている．ハンティングをおこなった後，狩猟税や滞在費などを追加して支払う」（60 歳代，女性，フランス人，2007 年 3 月 18 日）

ハンターは，観光事業者にあらかじめ，どの動物を狩りたいかを伝えておく．狙う動物や，同時期に滞在しているほかのハンターの数によって左右されるが，

第2節　スポーツハンティングのいま

ハンター1人か2人に対して，マネージャー，トラッカー，運転手を各1人，
そしてポーターを1人か2人同行させて，1つのチームを編成する．そして，
ハンティングはこのチームごとにおこなわれる．

　筆者が同行し観察した結果，スペインから訪れたハンターの一日は，つぎの
ようなものであった．ハンターたちは日の出前の早朝4時ごろに起床し，軽く
朝食を済ませ，四輪駆動車に乗り込み，5時40分にキャンプを出発した．狩
猟区内に張り巡らされた未舗装路を走り，その日はバッファローを狙って，あ
る山のふもとの湿原に向かった．6時50分に到着し，マネージャーやトラッ
カーは，すぐにバッファローの糞や足跡を見つけ，追跡を始めた．やがて群れ
を発見し，風向きに注意して気づかれないように尾行し，距離を縮めていった．
マネージャーによると，風上にいるとどんな動物にも臭いで気づかれてしまう
という．ふもとから山腹を登る群れを先回りして待ち伏せるが，尾根を登って
いったため慎重に尾行した．山の頂上に達し，群れのオスを狙い，一度発砲し
ようとしたが，木で隠れたので，再度追跡した．発見から1時間半後，マネー
ジャーのアドバイスで，ハンターは約70メートルの距離から1頭のオスの首
を一発で撃ち抜いた（写真0-1, 2-4, 2-5）．群れにいた5，6頭のメスや1，2頭
のほかのオスが，倒されたオスに近づき，こちらを襲ってくる危険があったた
め，発砲後，ハンターやマネージャーなどは距離をとり，様子をうかがった．
やがて，ほかのバッファローが逃げた後，倒れたオスに近づき，マネージャー
は石を投げつけ，絶命しているか確認した[44]．確認後，ハンターとマネージャ
ーは，猟の成功を祝って握手を交わした．トラッカーは無線で山のふもとで待
っている運転手に連絡をした．マネージャーが，倒れたバッファローの姿勢を
整えたのち，ハンターはバッファローと記念撮影をした．撮影後，マネージャ
ー，トラッカー，ポーターの3人で，首から胸，前肢の途中までの皮を剥ぎ，
首を切り落とした．バッファローはキャンプから，そして，車が通れる道から
も離れた山の頂上で仕留められたため，頭部とフィレ肉以外はその場に残され
た．11時にハンター，マネージャー，そして頭部などを頭の上に載せたトラ

---

[44]　倒れたバッファローが突然起き上がり，人を襲うという事例は，ハンターの間では一般的によく
　　知られている（ハンター 1957）．狩猟区3のマネージャーの話（2009年1月19日）では，狩猟区
　　22bisの観光事業者は，このような状況で2003年にバッファローに殺されたという．

第2章　カメルーン北部州のサバンナに響く銃声

写真2-4　バッファローを追跡する（左から）マネージャー，トラッカー，ハンター

ッカーとポーターは山を下り，午後1時15分に車でキャンプに戻った（写真2-6）．他のハンターたちとともに，昼食として西洋料理[45]を食べたのち，日中の猛暑を避けるために自室で昼寝をした．夕方4時ごろに，それぞれのチームは再度ハンティングに出かけ，7時頃に戻り，酒を飲んだあと，夕食をとり，10時ごろにそれぞれの客室で就寝した．

　仕留められた動物の所有権は，法律上獲ったハンターに発生し（野生生物の利用規制に関する法律　第96条），彼らは時として上等な部位（フィレ肉など）のみを食べる．そのため，筆者が同行した事例のように，仕留められた野生動物の肉は必ずしも完全に利用されるわけではない．ハンターたちの目的は，無論，肉ではなく，大きさを競うための獲物の頭である．捕獲された動物の頭部の肉や皮は，キャンプにおいて皮剥ぎ人として雇用された従業員によって剥がれる．トロフィーは後日，観光事業者によってハンターの自宅に郵送され，ハンターは自国の剥製師に注文し，その頭骨と皮から，壁から首が突き出ている

---

[45] この日の昼食の内容は，メロンの白ワイン漬け，トマト・ピーマン・ジャガイモのサラダ，ハーテビーストとコブのロースト，各種チーズ，フルーツの盛り合わせ，コーヒーというものだった．カメルーンの大都市でも食べることが難しいような豪勢な内容であった．

第 2 節　スポーツハンティングのいま

写真 2-5　発砲の瞬間

写真 2-6　バッファローの頭部を運ぶポーター

ような剥製を製作する．通常，ハンターが利用しないフィレ肉や頭部以外の部位，そして，サルなどの一部の動物の肉は，キャンプで働く従業員の食料とされる．第3章に後述するように，ゾウやカバなどの大型の野生動物が狩猟された場合は，従業員にとどまらず，周辺村落の住民にもその肉が分配されることがある．

2．スポーツハンティングに関する規則と違反

　ここまでカメルーン北部州においておこわれているスポーツハンティングの概要について説明したきた．ここからは，スポーツハンティングに関する規則と違反についてみていく．

　カメルーンでおこなわれるスポーツハンティングに対して，様々な規則が設けられている．まず，猟期は，12月1日から翌年5月31日までとされている[46]．つぎに，毎年それぞれの狩猟区に対して，動物種ごとの捕獲枠が政府から出される．狩猟区26のマネージャーからの聞き取りによると（2004年12月8日），猟期後，まず観光事業者は，トロフィーを北部州の州都ガルアに運び，野生動物森林省の北部州局に対して，狩猟した動物の数と種類，トロフィーの大きさなどを報告し，輸出のための申請書を取得する．このような作業によって，行政機関は，ハンティングされた野生動物の狩猟頭数を把握している．そして，首都ヤウンデにある野生動物森林省の本庁にて輸出の許可を取得し，もし，トロフィーがワシントン条約（絶滅のおそれのある野生動植物の種の国際取引に関する条約：CITES）に係る野生動物のもの（たとえば象牙）ならば，追加の手続きをおこなう．そして，輸出する16日前に税関を通し，輸出税などを支払ったうえで，トロフィーは後日ハンターの自宅に郵送される．

　さらに，メスを狩猟することや，照明を使って夜間にハンティングをおこなうこと，餌を使って獲物をおびき寄せること，毒や爆発物を用いることなどは，狩猟規則によって禁止とされている（野生生物の利用規制に関する法律　第80条）．

　そして，狩猟区内で狩猟をおこなうには，狩猟ライセンスの取得が義務づけ

46　東部州などの森林地帯の場合，7月31日までとされている（政令 Arrêté N° 1425 /A/MINEF/ DFAP/SAN portant ouverture de la saison cynégétique en République du Cameroun　第1条）．

第2節　スポーツハンティングのいま

られている（野生生物の利用規制に関する法律　第87, 91条）．狩猟ライセンスの
種類は，大型狩猟（仏：grande chasse），中型狩猟（仏：moyenne chasse），小
型狩猟（仏：petite chasse）の3つに区分されており，それぞれ使用する銃の
口径が，9mm以上，6〜9mm，6mm以下と定められている（野生生物の利用
規制に関する政令第35, 36条）．カメルーンに生息する野生動物は，原則として
狩猟が禁止されている厳正保護種（クラスA），狩猟するには許可が必要な保
護種（クラスB），クラスA, B以外の部分的保護種（クラスC）に分類されてい
る（野生生物の利用規制に関する法律　第78条）（表2-2）．スポーツハンティン
グの対象となるのは，クラスBとCに含まれる動物に限られる．アフリカに
おけるスポーツハンティングやサファリにおいて，目玉とされているビッグフ
ァイブ（big five）と呼ばれる5種類の野生動物（ゾウ，ライオン，バッファロー，
ヒョウ，サイ）のうち，カメルーンでは，ゾウ，バッファロー，ライオンの3
種類を狩猟することができる．ライオンは，クラスAに属するが，あらかじ
め野生動物森林省からの特別許可を取得することで狩猟することが許可されて
いる[47]．クラスBの中で細分されたグループ1と2，そしてクラスCにあたる
グループ3ごとに，狩猟ライセンスの種類によって，捕獲できる頭数が定めら
れている．また，ハンターは，狩猟ライセンスを取得するための料金のほかに，
狩猟した動物ごとに支払う狩猟税などを政府に納めなければならない（表2-3,
2-4）．

　そのほか，賃借人がおらず野生動物森林省が管理している狩猟区でスポーツ
ハンティングをおこなう場合，1日あたり外国人旅行者は3万CFAフラン（約
5,000円），居留民は2万CFAフラン（約3,300円），カメルーン国民は1万
CFAフラン（約1,600円）を，野生動物森林省に納めなければならない[48]．

　ここで，ある1人のフランスからのハンターが，カメルーンでスポーツハン
ティングをおこなった際にかかる税金を推計してみる．まず在仏カメルーン大
使館で，猟銃をカメルーンへ持ち込むために1丁あたり3万CFAフラン（約
5,000円）を支払う．入国後，野生動物森林省で大型狩猟ライセンスを取得す

---

[47]　政令 Arrêté N° 1425 /A/MINEF/DFAP/SAN portant ouverture de la saison cynégétique en
　　République du Cameroun　第2条.

[48]　財政法抜粋 Extrait de la Loi de Finance Relatives aux Droits et Taxes des Permis Sportifs de
　　Chasse et Autres Permis Delivres par l'Administration de la Faune）第10条.

第 2 章　カメルーン北部州のサバンナに響く銃声

表 2-2　狩猟対象とならない保護動物クラス A に属する哺乳類

和名	学名
アフリカゾウ（象牙 5kg 以下）	*Loxodonta africana*
ライオン	*Panthera leo*
ヒョウ	*Panthera pardus*
チーター	*Acinonyx jubatus*
カラカル	*Felis caracal*
ワイルドドッグ	*Lycaon pictus*
クロサイ	*Diceros bicornis*
キリン	*Giraffa camelopardalis*
ゴリラ	*Gorilla gorilla*
チンパンジー	*Pan troglodytes*
ドリル	*Papio leucophaeus*
マンドリル	*Papio sphinx*
クロシロコロブス	*Colobus guereza*
ボズマンズポットー	*Perodicticus potto*
ロエストグエノン	*Cercopithecus hoesti*
アンワンティボ	*Arctocebus calabarensis*
アレンズガラゴ	*Galago alleni*
ビークロフトウロコオリス	*Anomalurus beecrofti*
レッドフロンティッドガゼル	*Gazella rufifrons*
マウンテンリードバック	*Redunca fulvorufula*
ミズマメジカ	*Hyemoschus aquaticus*
ツチブタ	*Orycteropus afer*
オオセンザンコウ	*Manis gigantea*
アフリカマナティー	*Trichechus senegalensis*

出所：省庁内資料 14 Aout 1998 ARRETE N° 0565 /A/MINEF/DFAP/SDF/SRC Chapitre1 Article2
　　　より筆者作成.

第2節　スポーツハンティングのいま

表 2-3　保護動物クラス B に属する哺乳類とグループ分け，およびそれらにかかる狩猟税

和名	学名	1頭あたりの狩猟税 上段：CFA フラン，下段：日本円		
		外国人旅行者	居留民	カメルーン国民
アフリカゾウ（象牙 5kg 以上）	Loxodonta africana	100万（17万円）	80万（13万円）	10万（2万円）
ダービーズエランド	Taurotragus derbianus	100万（17万円）	60万（10万円）	10万（2万円）
ボンゴ	Tragelaphus euryceros	100万（17万円）	80万（13万円）	6万（1万円）
ローンアンテロープ	Hippotragus equinus	50万（8万円）	40万（7万円）	6万（1万円）
バッファロー	Syncerus caffer	50万（8万円）	40万（7万円）	6万（1万円）
カバ	Hippopotamus amphibius	50万（8万円）	30万（5万円）	6万（1万円）
ダマリスク	Damaliscus lunatus	20万（3万円）	10万（2万円）	2万（3000円）
ウォーターバック	Kobus ellipsiprymnus	25万（4万円）	15万（3万円）	2万（3000円）
ハーテビースト	Alcelaphus buselaphus	20万（3万円）	10万（2万円）	3.5万（6000円）
シタトゥンガ	Tragelaphus spekei	20万（3万円）	10万（2万円）	1.5万（3000円）
コブ	Kobus kob	10万（2万円）	5万（1万円）	1.5万（3000円）
ブッシュバック	Tragelaphus scriptus	10万（2万円）	8万（1万円）	1.5万（3000円）
イボイノシシ	Phacochoerus africanus	10万（2万円）	8万（1万円）	1.5万（3000円）
カワイノシシ	Potamochoerus porcus	10万（2万円）	5万（1万円）	1.5万（3000円）
モリイノシシ	Hylochoerus meinertzhageni	10万（2万円）	6万（1万円）	1.5万（3000円）
イエローバックドダイカー	Cephalophus silvicultor	10万（2万円）	5万（1万円）	1万（1700円）
ベイダイカー	Cephalophus dorsalis	5万（1万円）	3万（5000円）	0.5万（800円）
ピーターズダイカー	Cephalophus callipigus	5万（1万円）	4万（6000円）	0.5万（800円）
ブチハイエナ	Crocuta crocula	4万（1万円）	2万（3000円）	1万（1700円）

※ 2012 年現在，1 ユーロ＝ 655.957CFA フランと固定されているため，1 円 ≒ 6CFA フランとして，四捨五入し換算.

出所：省庁内資料 Extrait de la loi finance Article 9,1er juillet 1996 および，14 Aout 1998 ARRETE N° 0565 / A/MINEF/DFAP/SDF/SRC Chapitre1 Article3 より筆者作成.

69

第2章　カメルーン北部州のサバンナに響く銃声

表2-4　狩猟ライセンスの種類ごとのライセンス料と狩猟可能頭数

		狩猟ライセンス料[※1] 上段：CFAフラン，下段：日本円			狩猟可能頭数[※2]または期間		
		外国人旅行者	居留民	カメルーン国民	グループ1	グループ2	グループ3
ラ イ セ ン ス の 種 類	大型	42.5万 (7万円)	25万 (4万円)	13万 (2万円)	2頭	4頭	0
	中型	21.5万 (4万円)	15.5万 (3万円)	6.5万 (1万円)	0	4頭	4頭
	小型 (猟獣)	13万 (2万円)	10.5万 (2万円)	4.5万 (7,500円)	0	0	20頭／年
	小型 (鳥類)	11万 (2万円)	7.5万 (1万円)	3.5万 (6,000円)	0	0	5週間

※1　手数料と印紙代を含む.
※2　各グループから表記の頭数を狩猟することが可能. 各グループに属する動物は別表参照.
※3　2012年現在, 1ユーロ＝655.957CFAフランと固定されているため, 1円≒6CFAフランとして, 四捨五入し換算.
出所：省庁内資料 Extrait de la loi finance Article 1,1er juillet 1996 および, 14 Aout 1998 ARRETE N° 0565 / A/MINEF/DFAP/SDF/SRC Chapitre3 より筆者作成.

るために42万5,000CFAフラン（約7万1,000円）を支払い, 大型狩猟ライセンスの制限いっぱいに, グループ1よりゾウとバッファローの計2頭, グループ2よりウォーターバック, ハーテビースト, コブ, イボイノシシの計4頭を狩猟したとする（表2-3）. その結果, それぞれに100万, 50万, 25万, 20万, 10万, 10万CFAフランの狩猟税がかかる. 狩猟した動物の10kgの頭骨と5kgの皮を自国に持ち帰るならば, 輸出税として骨には1kgあたり2,250CFAフラン（約375円）, 皮には1,250CFAフラン（約210円）がかかるため, 小計で2万8,750CFAフラン（約4,790円）の輸出税を支払う. この結果, 合計で約263万CFAフラン（約44万円）の税金が, 1人のハンターからカメルーン政府と野生動物森林省に支払われることになる.

　カメルーンでは, これらのスポーツハンティングのための狩猟ライセンスの取得にかかる税金と, 狩猟税の合計の70%はカメルーン政府の国庫へ, そして30%は「野生動物の保護と保護地域の発展と整備」を目的とした特別基金

第2節　スポーツハンティングのいま

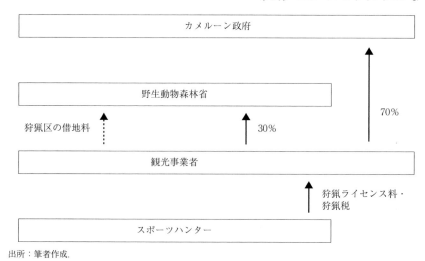

出所：筆者作成.

図2-8　スポーツハンティングに関する税金の流れの概略図

として，野生動物森林省へ納められる（野生生物の利用規制に関する法律　第105条）（図2-8）．また，観光事業者が支払う狩猟区の借地料も，野生動物森林省に納められ，そのうち，50％は野生動物森林省へ，40％は狩猟区が設定されている地方自治体の議会へ，そして10％は狩猟区内の村落から構成される委員会に分配されている[49]．スポーツハンティングによって得られた収益の地域社会への分配については第3章にて詳究する．

　上記のように，カメルーンにおけるスポーツハンティングには，狩猟規則と捕獲枠が定められている．しかし，スポーツハンティングがおこなわれている他のアフリカ諸国でも問題視されているように，それらの制度上の不備や，違反，不正という問題がある（e.g. Roulet 2004 ; Barnett and Patterson 2005）．

　現在，スポーツハンティングの対象となる野生動物の捕獲枠は，5年ごとに野生動物森林省によっておこなわれる個体数調査の結果を反映して設定され，政府から観光事業者に通達されることとなっている．しかし，野生動物森林省の北部州局の野生動物および保護区担当長官（以下，野生動物森林省の担当者）

---

[49] 政府関係文書 Note de service N° 2978 /MIENF/DFAP/AC du 14 octobre 1999
　　第3章図3-5参照．

第2章　カメルーン北部州のサバンナに響く銃声

からの聞き取りによると（2011年1月10日），個体数調査をおこなうようになったのは，1992年以降，IUCNとCITESが調査の徹底を要求してきたためであった．つまり，それ以前からも捕獲枠は設定されていたが，必ずしも生態的データを反映したものではなかったということになる．そしてさらに，担当者によると（2011年1月10日），個体数調査は本来，野生動物森林省がおこなうことだが，調査には多額の費用がかかるため，資金的余裕をもたない野生動物森林省はそれをおこなうことができないという．アフリカにおける野生動物の個体数調査は，一般的に，航空機による上空からと，行政職員による地上での目視調査が組み合わされておこなわれる（Bond 2001；Taylor 2001）．しかし，北部州の国立公園と狩猟区においては，現在，このような調査は実施されておらず，いまだに計画段階にある（WWF 2004）．これに対して，一部の観光事業者は，調査会社に委託し，賃借している自分の狩猟区の個体数調査をおこなっており，政府はその調査結果をもとに捕獲枠を通達するという．つまり，各狩猟区の捕獲枠は，自ら調査をおこない，結果を政府に提出すれば，事実上，観光事業者自身が決めることができ，本来，政府がおこなうべき調査に基づいた捕獲枠制度は形骸化しているといえる．そのため，「捕獲枠は毎年変化がないだけでなく，猟期に入っても通達されず，2週間は遅れる」と，独自の調査をおこなっていない，ある狩猟区の観光事業者は語った（2004年12月8日）．また毎年，野生動物森林省が「どの種類を何頭まで」という捕獲枠を出しても，実際に捕獲した種類と頭数は自己申告制であり，猟期終了後，最終的にそれぞれのキャンプで捕獲した種類と頭数は，輸出されるトロフィーの数で把握することになっていた．

　そして，そもそもカメルーンにおけるクラスA，B，Cという，3つの保護レベルでの野生動物の分類は，各々の生息数や繁殖率，そしてそれに基づいた持続可能な捕獲量などの生態学的データに準じているかは不明であるとされる（服部2003）．カメルーンの現行法では，ゾウの場合は，象牙の重さが5kg以下ならばハンティングの対象としてはいけないクラスA，5kg以上ならば対象となるクラスBとされている（表2-2, 2-3）．しかし，もちろん仕留める前に，象牙が5kg以下か以上かを正確に量ることはできないため，外観による判断となる．そして，この5kgを基準とするのは，実は1900年にロンドンで開か

72

れたヨーロッパの列強が参加したアフリカにおける野生動物，鳥類，魚類の保全に関する国際会議で決議された条項と同様である（United Kingdom of Great Britain and Ireland 1900）．また，狩猟ライセンスの種類も，独立以前と同様に大中小の3つに分類されていることから，カメルーンにおけるスポーツハンティングに関する現行法は，約100年前の法律を一部，踏襲しているようである．

　捕獲枠や狩猟規則が科学的データに基づいていなかったり，制度的に形骸化している問題のほかに，ハンターや観光事業者による，それらの捕獲枠や狩猟規則に対する違反もおこなわれていた．たとえば，狩猟頭数について，野生動物森林省の担当者によると（2004年11月1日），「各狩猟区から猟期後に何を何匹殺したという報告を受ける際に，頻繁ではないが，虚偽の申告をする観光事業者もいる．それが発覚したら，罰金（5万〜20万 CFA フラン：約8,300〜3万3,000円）とその動物にかかる税金の支払いが科されるか，あるいは禁固刑となる．しかし，金を持っている観光事業者たちは，もちろん前者を選ぶ」という．そして，キャンプで働くある村人も「アヌビスヒヒは，たくさんいるために撃った数にカウントされていない」と語った（2004年12月28日）．狩猟規則では，メスを狩猟してはいけないことになっているが，もし間違えてメスを狩猟してしまった場合は，2倍の狩猟税を支払わなければならない[50]．しかし，キャンプの従業員からの聞き取りによると（2007年1月3日），現場では，観光事業者がハンターに同行していなかった場合，そのような過失があったとしても，ハンターは同行した従業員に金を支払い，口止めをするという．そのほかにも，禁止されている行為への違反について，「動物との距離が近かったり，立派なトロフィーになる動物を見つけた際には，車から撃つこともある」（狩猟区26のマネージャー，2007年3月18日），「カメルーンの森林では，夜間に暗視装置を使ってハンティングをしているハンターもいる」（Roulet 私信）という．また，北部州において，ワイルドドッグの生息頭数は，2001年の時点でわずか35から65頭と推定され，1999年から厳正保護の対象種クラスAに指定された（Breuer 2003）．しかし，その後も，牧畜民[51]のほか，ハンターによっても狩猟されている可能性があるとの報告もある（Breuer 2003）．つまり，捕獲

50　政令 Arrêté N° 0565 /A/MINEF/DFAP/SDF/SRC　第8条第1項.
51　第3章に詳述.

第2章　カメルーン北部州のサバンナに響く銃声

枠や狩猟対象種に関する規定が存在するが，一部では，その違反がおこなわれていた．

　そのほかにも，観光事業者のあいだでも，規則違反がみられた．狩猟区2，3，25，26の観光事業者は，聞き取り調査によると，お互いの国籍は知っているものの，その間でほとんど交流はなかった．むしろ，観光事業者らは，その地域の野生動物を取り合うライバル関係にあり，狩猟区の境界を越えて，違法なスポーツハンティングをさせる観光事業者もいるという．ある狩猟区で働いている従業員の話では（2007年3月20日），たとえば，マネージャーとハンター，トラッカー，ポーターが隣の狩猟区に侵入し，ダービーズエランドを狩猟した．しかし，ちょうどその狩猟区の観光事業者に見つかってしまい，野生動物森林省が介入して，問題を解決する事態にまでなった．また，別のある狩猟区では，隣の狩猟区に従業員を侵入させ，ゾウを自分の狩猟区に追い込み，客のハンターに狩猟させているという．

3.　「銃」と「カメラ」の比較

　ここまで，カメルーン北部州におけるスポーツハンティングの歴史と実態について分析してきた．つぎに本章のまとめに入る前に，狩猟区でおこなわれているスポーツハンティングと国立公園でおこなわれているサファリについて，比較しておきたいと思う．

　現在，北部州には，ベヌエ，ブーバ・ジダ，ファロの3つの国立公園が設定されている（図2-7）．国立公園では，野生動物を観察し，写真におさめるサファリ観光がおこなわれ，国立公園への入園料が主要な収益源になっている．入園料は，1日そして1つの国立公園につき，外国人旅行者ならば6,000CFAフラン（約1,000円），居留民ならば3,000CFAフラン（約500円），そしてカメルーン国民ならば1,500CFAフラン（約250円）と定められている[52]．

　3つの国立公園のなかでも，舗装された幹線道路沿いにあるベヌエ国立公園への入園者数がもっとも多く，1981年にはピークとなる2,737人の来園者を集めた（図2-9）．しかし，1980年代後半以降に入園者数は減少した．これもや

52　財政法抜粋 Extrait de la loi finance Article 9,1er juillet 1996　第10条.

74

第 2 節　スポーツハンティングのいま

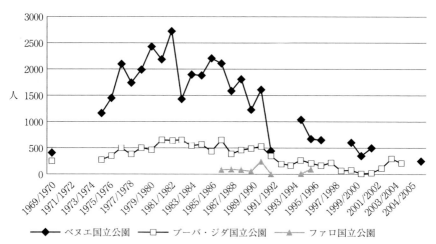

出所：各年の当局の年間報告書より作成．

図 2-9　1969 年から 2006 年までの北部州に設定されている 3 つの国立公園
　　　（ベヌエ，ブーバ・ジダ，ファロ）の入園者の推移

はり，スポーツハンティングと同様に，同時期に起こった経済危機の影響と考えられる[53]．そのほかにも，野生動物森林省の担当者からの聞き取りによると（2007 年 7 月 16 日），ベヌエ国立公園への入園者数が減少している理由には，以下の 3 つの理由が挙げられる．まず，観光客が宿泊する国設のキャンプの老朽化である．ベヌエ国立公園内にある国設キャンプは，建設からすでに 40 年以上が経過しており，水道も破損しているため，現在，井戸水を利用しているという．つぎに，国立公園内にサファリのための道路が整備されていないことである．ベヌエ国立公園の全面積のうち，道路が通り，サファリをおこなうことができる面積は，20％以下にとどまっている（MINEF 2002）．乾季になると，野生動物はベヌエ川が流れる公園の東側に移動するが，そこまで道路が延びていないため，観光客を満足させるだけの野生動物をみせることができないという．最後に，国設キャンプの管理者が，フランス人からカメルーン人に代わったことである．この交代により，主要な客層である欧米人を集める宣伝戦略を失い，集客力が低下したことが挙げられた．

53　本章第 1 節参照．

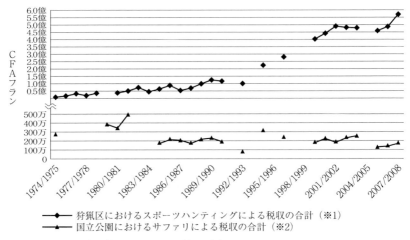

※1 狩猟税，狩猟区の借地料，狩猟ライセンス料などを含む．
※2 国立公園への入園料および写真撮影にかかる税金を含む．
出所：各年の当局の年間報告書より作成．

図2-10 1974年から2008年までの北部州の狩猟区におけるスポーツハンティングと3つの国立公園におけるサファリによる税収の比較

　また，野生動物森林省の担当者からの聞き取りによると（2007年5月10日），ブーバ・ジダ国立公園では，近年，国立公園に隣接するチャドから盗賊が侵入しているという．盗賊は，スーダンのダルフール地方で起こっている紛争のための資金を調達する目的で，国立公園周辺の住民だけでなく，サファリ観光客も襲っている．そのため，ブーバ・ジダ国立公園への入園者数は減少している．
　入園者数の低下にともない，北部州に設定されている3つの国立公園でのサファリ観光によって得られる税収の合計も，1980年代後半以降減少し，近年は200万CFAフラン（約33万円）を前後している（図2-10）．これとは対照的に，スポーツハンティングによる税収は，1994年から順調に増収しており，国立公園におけるサファリによる税収をはるかに上回っている．2007/2008年スポーツハンティングによる税収は，約5.7億CFAフラン（約1億円）であったが，国立公園におけるサファリによる税収は，わずか約182万CFAフラン（約30万円）であり，その差は約313倍であった．また，2001/2002年に狩猟区を訪れた278人のハンターから，約4.4億CFAフラン（約7,300万円）の税

収が得られ，1人のハンターあたり，平均で約158万CFAフラン（約26万円）の税金が支払われた．一方で，同じ年，ベヌエおよびブーバ・ジダ国立公園を訪れた約520人のサファリ観光者から，約193万CFAフラン（約32万円）の税収が得られ，1人のサファリ観光者あたり，平均で約3,700CFAフラン（約620円）の税金が支払われた計算になる．つまり，1人のハンターは，サファリ観光客約420人分に相当する経済性をもっていることとなる．サファリ観光客は，ハンターのように2週間も国立公園に滞在することはないことを加味しても，1人あたり，そして同じ期間あたりでも，スポーツハンティングはサファリと比較して，効率よく税収を得ることができる観光であるといえる．

第3節　政府と観光事業者にとってのスポーツハンティング

本節では，これまでみてきたカメルーン北部州におけるスポーツハンティングの歴史と現状を概括し，政府とヨーロッパの観光事業者にとって，スポーツハンティングはどのような活動であるのかを分析することで，本章のまとめとしたい．

娯楽のための狩猟であるスポーツハンティングは，現在，カメルーン北部州において活発におこなわれており，政府によって狩猟区や狩猟ライセンス，狩猟税，捕獲枠などの制度が整備されている．トロフィー収集やバカンスを目的とした欧米からのハンターが毎年，多額の費用をかけ，カメルーンを訪れ，エキゾチックな野生動物を狩猟している．まさに，現代のカメルーンにおけるスポーツハンティングは，植民地時代と変わらず「欧米の富裕層の娯楽」としておこなわれている．

20世紀初頭からのフランスによる委任統治時代において，他のフランス領アフリカ諸国と同様に，カメルーンにもスポーツハンティングのための猟獣保護区や狩猟規制が整備された．しかし，カメルーン北部州の場合，レイ・ブーバ王国による間接統治も関係し，それほどスポーツハンティングは活発におこなわれていなかった．独立後，カメルーン政府は，ベヌエ国立公園など，北部州の国立公園周辺に狩猟区を設定し，スポーツハンティングによる観光活動を発展させてきた．しかし，1980年代後半の経済危機およびスポーツハンティ

77

ングに関する税金の値上げによって，来訪していたハンターが他国へ流出する事態を招き，北部州におけるスポーツハンティングは衰退した．これに対し，政府は，狩猟区および捕獲枠の拡大によって，「てこ入れ」をおこなった．それとともに，国内の経済状況の改善や，通貨の切り下げにともなう現地経費の低減，狩猟区を賃借するヨーロッパの観光事業者の増加などを背景に，来訪するハンターの数は回復し，税収も増益したことによって，北部州におけるスポーツハンティングは復興した．

　また，Baker（1997）が東・南アフリカ諸国の事例において指摘していたように，カメルーン北部州におけるスポーツハンティングも，サファリと比較して，同じ期間でもより少ない人数でより多くの収益をあげていた．野生動物森林省は，スポーツハンティングによる税収が伸びていることで，野生動物資源の開発が成功していることに満足していると報告している（République du Cameroun 2008）．

　政府が積極的にスポーツハンティングの再興に尽力したのは，政府は，サファリではなく，スポーツハンティングによって得られる税収を，国立公園地域の管理計画における資金供給源として重要視している（MINEF 2002）ためであると考えられる．つまり，政府は，サファリに比べて300倍以上もの多額の税収をもたらす観光業，そして経済活動として，スポーツハンティングを重視し，狩猟区の拡大などの政策をとってきたのである．そのため，アフリカ全体の傾向と同様に，カメルーン北部州におけるスポーツハンティングは，政府の重要な税収源，保護行政を経済的に支える柱，そしてヨーロッパの観光事業者のビジネスとして活発化していた（Lindsey et al. 2007）．

　しかし，カメルーン北部州において，スポーツハンティングのための捕獲枠や狩猟対象とする野生動物の選定は，必ずしも詳細な科学的データに基づいていなかった．また，ハンターや観光事業者による捕獲枠や狩猟規則に対する違反も散見された．野生動物森林省の担当者は，こうしたスポーツハンティングに関する制度の不備や不履行は資金難のためであると語っていた．2009年現在，カメルーンにおいてスポーツハンティングによって得られる収益（約1億円）は，たとえば南アフリカ共和国（約100億円）やタンザニア（約28億円）（Baldus and Cauldwell 2004；Lindsey et al. 2007）とは大きな差がみられる．そのためか，

第3節　政府と観光事業者にとってのスポーツハンティング

　野生動物森林省は，カメルーンにおける野生動物資源は，現在の収益を上回る8億CFAフラン（約1億3,000万円）の利益を生み出すポテンシャルがあると述べており，さらなるスポーツハンティングによる観光開発を進めていく計画であるという（République du Cameroun 2008）．

　これまでの調査では，スポーツハンティングによって得られた税収が，野生動物森林省内でどのように歳出されているか，正確に把握できていない．しかし，上記のように，さらなる観光開発が進められていくことによって，捕獲枠や狩猟規則などの制度の不備や不履行を妨げる資金難が解消され，生態的な持続可能性が高められていくかは未知数である．

第3章

スポーツハンティングがもたらす光と影

―― A 村の事例

　カメルーン北部州においてスポーツハンティングは，政府とヨーロッパの観光事業者にとって巨大なビジネスであり，欧米からのハンターにとっては，「富裕層の娯楽」としておこなわれていた．これ以降の第3章および第4章では，スポーツハンティングがカメルーン北部州の狩猟区内に住む人々にどのような影響を与えているのか，詳しく分析する．

　まず本章では，北部州東部の狩猟区で生活を営む農耕民と牧畜民を事例に，彼らの生活実践において，スポーツハンティングと野生動物はなにをもたらし，どのような位置づけにあるのか，詳究する．

第1節　狩猟区に生きる人々

　本節では，北部州東部に住む農耕民と牧畜民の概要と，両者の関係について概説する．

　北部州東部には，ディー（Dii）[54] やブーム（Mboum），サラ（Sara）などの農耕民が居住している（写真3-1）．調査村とした A 村の住民の94％（2007年現在，N=287人）は農耕民ディーである[55]．A 村は，ベヌエ国立公園の東側，マヨ・

54　ディーは，フルベ語でドゥル（Duru）とも呼称されている（嶋田1995など）．しかし，彼らはディーと自称するため，本書ではこれに則ることとする．

55　調査村での全戸への聞き取り調査による算出．

第3章　スポーツハンティングがもたらす光と影

写真 3-1　綿花を収穫する農耕民ディーの少年

レイ（Mayo-Rey）県の県庁所在地チョリレ市から南西に約 25km の位置にある（図 3-1）．村人らはディー語と，カメルーン北部の地域言語となっているフルベ語の両方を話し，さらに高齢者を除いたほとんどの村人が，カメルーンの公用語であるフランス語を話すことができた．また，287 人の村人のうち，206 人（72％）がキリスト教徒（カトリック），80 人（28％）がイスラーム教を信仰するムスリム，1 人（0.35％）は不明であった．

　ディーは，現在，北部州を縦断する幹線道路沿いの村落を含め，ベヌエ国立公園周辺に居住している．彼らは，ニジェール・コンゴ語族の東アダマワグループに属し（端 1971），現在の民族全体の人口は 4 万から 5 万人とされる（Muller 2003）．

　A 村に住むディーは，後述するキャンプにおける賃労働以外は，自給的な農業を生業の中心とするほか，狩猟，漁労，採集をおこなっていた．以下，それぞれの生業活動について，概説していく．なお，狩猟に関しては，本章の第

第 1 節　狩猟区に生きる人々

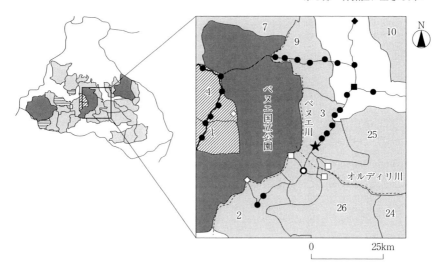

図 3-1　北部州東部・ベヌエ国立公園東部の周辺図

4節にて詳しく解説する．

　まず，農業に関して，A村の人々は，自給作物としてトウモロコシ，ラッカセイ，モロコシを，そして換金作物として綿花を栽培していた[56]．トラクターのような近代的な農業機械はなく，ウシに鉄製の犂をひかせる牛耕がおこなわれていた．主食であるトウモロコシは製粉され，クスクス[57]と呼ばれる練り粥として食べられる．ラッカセイはペーストにされ，クスクスにつけて食べ

---

[56] 自給作物のなかでも，トウモロコシやラッカセイは村落内外で売買されることもある．
[57] 北アフリカやヨーロッパで食べられている，小麦からつくられた粒状の食べ物とは異なる．ここでのクスクスとは，東・南アフリカでウガリやシマと呼ばれるものに相当する．

83

第3章　スポーツハンティングがもたらす光と影

るソースや油の原料とされる．モロコシは，トウモロコシと同様に主食となる
場合もあるが，多くは酒に加工される．カメルーンにとって綿花は重要な輸出
品であり，多くの農耕民にとっても重要な換金作物である．綿花栽培は，植民
地時代からの歴史を引き継ぐカメルーン綿花開発公社（仏：Société de
Développement du Coton du Cameroun：SODECOTON）（以下，綿花開発公社）[58]
によって，種や肥料の購入から綿花の買い上げに至るまで管理・指導される
（嶋田 1994）．村人は，栽培のための種，肥料，殺虫剤などをすべて綿花開発公
社から購入するが，そのための現金がない場合は，綿花開発公社から貸付金を
得て購入する．貸付金は，収穫した綿花の売却によって得られた収入から天引
きされることによって返済される．A村では，2007年4月の買い上げの結果，
20万CFAフラン（約3.3万円）の収益をあげた村人が1人いたが，ほとんど
は5万CFAフラン（約8,000円）にも満たなかった．A村において綿花栽培を
おこなった86人のうち，貸付金を返済し利潤を得た58人の平均収益は，約
2.7万CFAフラン（約4,500円）であった[59]．

　つぎに，漁労については以下のとおりである．A村から北西に約10kmと，
南西約3kmの位置に2本の大きな川が流れており，そこには77種の魚類が生
息している（MINEF 2002）．それらの川で村の男性は，ナイルパーチやタイガ
ーフィッシュなどの大型の淡水魚をナイロン製の刺網や釣り竿で捕えていた．
また，キャンプを訪れるハンターからもらったり，州都ガルアで購入したりし
て手に入れたルアー（疑似餌）を太い釣り糸に結び付け，川に投げ入れて引く
という漁法も見られた．また，川の中の岩の間に木を組んで仕掛けられた簗も
観察することができた．獲られた魚は，都市に流通されることはほとんどなく，
自家や村内で消費されていた．

　そして，村人による採集については，サバンナから薪やイネ科の草本，キノ
コ，そして薬用植物の採集が観察された．採集は，主に女性の仕事とされる．

---

[58]　綿花開発公社の幹部からの聞き取りによると（2007年3月2日），カメルーンで綿花栽培が開始
　　されたのは1956年に遡り，当時，CFDT（Compagnie Française pour le Développement des
　　Fibres Textiles）というフランスの政府系企業によって統括されていた．1974年より現在の綿花
　　開発公社が管理しているが，聞き取りをおこなった重役もフランス人であったように，フランスと
　　のかかわりは依然として深いようである．

[59]　A村において，2007年4月におこなわれた綿花の買い上げ市場において参与観察をおこない，
　　綿花栽培をおこなった村人全員の収穫量や貸付金を記録し，算出した．

第1節　狩猟区に生きる人々

薪は河川周辺の森林で集められ，草本は村周辺のサバンナで採集される．草本のうち，特に背が高く堅いものは，家を囲むむしろ垣や，綿花などを収穫する際に使用するかご，家の屋根などに利用されていた．それ以外の種類は，ほうきやモロコシからつくった酒をしぼるざるに加工されていた．村の伝統医は薬草を村周辺で採集し，けがをした村人の治療に使っていた．サバンナには，天然ソーダ（炭酸ナトリウム）が地面に表出している場所があり，村人は調味料やそのまま経口薬として利用していた．また，乾季になると，村人たちは村の近くを流れる川で金を採取していた．採取された金は，アダマワ州の州都ガウンデレや北部州の州都ガルアからやってくる商人によって引き取られていた．買い取りは天秤によっておこなわれ，マッチ棒1本に相当する重さの金が500CFAフラン（約80円）で取引されていた．

　この地域には，農耕民のほかに，サハラ以南の半乾燥の草原地帯に広く分布する牧畜民フルベ（F：Fulbe）[60] も生活している．A村から北北東に約50kmの地点には，フルベイスラーム国家であるレイ・ブーバ王国の王都がある．レイ・ブーバ王国は，18世紀に西アフリカのギニア高原でおこった「フルベ族の聖戦」によって建国され，今日も「現存」[61] している（嶋田1995）．

　このフルベのなかには，ウシやヤギ，ヒツジとともに季節的な遊牧生活を営むグループ，遊牧系フルベ[62] がいる（写真3-2）．彼らは，聖戦と王国建設に参加せずに，従来の伝統的な遊牧生活を維持してきた人々である（嶋田1995）．遊牧系フルベたちは，A村周辺の山のふもとにも宿営していた．彼らは，雨季にはこの宿営地を拠点として放牧をおこない，家畜が食べる草が少なくなった乾季には，ベヌエ国立公園の西側やチャドとの国境に近いブーバ・ジダ国立

60　フルベのほかに，英語ではフラニ（英：Fulani），フランス語ではプル（仏：Peul）とも呼ばれる（嶋田1995）．

61　レイ・ブーバ王国は，カメルーン共和国から政治的に独立して，一国として現存しているという意味ではなく，植民地政府，ついでカメルーン政府に対してとりつづけてきた慎重で柔軟な対応により，王国の首長ラミド（仏：lamidoあるいはラミードF：laamiid'o）を中心とした伝統的な王権を維持している（嶋田1995）ことを示す．

62　彼らは，ボロロ（mbororo）とも呼ばれているが，それは「原野のなかに生きる田舎者」という意味が含まれ，蔑称にあたる．そのため「フルベ」あるいはその単数形のプッロ（pullo）と呼ぶ（嶋田1995）．現地では，農耕民らは，彼らのことを「フルベ」と呼んでいたため，本書では，遊牧系フルベと表記する．また彼らは，北部州のほか，アダマワ州の高原，そして北西州の草原地帯でも移動生活を営んでいる（Pelican 2008）．

85

第3章　スポーツハンティングがもたらす光と影

写真 3-2　遊牧系フルベの親子

公園周辺に移住した．彼らは，宿営地では草を編んで建てたドーム型の小屋，あるいは木を組んだだけの簡易なベッドをつくり生活していた．男性は，日中は家畜群を放牧に連れて行き，夜は小屋などのそばにつくった樹木と有刺鉄線でつくった囲いのなかに家畜群をいれる．女性は，牛乳からつくった酸乳をひょうたんにいれ，街の市場で売っていた．

　アフリカにおける他地域と同様に（e.g. Hussein et al. 1999 ; Turner 2004)，A村の農耕民ディーとその周辺に宿営する遊牧系フルベの間には，資源や生活様式の違いをめぐって軋轢が生じていた．村人が耕したトウモロコシや綿花畑に遊牧系フルベの家畜が入り，作物を荒らしてしまうというのが主な原因である．

　その他の対立の火種として，遊牧系フルベがサバンナに火を放つことがあげられる．遊牧系フルベは，視界を良くし肉食獣から家畜を守るため，そして，家畜に食べさせる草本を更新させるために，乾季になると高く伸びた枯れ草を焼き払う．しかし，村人にとって枯れた草は，家屋や日用品のための重要な資

第 1 節　狩猟区に生きる人々

材となる．村人は，必要な分の枯れ草を刈り取ったあとの 4 月頃に火を放つが，
遊牧系フルベは，それよりも早い時期に焼き払ってしまうことで衝突が起こる．

　2006 年には，家畜が畑を荒らすという理由で，村人と遊牧系フルベの間で
武力衝突が起こり，双方にけが人が出る事態となった．また，2007 年には，
遊牧系フルベが放ったと思われる火が A 村周辺の枯れ草だけでなく，綿花畑
をも灰にしてしまった．

　しかし，両者間には対立関係がありつつも，共生的な関係も同時に成立して
いた．それは，刈跡放牧とウシの預託，そして生産物の交換によって成り立っ
ていた．刈跡放牧とは，収穫後の畑に家畜を入れ，作物残渣を食べさせる代わ
りに糞を栄養として落とさせるというものである．村人は，遊牧系フルベが連
れてくるウシなどの家畜の糞は肥料として農作物に有用であると認識していた．
しかし，村人が遊牧系フルベを招き入れるのではなく，農業残渣を家畜に食べ
させたいという遊牧系フルベの要望を，村人が受け入れている関係であった．
そのため，畑に家畜を入れたい遊牧系フルベは，1ha の畑あたり 800 から
1,200CFA フラン（約 130 ～ 200 円）の現金を畑の所有者に支払っていた．刈跡
放牧は，農耕民と牧畜民の双方にメリットがあるが，どちらが金銭を支払うか
は，両者の経済的な格差に起因している[63]．カメルーン北部州の場合は，多く
の家畜をもつ遊牧系フルベのほうが経済的に豊かであるため（嶋田 1995），農
耕民が金銭を享受する形態の刈跡放牧になっていた（写真 3-3）．

　また，村の農耕民と遊牧系フルベの間には，ウシの預託関係が存在した．乾
季に入ると，村周辺の草本は枯れ，利用できる水も限られてくる．すると，ウ
シを保有している村人は，それぞれ友好関係をもっている遊牧系フルベにウシ
1 頭あたり 1,000CFA フラン（約 170 円）を支払い，乾季の間の飼育を依託する．
村人のウシを預かった遊牧系フルベは，自分の所有する家畜とともに，草本と
水場を求めて移動生活をおこなう．雨季が始まる 4 月になると，耕起のために
ウシは村の所有者に返される．

63　小川（1998）は，本調査地の事例と同様に，西アフリカのセネガルにおけるジェンゲルベとよば
　れるフルベ系牧畜民と農耕民ウォロフの間には，対立しつつも，刈跡放牧などによって共生的な関
　係も同時に成立していることを明らかにした．しかし，カメルーン北部州とは異なり，セネガルの
　事例では，農耕民の要望で牧畜民を畑に招き入れていた．これには，カメルーン北部州での事例と
　は反対に，農耕民のほうが経済的に裕福であることが影響していると考えられる．

87

第3章 スポーツハンティングがもたらす光と影

写真3-3 刈跡放牧を早くさせてもらうために，農耕民（左）の綿花の収穫を手伝う遊牧系フルベ（右）

　特定の遊牧系フルベと友好的な関係を持ち，ウシを依託している村人は，その遊牧系フルベから現金を受け取らずに，刈跡放牧をさせている例もみられた．また，その村人は，遊牧系フルベが自分の農地に生えている樹木の枝を切り落とし，ウシにその葉を食べさせることも許可していた．

　そのほか，村人と遊牧系フルベの間には，農作物と乳製品の交換もみられた．農耕をおこなわない遊牧系フルベは，主食となるトウモロコシを村で購入し，酸乳やバターなどを村で販売していた．

　以上のように，村に定住する農耕民ディーと，季節移動をおこなう遊牧系フルベの間には，資源と土地をめぐる対立関係とともに，刈跡放牧，ウシの預託，農作物と乳製品の交換による共生的な関係もみられた．

第2節　A村周辺の地域史——スポーツハンティングとの「遭遇」

　A村に住む農耕民ディーと，その周辺に宿営する遊牧系フルベは，対立と共生という重層的な関係をもちつつ，それぞれ農業あるいは牧畜を主な生業とした生活を送っていた．では，この地域に生きる人々，そしてヨーロッパから

第2節　A村周辺の地域史──スポーツハンティングとの「遭遇」

導入された欧米人によるスポーツハンティングは，どのようにして「遭遇」したのであろうか．本節では，A村を中心とした農耕民，牧畜民，そして，スポーツハンティングの関係史について解説する．

　農耕民ディーは，17世紀後半から18世紀にかけて，北方から現在の北部州やその南部のアダマワ州にやってきたとされる（日野1987）．その後，A村を含めて，北部州に定住したディーは，18世紀に西アフリカのギニア高原でおこった「フルベ族の聖戦」によって侵略してきた牧畜民フルベによって，1806年に支配される（Mohammadou 1979）．レイ・ブーバ王国が建国されると，支配下にあったA村のディーは，農作物とともに労働力として村人も王都に納めさせられていた[64]．植民地時代の到来によって，北部州東部は1901年から1915年にかけてドイツに支配され，第一次世界大戦終結後の1915年から1960年までは，ドイツに代わりフランスに支配された（Mohammadou 1979）．当時，北部州東部は内陸の僻地であり，フランスはレイ・ブーバ王国の間接統治を認めていたため，欧米からのハンターが北部州東部を訪れるようになったのは，1950年代前半からであった[65]．

　A村の首長（男性，92歳）からの聞き取り（2004年12月10日）およびGPS計測によると，フランスから独立する1960年以前までは，村人らは，現在の村の位置から南に約31kmの山間部に居住していた．首長からの聞き取りによると，当時，村人たちは獣の皮をまとい，家畜はヤギしか飼育しておらず，モロコシを中心とした農耕生活を営んでいたという．しかし，1960年ごろ，レイ・ブーバ王国の命令により，現在，村がある道沿い付近に移住させられた[66]（図3-1）．その理由は，道路の建設および支配管理の平易化のためであった．チョリレ市から南西に延びる道は，1960年ごろまで整備されておらず，レイ・ブーバ王国は，周辺の村と同様にA村の人々を労働力として徴用し，同時に道沿いに居住させることで支配を強めようとした．

　この移住と時を同じくして，A村の人々は，遊牧系フルベ，そしてヨーロ

64　このような貢納制度は，現在はおこなわれていないが，1982年に現大統領のポール・ビヤ（Paul Biya）が就任するまで続けられていたという．

65　第2章第1節参照．

66　複数の村人からの聞き取りによると，その後，病気などで多くの死者が出たため，1970年，80年代頃に，その場所から約600mの位置にある現在の村がある場所に自主的に移住したという．

89

第 3 章　スポーツハンティングがもたらす光と影

ッパからやってきたハンターと遭遇する．

　A 村周辺に遊牧系フルベが初めてやってきたのは，村の古老の話（男性 69 歳，2007 年 1 月 15 日）によると，1960 年ごろから 1982 年の間であった[67]．しかし，前述のように，両者は資源と土地をめぐって対立関係にあり，「彼らは交渉もなしに畑に家畜を入れ，棍棒や弓矢で我々を攻撃してきた」ために，村人は遊牧系フルベを追い払ったという．しかし，遊牧系フルベはその地域を離れず，彼らは，A 村から北と北東にそれぞれ約 5 km の位置にある 2 つの山のふもとに宿営地をつくっていた．そして，2006 年 4 月以降，毎年乾季になると，村の畑を頻繁に訪れるようになった．

　また，同様に A 村の人々が初めてヨーロッパ人と遭遇したのも，1960 年頃に移住した後のことであった．A 村の首長によると（2004 年 12 月 10 日），初めて出会う「白人」を恐れた村人らは，以前住んでいた山間部へ逃げたが，その後，危害を加えられないとわかり，村に戻ってきた．首長は，村を訪れたヨーロッパ人から塩や砂糖を受け取り，首長は代わりに奴隷として村人を差し出し，連れて行かれた村人はプランテーションで働かされた．

　第 2 章で記述したように，1960 年当時，A 村を含む狩猟区 3 は，まだ賃借されておらず，キャンプも建設されていなかった．そのため，A 村周辺でハンティングをおこなうヨーロッパ人は，チョリレ市内やベヌエ国立公園の南部にある国設キャンプに滞在し，4，5 日ほど狩猟をしたり写真を撮ったりしていたという．

　その後，1968 年にベヌエ野生動物保護区が国立公園に格上げされ，同時に A 村周辺および A 村を含めて狩猟区が設定された[68]．しかし，それらの狩猟区（狩猟区 2, 3, 25, 26）の借り手は，すぐに現れなかった．そのため，狩猟区設定当初は，この地域を訪れるハンターの数は大きく増加することはなく，それまでのように，国設キャンプやチョリレ市に滞在するハンターが不定期に村周辺を訪れていたと考えられる．そのため，この頃はまだスポーツハンティングによる村人や遊牧系フルベの生活への影響は軽微であったと推察できる．

---

[67]　古老は，初めて遊牧系フルベが村にやってきたのは，カメルーンの初代大統領のアマドゥ・アヒジョ（Ahmadou Babatoura Ahidjo）が在位している頃だったと答えた．彼の在位期間は，独立した 1960 年から 1982 年までであったため，このように推定した．

[68]　第 2 章第 1 節参照．

第3節　スポーツハンティングがもたらす「光」

しかし，1978年に狩猟区25が，はじめてフランス人観光事業者によって賃借されたのを端緒に，1992年には，A村を含めた狩猟区3が別のフランス人観光事業者によって賃借された（図3-2）．このように，A村周辺の狩猟区でスポーツハンティングによる観光業を営む事業者が現われたことによって，村周辺でのスポーツハンティングは活発におこなわれるようになった．それにともない，農耕民と牧畜民からなる地域住民とスポーツハンティングの関係は徐々に深まっていった．

第3節　スポーツハンティングがもたらす「光」

それでは，地域住民に対して，スポーツハンティングはどのような影響を与えていたのであろうか．

スポーツハンティングは，利益分配や雇用機会の創出によって，地域社会の経済的発展に貢献することができると評価されている（Baker 1997；Lindsey et al. 2007）．本節では，まずこの「護るために殺す」という論理の一翼を担っている，スポーツハンティングが地域社会にもたらす経済的便益について，雇用機会の恵与，狩猟区の借地料の分配，公共施設の提供の3つに注目して分析する．その，いわばスポーツハンティングから発せられる「光」とはどのようなもので，どのように地域社会に「降り注いでいる」のかについて検討する．

1.　「それでも金のために働くしかない」――雇用機会の恵与

キャンプの運営は，ヨーロッパからの観光事業者だけでおこなうことはできず，地元の労働力が必要である．A村周辺のキャンプでは，周辺の村や町から採用された30人ほどの地域住民が雇用されていた．

キャンプで働く従業員は，猟期中は住み込みで朝から夕方まで働いており，仕事が忙しくなければ2，3週間に1回程度，一晩だけ帰村することができた．彼らは民族や出身地でグループを作り，キャンプ内に建てられた従業員用の小屋を2，3人で共用して寝泊まりをしていた．トウモロコシで作られた練り粥やラッカセイのスープなど，村と同様の食事をし，グループの中でも若者が調

第3章　スポーツハンティングがもたらす光と影

ZIC/年	1969/1970	1970/1971	1971/1972	1972/1973	1973/1974	1974/1975	1975/1976	1976/1977	1977/1978	1978/1979	1979/1980
2											
3											
25										T.B. (France)	
26			■	■							

ZIC/年	1980/1981	1981/1982	1982/1983	1983/1984	1984/1985	1985/1986	1986/1987	1987/1988	1988/1989
2									
3									
25					M.T. (France)	T.B. (France)	F.A.J.T. (France)		
26								M.T. (France)	R.A. (France)

ZIC/年	1990/1991	1991/1992	1992/1993	1993/1994	1994/1995	1995/1996	1996/1997	1997/1998	1998/1999	1999/2000
2										
3			J.P. (France)	C.R. (Italy)						
25							F.A.J.T. (France)	B.Z.F. (Spain)		
26										

ZIC/年	2000/2001	2001/2002	2002/2003	2003/2004	2004/2005	2005/2006	2007/2008	2008/2009	2009/2010	2010/2011
2										C.R. (Italy)
3				B.Z.F. (Spain)	A.R. (Spain)		J.P. (France)			P.G.L (France)
25										A.R. (Spain)
26									R.A. (France)	V.K.S (Russia)

※1　ZICは狩猟区（Zones d'Intérêt Cynégétique）の略。
※2　黒い塗りつぶしは狩猟区の未設定を示す。
※3　文字は賃借人のイニシャルを、括弧は国籍を示す。
※4　狩猟期間は、年をまたいで設定されているので、2年にわたるような表記とした。

出所：関係省庁の年間報告書および野生動物森林省での聞き取り結果より筆者作成。

図3-2　A村周辺の狩猟区の賃借履歴

第3節　スポーツハンティングがもたらす「光」

理を担当していた．主食のトウモロコシの粉や鍋などの調理器具は村から持参
し，その他の必要な調味料（塩や砂糖，油など）は，観光事業者からキャンプ
の経営を任されているマネージャーが町から仕入れてきたものを，給料から天
引きする形で得ていた．

　副食となる肉の多くは，ハンターが仕留めた野生動物に依存しており，彼ら
が食べないような野生動物（ヒヒなど）やその部位（フィレ以外）を譲り受け，
日々の食料として利用していた[69]．キャンプは生活用水を取水するために，必
ず川のそばに建設されている．そのため，従業員は夜のうちに川に刺網を仕掛
けておき，朝に引き上げるという方法で魚を獲っていた．このようにして得ら
れた肉と魚は，村と同様に燻製にされ，保存がきくようにされていた．

　一般的に，キャンプには，トラッカー，ポーター，料理人，機械工，左官，
雑用係，道路整備作業員，密猟監視員[70]というポストが設けられていた．ハ
ンターやマネージャーに西洋料理を提供する料理人や，キャンプの発電設備や
車両の整備をおこなう機械工などの専門職には，主に専門学校を修了した都市
部出身の住民が就いていた．一方，周辺村落の住民は，足跡や糞などから動物
を追跡するトラッカーや，狩猟した獲物などを運ぶポーター，頭骨などをトロ
フィーに加工する皮剥ぎ人，掃除や給仕などの雑用係，猟期が始まる前に道路
を整備する道路整備作業員として働いていた．

　A村の住民で初めて観光事業者に雇用されたのは，2人の男性（69歳・82歳）
であった．彼らは，狩猟者としてもともと持っていた，その地域に生息する野
生動物や土地に関する知識を生かし，狩猟区25がフランス人観光事業者に賃
借された1980年ころからトラッカーなどとして働いていた．その後，村周辺
の狩猟区が次々に賃借されると，観光事業者に雇用される村人も増加し，2011
年には18歳から48歳までの男性合計23人が，5つのキャンプで働いていた．
村全体の25世帯のうち，11世帯に被雇用者がおり，うち5世帯で2名以上が

69　ただし，従業員は，どのような動物でも食べるというわけではなかった．例えば，ヒヒを食べる
　人は少数で，それを運ぶことさえ嫌がるポーターもいた．さらに，ムスリムは，ムスリムによって
　殺された動物でないと食べることができない．そのため，客に同行するムスリムのトラッカーやポ
　ーターは，自分たちも食べることができるように，ハンターが銃で獲物を撃った直後，倒れた動物
　の首をナイフで切って，とどめを刺すという．食物禁忌については本章第4節1を参照．
70　密猟監視員については，本章第5節2にて後述する．

93

第3章　スポーツハンティングがもたらす光と影

雇用されていた.

　以下に，村落住民が就くことが一般的であるトラッカー，ポーター，皮剥ぎ人，道路整備作業員，左官，雑用係について，その仕事内容を詳しくみていく.

　まず，トラッカーは，狩猟ガイドと客であるハンターに同行し，足跡や糞を手がかりに，狙っている野生動物を探索・追跡する．トラッカーは，足跡や糞の状態から，野生動物の種類，大きさ，その場所を通過した時間と進行方向などを予測し，ハンターにアドバイスをする．これは猟果に直結する仕事であるため，地域住民の雇用のなかでもっとも高給である．野生動物やスポーツハンティングに関する豊富な知識と経験が必要とされるため，たとえば狩猟区３ではキャンプで経験を積み，35歳以上にならなければトラッカーになることができないという制約が設けられていた．また，トラッカーのなかでも経験や年齢によって，トラッカー長（仏：chef du pisteur）や一等トラッカー（仏：premier pisteur），二等トラッカー（仏：deuxième pisteur）に分類されており，トラッカー長や一等トラッカーはキャンプのマネージャーのお気に入りとして，マネージャーがハンティングに行く際は，常に同行させられる.

　ポーターは，狩猟ガイド，ハンター，トラッカーとともにハンティングに同行し，ハンターの荷物（銃，飲食料など）を運搬する．また，ハンターが仕留めた獲物を車まで運搬する．トラッカーと同様，ポーターも一等，二等と階級付けされている．ポーターは，トラッカーとともにハンティングに同行するため，野生動物に関する知識を吸収することができる．そのため，ポーターはトラッカーの予備軍という位置づけにあり，観光事業者は，有望な従業員をトラッカーにするために，まずポーターとしてハンティングに同行させていた.

　皮剥ぎ人は，キャンプに持ち帰られた獲物をトロフィーに加工するための処理を行なう．具体的には，獲物の皮をナイフやメスで剥ぎ，ドラム缶で頭骨などを長時間煮て肉を落とし，塩などで防腐処理を施す（写真3-4）．皮剥ぎ人は皮を剥ぐ際，穴をあけて，剥製としての価値を下げてしまわぬように細心の注意を払うという[71]．頭骨や皮は後日，ハンターの本国に郵送され，現地の剥製

71　植民地時代にケニアに入植したあるイギリス人の狩猟ガイドは，「皮剥ぎ人が不注意で皮にたった１インチ角の肉を残しておいても，そこから腐って毛皮に穴をあけてしまう（中略）そうなったら，トロフィ（原文ママ）を確保するのに多大な時と金をつぎこんだ猟客はすっかり憤慨してしまう」（ハンター　1957：127）と記述している.

94

第 3 節　スポーツハンティングがもたらす「光」

写真 3-4　コブ（アンテロープの仲間）の頭部を煮る，皮剥ぎ人

師によって，皮が骨に縫い合わされ，生きている形に擬した剥製に加工される．また，象牙の汚れを削り，加工する仕事も担う．

　道路整備作業員は，雨季の間に人の身長の倍ほどに成長し乾季に枯れた草を，ハンティングが本格化する前に山刀で刈る．そのあと，火入れをおこない，狩猟区内の道路とその周辺を整備する．この作業により，客を乗せた車が狩猟区内の道を通行できるようになるほか，見通しがよくなり，獲物を発見しやすくなる．さらに，刈った草の新芽をふかせることで，草食動物の餌を供給することができる．道路整備作業員は，ほかの従業員とは異なり，キャンプから離れたサバンナのなかで，猟期前の 11 月から 12 月にかけて，野宿をしながら道を整備する．その間，彼らの食料は，不定期に車でキャンプから届けられる．道路整備の作業が終わると，数人はそのままキャンプで雑用係として継続して雇用されるが，多くの作業員はその猟期前の数ヶ月で解雇される．

　左官は，キャンプ内の建物の建設に携わり，雑用係は，キャンプ内の掃除，洗濯，庭園の整備などを担う（写真 3-5）．トラッカーやポーターなどの要職に就く人とは異なり，上記の仕事以外にも雑用係は，皮剥ぎ人の補佐などをすることがある．

　道路整備作業員と雑用係は基本的に単年雇用であるため，キャンプで職を得

95

第3章　スポーツハンティングがもたらす光と影

写真 3-5　キャンプ敷地内の花壇を整備する雑用係

たい村人は，毎年採用されるために，観光事業者やキャンプを取り仕切っているマネージャーに，猟期が始まる前の 11 月ごろに手紙を出す．一方，トラッカーやポーターなどの要職に就いている村人は，観光事業者やマネージャーに猟期前に招集される．

　キャンプでの労働によって得られる賃金の金額は，職務や雇用されているキャンプによって異なる．たとえば，狩猟区 25 の観光事業者からの聞き取りによると（2004 年 12 月 8 日），このキャンプでは，料理人には最高の月給 10 万 CFA フラン（約 1.7 万円），皮剥ぎ人には 6 万 CFA フラン（約 1 万円），雑用係には最低の 3 万 CFA フラン（約 5,000 円），道路整備の作業員には 1 日あたり 1,000CFA フラン（約 170 円）が支払われている．また，給料とは別に，ハンターからのチップがボーナスとして支給される．ハンターからのチップは，満足がいく猟果があげられたときや，ダービーズエランドなどの獲ることが難しい動物が獲れたときに従業員や観光事業者に支払われる．チップは多いときに

は 200 万 CFA フラン（約 33 万円）にもなるといい，一度観光事業者が回収し，全従業員に再分配されることになっている．この結果，従業員 1 人当たり 5,000 〜 1 万 CFA フラン（約 800 〜 1,700 円）のボーナスが，猟期中に 2 回ほど支給される．また，客は従業員に対して，チップのほかにも自分が身につけていた衣服などを与えることもある．

　地域住民のキャンプでの雇用期間は，スポーツハンティングがおこなわれる 12 月から翌年 5 月までの猟期と基本的に一致していた．農耕民である A 村の人々は，12 月から 2 月ごろまでは綿花の収穫と綿花開発公社への納入に追われるが，3 月から 5 月ごろまでは農閑期に入る．3 月から 5 月の農閑期のみに注目すると，キャンプでの労働は格好の余剰労働力の投入先とも考えられる．しかし，キャンプでの仕事を得るためには，11 月には観光事業者に願い出て，収穫期にあたる 12 月からキャンプに住み込みで働き始めるため，綿花の収穫と買い上げの農繁期には村で作業に当たることはできない．そのため，キャンプでの労働は A 村の村人にとって，農閑期における格好の賃労働機会であるとは必ずしも言えないようである．

　しかし，A 村の住民は，キャンプでの賃労働を魅力ある現金収入源として認識していた．狩猟区 25 でポーターとして働くある村人が，2006/2007 年の 6 ヶ月の猟期の間にキャンプから得た賃金は 33 万 CFA フラン（約 5.5 万円）であり，これは彼の世帯の年間収入の 62% を占めていた（図 3-3）．また，2 人の被雇用者（トラッカーと道路整備作業員）を有する別の世帯では，キャンプから得た賃金が年間収入の 86% を占めており，どちらの世帯でも綿花やラッカセイの売却によって得られる現金を大きく上回っていた（図 3-4）．

　ところが，このように年収のほとんどを占めるような賃金をもらっている村人は一握りであった．たとえば道路整備作業員として雇用されているある村人は，猟期前の 2 カ月しか雇われず，猟期の間，彼が得た賃金は，ポーターの 10% にあたる 3.3 万 CFA フラン（約 5,500 円）であった．また，キャンプでの従業員のポストは限られており，2011 年現在，村内の被雇用世帯（11 世帯）は村全体（25 世帯）の半分ほどにすぎず，村人全員が雇用機会を得ているわけではなかった．被雇用者の間に明確な親族関係による偏りはみられず，すでに雇用されている村人と親族でないと新規に雇用されないということはなかった．

第3章　スポーツハンティングがもたらす光と影

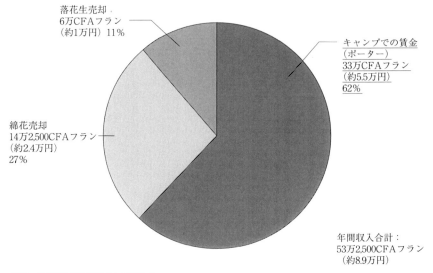

出所：聞き取り調査結果より筆者作成.

図3-3　2007年に，A村のある世帯Aが得た年間収入の内訳

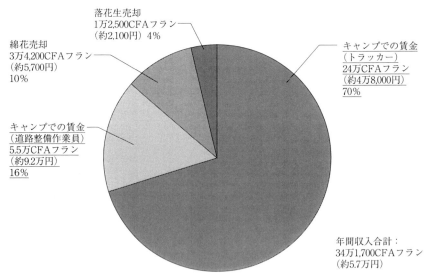

出所：聞き取り調査結果より筆者作成.

図3-4　2007年に，A村のある世帯Bが得た年間収入の内訳

第3節　スポーツハンティングがもたらす「光」

　そのため，雇用されていない村人は，仕事をもらえるようにキャンプにいる観光事業者に何度も手紙を書いていた．また，筆者がキャンプへ聞き取り調査のために出かけることを，「彼は仕事をもらえるように頼みにいったのだ」と，雇用されていない村人たちは誤解して羨んだりした．

　また，雇用者を有する世帯と有さない世帯の間の格差を調査したところ，綿花栽培にその一端があらわれていた．綿花栽培には，一般的に，種や肥料などのために1haあたり11.7万CFAフラン（約2万円）の現金が必要であり[72]，綿花栽培は村人らにとって主要な現金投入先となっていた．そこで，綿花畑の平均所有面積を雇用者の有無によって比較すると，表3-1のようになった．この結果，雇用の有無によって分けた世帯グループの間には，1.7倍の綿花畑の面積の格差があらわれた．村には現在，特に農地の拡大に関する制約はなく，資金と労働力さえあれば，農地を広げることができる．そのため，現在のようにキャンプでの労働が村内で一般的になる以前の土地所有が関係するとも考えられるが，現在の世帯間の綿花畑の面積の差は，キャンプでの労働による現金収入の有無を一因としていると考えられる．また，所有する綿花畑以外に，例えば，世帯間には家屋や生活物資などに明確な経済格差はみられなかったが，村にある4台のバイクのうち3台は，現在キャンプで働いているか，あるいは働いていた経験をもつ村人が所有していた．

　以上のように，キャンプでの労働によって得られる賃金は，村のある世帯にとっては年間収入の大部分を占め，綿花栽培のための資金源となっていた．このことから，キャンプでの雇用機会は，村人たちにとって経済的には非常に魅力的なものであると推察できる．

　しかし，キャンプでの労働環境は，ヨーロッパから来た観光事業者とマネージャーを頂点とした，軍隊のような厳しい上下関係に縛られている．キャンプで雇用されていた経験を持つ村人に，キャンプでの労働について聞くと，「雇用されると奴隷のように扱われる．彼らは黒人を犬のように思っている」（男性60歳，2006年6月14日）と語った．従業員は，事故や遅刻などによって仕事上の過失を起こし，雇用主である観光事業者やマネージャーとの関係が悪化すると，容易に解雇される[73]（写真3-6）．たとえば，狩猟区3のキャンプでは，

---

[72]　綿花開発公社の幹部からの聞き取りによる．

99

第 3 章　スポーツハンティングがもたらす光と影

表 3-1　2007 年の A 村におけるキャンプでの雇用の有無による綿花畑の所有面積の世帯間比較

	世帯数	1 世帯あたりの平均人数	1 世帯あたりの平均綿花畑所有面積
雇用者を含む世帯	17 世帯（63%）	11.3 人	3.0ha
雇用者を含まない世帯	10 世帯（37%）	10.3 人	1.8ha
村全体	27 世帯（100%）	10.9 人	2.6ha

出所：全世帯への聞き取り調査結果より算出・作成．

2009 年に従業員が乗った自動車が横転事故を起こし，運転手が死亡してしまった．この責任をマネージャーに追求された従業員長は解雇された．また，同時期に，マネージャーに嘘をついたことをとがめられ，キャンプで雇用されていた A 村の住民 9 人のうち，4 人が即刻解雇された．

　これまで記述してきた A 村の人々とキャンプでの雇用をめぐる複雑な事情は，つぎに記す，村に住む男性たちの言葉に集約される．

　ある男性（27 歳）は，「道路整備作業員として雇われても，日給 1,000CFA フラン（約 170 円）しかもらえず，ゾウやライオンがうろうろしているブッシュのなかで寝なければならないから，自分はキャンプでは働きたくない」と 2007 年に語っていたが，妻子をもった 2009 年には狩猟区 25 の道路整備作業員として働いていた．別の男性（24 歳）も「それでも金のために働かなければならない」（2007 年 7 月 1 日）と語った．つまり，村人たちは，けっして労働環境に満足してキャンプで働いているわけではないが，魅力ある現金収入のために従事しているようである．

73　しかし，従業員のなかでも，トラッカーは解雇されたとしても，その技術や知識を武器に他のキャンプで雇用されることが多い．たとえば，ある男性は，1975 年から狩猟区 25 で雇用されていたが，2002 年に車で事故を起こし解雇された．その後，すぐに狩猟区 3 の観光事業者に呼び寄せられ 2006 年まで働くが，酒癖が悪く，トラブルを起こし解雇された．狩猟区 2 からのオファーがあったが，再び狩猟区 25 で働く．しかし，酒癖が悪いという同様の理由で再び解雇となり，現在，ベヌエ国立公園の西側にある狩猟区 5 でトラッカーとして働いている．

第 3 節 スポーツハンティングがもたらす「光」

写真 3-6 キャンプ内の黒板に書かれた従業員の名前と，過失の回数を示す印

　また，キャンプで雇用されているのは，都市住民や村落に住む農耕民が中心である一方，家畜とともに移動生活を営んでいる遊牧系フルベは，ほとんどキャンプで雇用されておらず，2009 年に 1 人の遊牧系フルベが，狩猟区 3 でトラッカーとして雇用されているのを初めて観察しただけである．この理由として，遊牧系フルベは，定住し農耕を生業とする農耕民とは異なり，常に移動して家畜を飼育しなければならないため，乾季の間，キャンプにおいて住み込みで働くことは難しいことが挙げられる．また，本章第 5 節にて後述するが，スポーツハンティングと遊牧系フルベによる牧畜の間には，土地や資源を巡る対立が先鋭化しているため，雇用関係が生まれにくいことが考えられる．

　では，狩猟区内にあるすべての農耕民の村では，雇用機会が保障されているかといえば，必ずしもそうではない．A 村から南西に 13km の位置にある B 村は，狩猟区 26 のキャンプから A 村よりも近い距離にある（図 3-1）．1988 年に狩猟区 26 が現在の観光事業者に賃借された当初，B 村の人々もそのキャンプで多く雇用されていた．しかし，2007 年にそのキャンプで雇用されている B 村の住民は，わずか 1 人であった．また，狩猟区 25 のキャンプにおいても，B 村からの被雇用者は 1 人もいなかった．B 村の古老からの聞き取りによると（男性 60 歳代，2007 年 3 月 17 日），狩猟区 26 の観光事業者は，1990 年ごろから

101

第3章　スポーツハンティングがもたらす光と影

Ｂ村の人々を解雇し始め，代わりに人件費が安く，事故や病気の際に補償をあまりしなくてもよいという隣国のチャドからの移民を多く雇うようになったという．

2.　限られた「スポットライト」
──狩猟区の借地料の分配と公共施設の提供，野生獣肉の譲与

　本節では，スポーツハンティングからの「光」として，狩猟区の借地料の分配と公共施設の提供，野生獣肉の譲与について分析する．

　まず，狩猟区の借地料の分配に関して，1980年代後半に，東・南アフリカ諸国で「住民参加型保全」が台頭すると，そのモデルはカメルーンにも波及した．カメルーンでは，それまで地域住民への利益分配に関する規定は成文化されていなかったが，「住民参加型保全」モデルに準じて，1994年に狩猟区の借地料の一部を地域住民に分配する法律が制定された．

　第2章で記述したように，スポーツハンティングによって得られる狩猟ライセンス料と狩猟税のうち，70％はカメルーン政府に，30％は野生動物森林省に納められている．一方で，狩猟区の借地料は，一旦，野生動物森林省に納められたのち，50％は野生動物森林省が省庁の活動費として収得するが，そのうち40％は狩猟区が設定されている市役所や郡役所などの地方自治体の議会へ，10％は狩猟区内の村落から構成される委員会（以下，村落委員会）に分配されている[74]（図3-5）．

　2007年現在，Ａ村は，周辺の6つの村とともに村落委員会を組織していた．委員は1人の代表，1人の秘書，7人の村の首長，21人の地域密猟監視員（仏：garde communautaire）と呼ばれる政府や観光事業者がおこなう密猟監視活動[75]

---

[74]　地方自治体への40％の分配は，2000年から開始された（政府関係文書 Note de service N° 2978/MINEF/DFAP/AC du 14 octobre 1999）．チョリレ市は，周辺の10の狩猟区（2, 3, 5, 9, 12, 16, 20, 24, 25, 26）から，2006年度には当年度の歳入の14％にあたる約1,879万CFAフラン（約310万円）を享受した（République du Cameroun 2009）．市の会計係長は，「分配金は市の財政において非常に重要である．しかし，歳入の14％を占めるだけの金では少ない．自治体への分配の割合を40％ではなく，50や60％にあげるべきだ．市では飲料水が安定して確保できず，問題となっている．また，学校の教室にも机が不足している．もっと借地料からの分配金を受け，教育と衛生に使いたい」と語った（2007年6月18日）．

第3節 スポーツハンティングがもたらす「光」

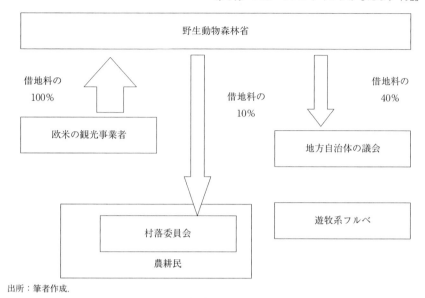

出所：筆者作成.

図 3-5 狩猟区の借地料の分配を示した概略図

に協力する村人の計 30 人から構成されていた．A 村からは，1 人の代表と 1 人の首長，4 人の地域密猟監視員の計 6 人が，村落委員会の構成員として所属していた．この 6 人は，当時の村の人口（287 人）の約 2％にあたる．村落委員会の代表への聞き取りによると（2009 年 1 月 23 日），地方への利益分配を定めた法律は 1994 年に施行されたが，A 村を含む村落委員会への借地料の分配が初めて実践されたのは，2004 年であった[76]．2007 年 4 月 7 日に，A 村でおこなわれた村落委員会の会議では，分配によって得られた予算 90.9 万 CFA フラン（約 15.2 万円）の使途が委員の間で決定された．それによると，まず，地域密猟監視員の人件費に 45.2 万 CFA フラン（約 7.5 万円）（約 50％），監視員の靴の購入費用に 12.7 万 CFA フラン（約 2.1 万円）（約 14％）をあて，残りを各

---

[75] 密猟と監視活動に関しては，本章の第 5 節を参照．
[76] 1994 年に分配に関する法律が施行されたにもかかわらず，10 年も実行されてこなかった理由は定かではない．しかし，ベヌエ国立公園の西側で調査をおこなった Mayaka（2002）は，同地域でも 2000 年以降になって初めて分配が開始された理由として，それまで村落委員会が組織されていなかったことが考えられると述べた．

第3章　スポーツハンティングがもたらす光と影

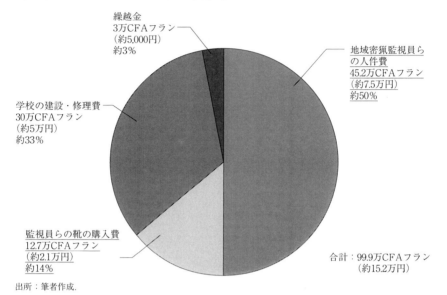

出所：筆者作成.

図3-6　2007年のA村が所属する村落委員会における分配金の使途

村の小学校の教室建設費用や修理費用30万CFAフラン（約5万円）（約33%），繰越金3万CFAフラン（約5,000円）（約3%）にあてることが決定された（図3-6）．つまり，村落に分配される狩猟区の借地料の約64%は，村落委員会の構成員の私用にあてられた．さらに，A村に関して言えば，村の人口の2%に該当する委員会に属する6人のみが借地料の分配の恩恵を享受していた．

　つぎに，公共施設の提供についてみていく．野生生物の利用規制に関する政令の第51条によって，狩猟区の賃貸契約を結んだ観光事業者は，学校や病院などの施設を提供することで狩猟区内の村に対して社会的・経済的に貢献することが定められている．2009年現在，A村の学校にはコンクリート製の2つの教室があり，初等教育がおこなわれていた．教室の1つは，1988年に村人らが綿花開発公社から90万CFAフラン（約15万円）の融資を受けて建てたが，もう1つは，村に隣接する狩猟区25の観光事業者からの援助によって2001年に建設された．

　しかし，観光事業者から村落への公共施設の提供も，法律で明文化されてい

第3節　スポーツハンティングがもたらす「光」

るものの，必ずしも履行されていない．なぜならば，たとえこのような地域社
会への貢献が履行されていなくても罰則はなく，それは観光事業者の裁量に任
せられているためである．そのため，すべての観光事業者がこのような提供を
おこなっているわけではなかった．実際，狩猟区3の観光事業者からA村へ
の援助はなく，村人も「彼は何もしてくれない」（男性26歳，2005年1月6日）
と語った．さらに「村にある足踏み式の水汲みポンプが故障したときも，乾季
には彼も利用しているにもかかわらず，修理費用の10％しか出さなかった」と，
村人ら（男性46歳・25歳，2004年12月29日）は不満を漏らした．

　最後に，野生獣肉の譲与に関して確認する．スポーツハンティングによって
仕留められた動物の所有権は，法律上獲ったハンターに発生し（野生生物の利
用規制に関する法律第96条），彼らは時として上等な部位（フィレ肉）のみを食
べる．残りの部位は，キャンプの従業員の猟期中の食料となっていた[77]．しか
し，ゾウやカバのような大型の野生動物がハンティングされ，ハンターやキャ
ンプの従業員だけでは消費しきれなかった場合は，観光事業者から近隣の村人
に譲与されていた．

　2007年1月26日に，狩猟区3の観光事業者がA村にやってきて，「ゾウを
狩ったので肉を切り取りに来るように」と，村の首長に伝えた．A村から20
人の村人が，ナイフと鍋や袋を手に獲物が倒れている場所へ向かった．ゾウは
その前日にフランスから来たハンターによって狩られ，すでに頭部と象牙はハ
ンターのためにキャンプに持ち帰られており，多くの肉はキャンプで働く従業
員によって切り取られていた．村人たちは残った肉を骨から削ぎ取り，村に持
ち帰った．

　しかし，このような野生獣肉の譲与は頻繁にはおこなわれない．まず，譲与
の可能性があるゾウやカバの捕獲枠は，ほかの小型や中型の野生動物に比べて
少ない[78]．また，1頭を1つの村に譲るため，狩猟区内に複数の村がある場合，
それらがハンティングされても，必ず自分の村に譲与されるわけではない．そ
のため，A村は，2005/2006年の猟期は一度も野生獣肉の譲与を受けることは
なく，2006/2007年も上記の一度だけだった．

77　第2章第2節参照.
78　第2章表2-4参照.

105

第3章　スポーツハンティングがもたらす光と影

　そして，公共施設の提供と同様に，野生獣肉の譲与も観光事業者の裁量でおこなわれる．そのため，被雇用者がいない，あるいは距離がほかの村に比べて遠いことを理由に，それぞれの狩猟区のキャンプとかかわりが薄い村は，譲与の恩恵を受けていなかった．たとえば，狩猟区 26 のキャンプで雇用されている A 村の住民は，ほかの狩猟区のキャンプと比較して少なく，2007 年は 2 人，2009 年は 1 人であった．そのためか，村での聞き取りによると，これまで A 村は狩猟区 26 から獣肉の譲与を受けたことはないという．

　以上のように，本節では，スポーツハンティングによって地域社会にもたらされる経済的便益（雇用機会，10％の借地料，教室，野生獣肉）について分析した．この経済的便益というスポーツハンティングからの「光」は，確かに一部の人々には魅力的に映るものであった．しかし，雇用機会をはじめとした経済的便益を享受しているのは，村落に定住する農耕民に限られ，遊牧系フルベはその対象とされていなかった．また，農耕民であっても，キャンプを管理するマネージャーとの関係などに左右され，必ずしもそれらの恩恵にあずかることができるわけではなかった．スポーツハンティングからの「光」は，一部に集束した不平等な「スポットライト」であったことに加え，雇用機会を得たとしても，厳しい労働環境というムチとともに受けなければならないものであり，問題を起こせば即時解雇されるという，すぐに消えてしまう可能性をもつものであった．

第 4 節　狩猟区に住む人々にとっての野生動物

　では，スポーツハンティングが地域社会にもたらしたものとは，経済的便益だけであろうか．狩猟区とは，欧米からの裕福なハンターたちがエキゾチックな野生動物を娯楽目的で狩猟するために線引きされた土地である．その「狩猟区」という場所に住む人々の生きる営みを細かく観察すると，スポーツハンティングがもたらすものは，光だけではなかったことが明らかになった．

　スポーツハンティングにおいて，野生動物は楽しみをもたらす「Game（獲物）」であり，観光資源である．一方，「動物の権利運動」に賛同し，狩猟に反対する人々にとっては，「手つかずの自然 = Wilderness の象徴」，つまり

106

第4節 狩猟区に住む人々にとっての野生動物

「Wildlife」である．では，狩猟区内で野生動物と生活空間をともにする人々に
とって，野生動物とはどのような存在なのか．本節では，次節において追求す
る，スポーツハンティングが彼（女）らの生きる営みに与える「光」以外の影
響を検討する布石として，農耕民ディーを中心とした地域住民にとっての野生
動物「像」を分析する．

1. 食卓の「主役」と「タブー」

　ディー語では，「家畜」のことをポック・リキ（D:*pùg lig*）と言う．リキは
「家」を意味するので，ポックは「動物」を示すことになる．しかし，ポック
とは，単に「動物」ではなく，それ1つで「食べる野生動物」を意味する．つ
まり，彼らにとって元来，野生動物とは食べる対象であり，肉とは野生獣肉な
のである[79]．

　筆者が調査期間中にA村でおこなった，自身の食事調査[80] によると，肉が
約2.6回に1回の頻度（619回中，238回）で，魚が7.6回に1回の頻度（619回
中，81回）で食卓にあがった．バイクなどの移動手段をほとんどもたないA
村の人々は，村から25km離れたチョリレ市に頻繁に出向くことはない．特に
肉に関していうと，2007年におこなった全戸調査の結果，A村におけるウシ，
ヤギ，ニワトリの1世帯あたりの保有頭数は，それぞれおおよそ2頭，4.8頭，
8羽であった．1世帯平均の人数は，約12人（25世帯287人）であることを加
味しても，A村には上記のような肉の登場頻度を満たすほどの家畜はいない
ことになる．さらに，そもそも家畜は日々の食料ではなく，労働力や蓄財とし
ての意義が大きい．調査期間中に家畜の肉が食卓にあがったのは，肉が登場し
た238回のうち，わずか4回であった[81]．

　これまで長期間にわたって，村人がおこなう狩猟に同行するなど，村での生

79　同様に，アイヌ語でユク（yuk）は「エゾシカ」と「獲物」を指し，スワヒリ語でも「動物」と
　「肉」を総じてニャマ（nyama）と呼ぶ．
80　筆者は，2004年9月〜翌年1月および2006年12月〜翌年7月の調査期間中に，2世帯に滞在し，
　それぞれの世帯構成員と同じ食事をとった．この筆者自身の食事調査は，食事内容をすべて書きと
　めていた記録に拠る．2世帯での合計の食事回数は619回であった．
81　クリスマスにニワトリが1回，イスラーム教の祭日（12月の犠牲祭）のあとにヤギが3回登場
　した合計．

107

第3章 スポーツハンティングがもたらす光と影

活を参与観察した結果やインフォーマントからの聞き取りから，食卓にあがった肉は，近隣の村との売買によって入手したもの，あるいは村人自身が狩猟した野生動物に由来するものであることが明らかになった．つまり，A村の人々にとって狩猟とは，日々の重要な食料であり，タンパク源である野生獣肉を手に入れるために不可欠な生業活動といえる．

A村の人々は，食料，そしてタンパク源として野生動物を利用するために，銃や弓矢，罠をつかった狩猟をおこなっていた．

まず銃猟についてみていく．A村において，散弾銃と，銃身と銃床は水道管のようなパイプと木材で作られたンガウンダル（F：*Ngaoundal*）[82] と呼ばれる手製の銃の2種類が確認できた．銃は，同じ村や隣の村の友人との間で共有して使われていた．政府関係者からの聞き取りでは（2004年8月10日），ンガウンダルは，1丁あたり1.5万から2.5万CFAフラン（約2,500～4,200円）という値段で，村落間で売買されているという．A村やその周辺の村では確認できなかったが，そのほかにもグルゥム（F：*Gourloum*）と呼ばれる先込め銃[83]も狩猟に使われているという（写真3-7）．

弾は，都市で売られている散弾実包を使用し，1発あたり750から900CFAフラン（約125～150円）で流通している．散弾実包には細かい弾が多数入っており，獲物に命中する確率は高いが，比較的大きな野生動物に対しては殺傷能力が低い．そのため，大型の野生動物を狙う時は，散弾実包の細かい弾を取り出し，替わりに1つの大きな鉛弾を込めたものを使用する．A村において，車やバイクのバッテリーに入っている鉛板を成形し，この鉛弾を製造しているのを観察した（写真3-8）．

銃猟は，早朝や夜間に2人から3人でおこなわれる．1人が銃をもち，残りはトラッカー兼ポーターとなる（写真3-9）．筆者が同行した銃猟の様子は，つぎのようなものだった．乾季の終わりにあたる4月のある日の早朝5時に，村の男性2人（31歳・26歳）は，散弾銃と山刀，ナイフ，肉を入れる袋を携え，村を出発した．出発して40分ほどで，メスのコブ[84]を発見した．射手役の年

82　手製の銃であるンガウンダルとは，アダマワ州の州都ガウンデレ（Ngaoundéré）の南にある町の名前と同名で，この町に銃を作る職人が多くいたことに由来しているという．
83　日本の火縄銃のように火薬と弾を銃口から装填する銃．第4章第1節参照．
84　カメルーン北部州に生息する動物は，第2章の表2-1を参照．

第 4 節　狩猟区に住む人々にとっての野生動物

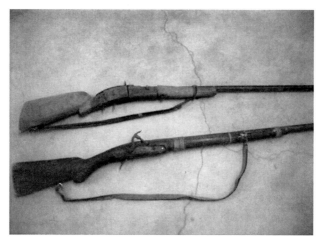

写真 3-7　ンガウンダル（F:*Ngaoundal*）（上）とグルゥム（F:*Gourloum*）

写真 3-8　散弾実包（上）とバッテリーの鉛版から作られた弾頭

第 3 章　スポーツハンティングがもたらす光と影

写真 3-9　野生動物の足跡を探す村人と銃を携える村人

長の男性は靴を脱ぎ，銃を構え，コブに近づいた．もう一人のポーター役の男性と筆者は，茂みに隠れていた．やがて，発砲音が響いたが，コブは数個の弾を受けつつも逃げてしまった．地面に落ちた微量の血をたどって追跡したが，見失ってしまった．その後，出発から 3 時間後の 8 時ごろに別のコブを見つけ発砲したが，弾は当たらず，仕留めることができなかった．結局，この日は猟果はなく，10 時半ごろに帰村した．

　また，筆者は同行できなかったが，つぎのようにカバを狩猟した事例が聞かれた．4 月のある日に，村の男性 3 人（35 歳・31 歳・26 歳）が，村から数キロの位置でカバを見つけ，3 度，発砲した．傷ついたカバは，近くの川に飛び込んだが，傷が深く，身体の向きを変えるぐらいしか動けなくなった．翌日に男性らは様子を見に行き，その次の日，バッテリーから作った鉛弾を込めた弾を撃ち込み，絶命させた．その 3 人の男性に他村に住む親族 2 人を加えて，彼らは肉を切り出し，村の畑にある出作り小屋に運び込み，燻製にした[85]（写真 3-10）.

---

[85] その後，肉がどのくらい家庭内あるいは村内で消費され，また村外へ売却されたのか，追跡調査することはできなかった．その理由は，次章に記すように，村人は密猟として逮捕されることを恐れており，十分に参与観察することができなかったためである．村人による狩猟活動の実態をさらに明らかにしていくことは，今後の課題の 1 つである．

第 4 節　狩猟区に住む人々にとっての野生動物

写真 3-10　カバの肉を燻製にする村人

　A村では銃のほか，弓矢，罠による狩猟がおこなわれていた．弓（D：*kpàà*：パー）は，化学繊維と木材からできていた．矢の先には2つの返しがついており，市場にて1本あたり50CFAフラン（約8円）で販売されていた．また，毒を塗った矢は1本あたり250CFAフラン（約40円）で売られていた．毒の原料について，A村のモジボ（F：*moodibbo*：イスラーム学者）でもある伝統医は，10種類の木の根を混ぜて作ると語った（2007年6月23日）．この伝統医は，たとえゾウであっても，毒矢をうければ2kmも歩かないうちに絶命すると語った．弓矢による狩猟の場合，見通しのよい乾季は地上から獲物を狙うが，草の丈が高いために視界が悪い雨季は樹上から射るという．

　罠猟に関して，この地域で使われている罠は，輪の中に獲物が掛かり，動くと輪が締まるという単純な構造であった．罠は，自転車のブレーキワイヤーを束ねて作られ，村に来る行商によって，1本あたり100CFAフラン（約17円）で売られていた．猟師は地面に15cmほどの穴を掘り，罠を置き，ふたをかぶせ，砂をかけて設置する．ふたには，竹のような植物で作られたものと，金属板から作られたものがあった．いずれも内側に放射状の切れ込みが入っており，獲物が足を踏み入れると，傷つけられる構造になっている．また，ふたには，綿花栽培などで使用される赤い殺虫剤を水に溶かしたものが塗られている．こ

111

れによって，人間のにおいを消すことができると村人たちは語った（男性24
歳・28歳，2009年1月18日）．罠のワイヤーの端は丸太に固定し，丸太も罠と
同様に，地面に埋める．獲物がこの穴に足を踏み入れると，まずふたで足を傷
つけられる．獲物は，驚いて足を抜こうとすると，罠の輪が締まってしまう．
傷ついた獲物は，丸太を引きずりながら移動するが，遠くまで逃げることはで
きず，罠の近くにいるところを，犬を連れて見回りに来る猟師に発見され，槍
でとどめを刺される．

　カメルーン南部の熱帯雨林では，樹木の弾性を利用し，獲物をその場につり
下げるという跳ね罠が一般的であるが（c.f. Ngnegueu and Fotso 1996；安岡
2010），調査地では，単に罠の端を丸太に固定し，掛かった獲物の行動範囲を
制限するというものであった．罠を固定しない理由として，罠猟をおこなって
いる村人の話によると，サバンナにいる大型のほ乳類は，跳ね罠のようにつり
下げるには大きすぎ，また日本でおこなわれているくくり罠のように，罠の端
を立木に固定してしまうと，獲物はワイヤーをちぎってしまうためであるとい
う．罠猟が適しているのは，2月や3月の暑熱乾季を過ぎ，雨が降り始め，日
中でも野生動物たちが草陰に隠れず動き回る4月以降であるという（男性43歳，
2007年4月13日）．

　A村の人々による狩猟の実態について，最後に，「タブー」について述べる．
銃や弓矢，罠を使った村人による狩猟の対象となるのは，ゾウなどの大型野生
動物を含めたほとんどの動物である．なかでも主に狩猟対象とされるのは，こ
の地域で優占しているとされるアンテロープ類（コブやハーテビーストなど）で
ある（WWF 1999）．しかし，「全員がなんでも食べる」というわけではなく，
ある人々は特定の野生動物に対して，宗教的および慣習的・経験的な禁忌，い
わゆる「タブー」をもっており，意図的に食べることを避けていた．

　宗教的な禁忌として，遊牧系フルベやA村の住民の28％にあたる[86]ムスリ
ムは，ブタに近いサイとイボイノシシを避ける．慣習的・経験的な禁忌とは，
親族あるいは本人が，ある特定の野生動物を食べ，心身の異常を経験した場合，
それを避けるものである．慣習的・経験的な禁忌の対象となる野生動物として
村人たちがあげたのは，キリン，ダービーズエランド，カバ，ローンアンテロ

86　全戸への聞き取り調査結果より．

第4節　狩猟区に住む人々にとっての野生動物

ープ，オリーブバブーンなどであった．いずれの野生動物も食べると，じんま
しんや腹痛を患ったり，「頭がおかしくなり悪魔になったりする」といった事
例が聞かれた．反対に，禁忌の事例が聞かれなかった野生動物は，バッファロ
ー，コブ，ウォーターバック，ブッシュバック，ハーテビースト，ヤマアラシ，
オリビであった[87]．

　アフリカ中部に住む狩猟採集民バカ・ピグミーやカラハリ砂漠に住むブッシ
ュマン[88]の間では，通過儀礼や初潮，結婚などの生活史における様々な段階
によって，禁忌の対象が異なるとされている（市川 1982；今村 2001）．しかし
A村に住む農耕民ディーのあいだでは，このような明確な生活史での段階に
よる禁忌はみられなかった．唯一，性別による格差，つまり女性に限って忌避
しなければならない野生動物が存在する事例が聞かれた．たとえば，「自分の
妻は病気になるからイボイノシシを食べない．あるとき，妻にその肉を食わせ
たらやせてしまった．そこでイボイノシシの尿を日々の食事に混ぜて食べさせ
ると元に戻った．妻のほかにもこのような経験をもつ女性は食べない」（男性
29歳，2006年12月30日）といったものであった．また，カメのなかでも水辺
に生息するものには禁忌はないが，女性は，陸生のカメを食べると，妊娠した
ときに早産や流産をしてしまうという（男性29歳，2007年3月3日）．

　ここまでA村に住む農耕民ディーによる狩猟についてみてきたが，遊牧系
フルベも狩猟をおこなう．遊牧系フルベは，常に弓矢を携帯し，放牧をおこな
っている（写真3-11）．それは，敵や肉食獣から自分自身や家畜を護るためで
あるが，食料目的で狩猟するためでもある[89]．家畜を多くもつ牧畜民であって
も，農耕民と同様に家畜は財産であり，頻繁に屠殺し，食用にすることはない．
またムスリムである彼らは，宗教上のタブーからブタの仲間であるイボイノシ
シは食べない．

　以上のように，この地域に住む農耕民と牧畜民にとって，野生動物とは重要
な食料であり，彼らは，銃などを使った様々な猟法で，それらを狩猟してきた．
しかし，彼（女）らは，すべての野生動物を食べるのではなく，そこにはタブ

87　第2章表2-1参照.

88　コイサン諸語を話し，狩猟採集生活を営んできた人々の総称（丸山 2010）.

89　レイ・ブーバ王国の王都周辺でも食料目的とした狩猟がおこなわれてきたが，交易品目的で，象
　牙やヒョウの毛皮などを入手するための狩猟が盛んにおこなわれてきた（嶋田 1995）.

113

第3章　スポーツハンティングがもたらす光と影

写真3-11　矢をつがえる遊牧系フルベ

ーが存在した．

2．農業・牧畜の「敵」

　人類史以来，人は野生動物から様々なかたちで被害，いわゆる獣害を受けてきた．肉食獣や大型野生動物による人や家畜への死傷，人畜共通感染症による疾病の伝染などのほかに，大きな経済的損失をもたらす農作物に対する食害もその一つである（Knight 2000；Thirgood et al. 2005）．アフリカの場合，特にゾウがもたらす農作物への被害や，ヒョウなどの肉食獣がもたらす家畜への被害が深刻である（目黒 2012）．つまり，野生動物は，生活空間をともにする人々にとって，食料であるとともに「敵」でもある．
　ベヌエ国立公園地域において，獣害について研究をおこなったウェラジ（Weladji, R. B.）とチャンバ（Tchamba, M. N.）によると，野生動物による農作物被害は，ゾウを中心にもたらされ，A村を含む国立公園の東側に集中していた（Weladji and Tchamba 2003）．また，綿花開発公社の年間報告書に記載されていたゾウがもたらす綿花への被害面積の統計を分析すると，1998年から2010年の期間を平均すると，北部州東部（ガルア・東，トゥボロ，マヨ・ガリケ）

第4節　狩猟区に住む人々にとっての野生動物

表3-2　2006/2007年のA村における野生動物による各作物への被害

	トウモロコシ	綿花	ラッカセイ	モロコシ
作付面積の合計	30.3 ha	59.5 ha	32.2 ha	38.3 ha
収穫面積の合計	15.9 ha	47.0 ha	22.3 ha	21.9 ha
獣害被害率 *	47.4%	30.9%	21.1%	42.7%
被害をもたらす主な野生動物	ゾウ・カバ・アヌビスヒヒ・オウム・ヤマアラシ	ゾウ・カバ	ゾウ・アヌビスヒヒ	ゾウ・カバ・アヌビスヒヒ・オウム・ヤマアラシ

※　畑に関する聞き取り調査において，4段階の野生動物による被害（壊滅あるいはほぼ壊滅・半分被害・多少被害・被害なしあるいは軽微）に対応して，それぞれ0・0.5・0.25・1の数値をかけ，収穫面積を算出した後，作付面積から収穫面積を引き，作付面積との割合で，野生動物による獣害被害率を算出.
出所：聞き取り調査結果より筆者作成.

には全体の75％の被害がもたらされていた（図3-7, 3-8）．これは，西側には舗装された幹線道路沿いに多くの村落が存在する一方で，東側には村落が少なく，多くの野生動物が生息しているためである（Weladji and Tchamba 2003）．

　複数のインフォーマントからの聞き取りおよび参与観察の結果，A村ではゾウをはじめとして，カバ，アヌビスヒヒ，オウム，ヤマアラシなどが農作物への被害をもたらしていた．表3-2のように作物別にみると，可食部がむき出しになっているトウモロコシやモロコシへの被害率が高く，地中に埋まっているラッカセイや，本来食用ではない綿花への被害が少なくなっている．被害をもたらす野生動物の中心はゾウであり，乾季の始まる9月から12月にかけて，周辺の狩猟区からベヌエ国立公園内へと移動する際に村の畑を襲い，大きな被害をもたらした（写真3-12, 3-13）．ゾウは，トウモロコシやモロコシを食べることはもちろんのこと，綿花を踏み倒し，ラッカセイは鼻で器用に引き抜いていた．カバは，ゾウのようにラッカセイに対して大きな被害はもたらさないものの，畑の作物を踏み倒し，あるいは食べ，甚大な被害をもたらした．図3-9のように，ゾウおよびカバは，村の南西から畑に侵入し，大きな被害をもたらしたのち，北へ転進し，サバンナに戻っていた．また，アヌビスヒヒも同様にイモ類を加えたすべての作物に被害を与え，季節に関係なく，1年を通して被害をもたらしていた．

115

第3章 スポーツハンティングがもたらす光と影

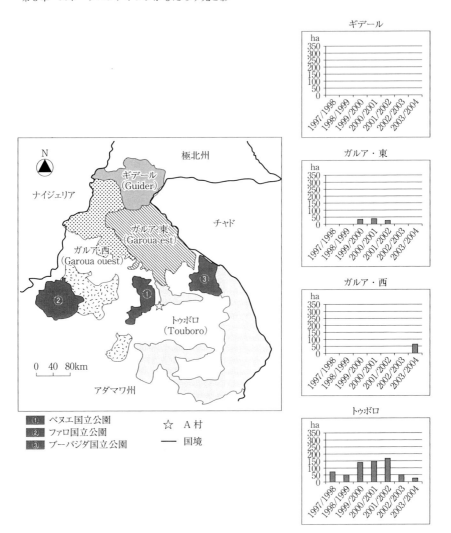

出所：綿花開発公社の年間報告書より筆者作成.

図3-7 北部州の各綿花栽培地区において，ゾウによってもたらされた綿花畑の被害面積（1997〜2003年）

第4節　狩猟区に住む人々にとっての野生動物

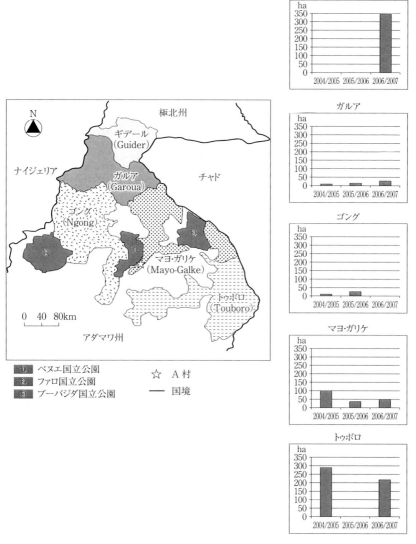

※　2004年に栽培管理地区の再編がおこなわれた．
出所：綿花開発公社の年間報告書より筆者作成．

図 3-8　北部州の各綿花栽培地区において，ゾウによってもたらされた綿花畑の被害面積
　　　　（2004 〜 2006 年）

117

第3章　スポーツハンティングがもたらす光と影

写真 3-12　ゾウによる食害を受けて，畑のそばで頭を抱える村の女性

写真 3-13　ゾウの糞に含まれていたモロコシ

　村の古老は，獣害について「これまで，ゾウやカバはサバンナの奥にいたが，2000年ごろから頻繁に村の畑を襲うようになった．なぜ村に来るようになったかはわからないが，作物の味を覚えてしまったのではないか」と語った（男性69歳，2007年3月11日）．ある村人は，1999年には，綿花やトウモロコシな

第 4 節　狩猟区に住む人々にとっての野生動物

写真 3-14　鐘を叩き，ゾウを畑から追い払おうとする村の男性

どの農作物を売却して得た現金で家財道具を購入することができたと語った（男性 35 歳，2007 年 3 月 21 日）．しかし，図 3-9 のように，2000 年ごろから，ゾウやカバは，村の西側から頻繁に侵入してくるようになった．同図に描写した西側の耕地は，首長らが所有する肥沃な土地であったが，獣害が深刻化した同時期から耕作を放棄している．このように，近年，A 村における野生動物による農作物への被害は拡大しているようである．

このような野生動物による日常的な農作物への被害に対処するために，村人たちは，ゾウによる食害が多い 11 月には，一晩中，畑の中で鐘やドラム缶を棒で叩き，ゾウを音で驚かせ，畑に近づけないようにしていた（写真 3-14）．しかし，それらの効果は薄く，農作物への被害は深刻化している[90]．そのため，近年，親族関係を頼って，獣害の少ないほかの村やチョリレ市で耕作をおこな

---

[90] そのほかに，銃を使った防除があるが，次節に記述するように，それは地域住民の生業に対する制限と深くかかわっており，おおやけにおこなうことができない．

第3章 スポーツハンティングがもたらす光と影

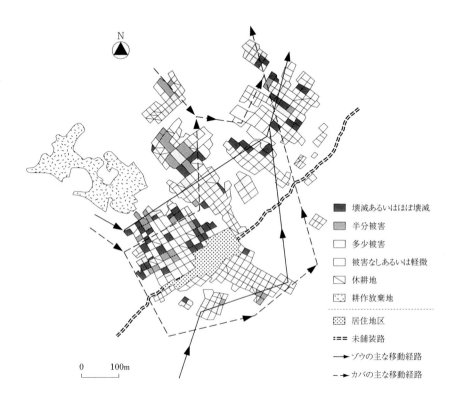

※ ・畑は現地でおこなった GPS による測定結果より作図した．ただし，耕作放棄地については，複数の村人からの聞き取り結果より特定し，Google Earth (http://earth.google.co.jp/) より作図した．
・畑への被害レベルは，各畑の所有者に，4段階（壊滅あるいはほぼ壊滅・半分被害・多少被害・被害なしあるいは軽微）で聞き取り調査をおこなった結果による．
・ゾウとカバの移動経路は，2007年4月5日に WWF および野生動物森林省の職員が A 村でおこなった，聞き取り調査結果を記した報告書（Dominique et al. 2007）による．筆者はこの日，A 村に滞在しており，この調査に立ち会った．
出所：(Dominique et al. 2007) および現地での調査結果より筆者作成．
図 3-9　A 村における野生動物による農作物への被害およびゾウとカバの主な移動経路

第4節　狩猟区に住む人々にとっての野生動物

う村人も現れた．ある村人は，2008/2009 年にはじめてチョリレ市でトウモロ
コシを栽培し，子供に盗まれることはあったが，ゾウによる被害は皆無で，ア
ヌビスヒヒさえ来なかったと語った（男性 31 歳，2009 年 1 月 23 日）．

　また，農耕民だけでなく，牧畜民にとっても野生動物は「敵」であった．遊
牧系フルベは畑をもたないが，彼らは，ヒョウやライオンなどの肉食獣による
家畜への被害を問題視している．乾季になると，すぐに遊牧系フルベがサバン
ナに生える背の高い枯れ草に火を放ちたがるのは，視界をよくし，肉食獣から
の来襲を警戒しやすくするためである[91]．また，彼らは家畜に被害をもたらす
肉食獣に遭遇すると，常に携帯している弓矢で直接攻撃する．そして，狩った
アンテロープ類に毒を盛り，サバンナに放置し，それを食べた肉食獣を毒殺す
ることもしている．

3.　狩猟儀礼と説話の「登場人物」

　これまで本節では，調査地における農耕民と牧畜民にとって，野生動物は食
料であり，農耕あるいは牧畜の「敵」であることを明らかにしてきた．しかし，
野生動物とは，彼らにとって単なる生業的な存在であろうか．つぎに示すよう
に，そこには儀礼や説話を通した精神・文化的なかかわりもあった．

　狩猟と儀礼，そして文化の間には密接なかかわりがあり，日本および世界で，
そのような事象がみられる（中村ほか 2007：奥野ほか 2012）．農耕民や牧畜民を
問わず，古くから狩猟がおこなわれてきたベヌエ国立公園地域において，たと
えば国立公園の西部に住む農耕民ブームの村では，かつては狩猟儀礼が収穫儀
礼と並んで，1 つの大きな年中行事であった（日野 1987）．

　A 村においても，グー（D: *Gug*）とよばれる狩猟儀礼が古くからおこなわれ
てきた．村の古老からの聞き取りによると（男性 69 歳，2007 年 6 月 22 日），そ
れは，つぎのようなものであった．まず乾季の始まりに村の近くの木の下で動
物を呼び寄せるために，つぎのような歌を歌う．「おまえがバッファローを仕
留め損なったとき，そいつはほかの動物に話す．（中略）獲物がとれなかったら，
子どもたちはなにを食う？子どもたちは草を食う．」．その後，1 人の猟師が弓

91　本章第 1 節参照．

第3章　スポーツハンティングがもたらす光と影

矢をもち，狩りに出かける．猟師は獲物を仕留めると心臓を切りだし，村に持ち帰る．この心臓を細分し，まず4片を村から4方向に投げ，そして残りは，村のいままでの死者の人数分に切り分け，死者の名前を呼びながら1つ1つ地面に埋める．翌日，近隣の村人とともに，心臓を取り出された獲物の肉を食べ，儀式は終了する．このような狩猟儀礼をおこなうことによって，村の人々はその年に満足のいく猟果をあげることができるように祈願していた．

　そのほかに，猟師が狩猟の成功を祈願する方法として，ゾウの尾の毛で作られた腕輪や指輪を身につけるものがあった．これにより，ゾウのような力を得ることができるほか，狩猟の際に，獲物から自分の姿を隠すことができるという．

　また，反対に，狩猟の際のタブーについても聞き取りが得られた．ある猟師が狩りに出かけようとした早朝に，村の裏道で1人の女性と出会った．その後，猟に出かけた猟師は，3度発砲したが，獲物にまったく当たらなかった．猟師は，失中の原因はその女性にあると説明した．実は，この女性は別の男性宅で逢瀬をした帰りであった．このことを知っていた猟師は，「『汚れた』女と狩りに行く前に出会い，不幸を彼女からもたらされてしまい，獲物を捕らえることができなかった」と語った（男性29歳，2007年4月2日）．

　そのほか，A村のディーに限らず，他の農耕民と牧畜民の間でも，野生動物は食料以外に薬やまじない，呪いの材料として利用されていた．たとえば，この地域の人々はサイの角やカバの歯を粉末にして精力剤として利用していた．また，ニシキヘビの脂を軟膏として体に塗布したり，その背骨にひもを通し，子供に身につけさせ，健康を祈願していた．そして，この地域の伝統医は，歯痛を治すために，ワニの頭がい骨につばをはきかけて頭から歯を1つ取り出し，首飾りにしていた．ほかにも，刃物から身を護るためにヤマアラシの毛皮を腰に巻くほか，赤子の病気を治すためにトカゲの皮を飲ませるといった，野生動物の身体の一部をつかった伝統的な治療方法があった．

　また，野生動物は，説話の「登場人物」でもあった．江口（2003）は，カメルーン北部州とアダマワ州に住む牧畜民フルベから民間説話を聞き取り，288話を収集した．そのなかで，野生動物が登場する話は136話にのぼり，全体の約半数を占めた．

122

第4節　狩猟区に住む人々にとっての野生動物

　A村の人々もまた，野生動物を擬人化し，民間説話に登場させていた．畑の作物に被害をもたらすゾウについて，ある村人は「ゾウの群れは，リーダーを中心に『今晩はあの畑を襲おう』と話し合いをしているのだ」（男性28歳，2007年6月24日）と語った．また，「ゾウは仕掛けておいた罠を掘り起こし，隣の村にまで持って行ってしまう．たとえ，縫い針1本を獣道に立てておいても，ゾウはそれをみつけてしまう」（男性38歳，2007年2月14日）という話や，「ゾウは魚の皮だけ残して食べる．川面に浮かんでいる魚を拾い上げると，肉だけがなくなっており，それはゾウの仕業である」（男性39歳・28歳，2007年6月17日）といった話も聞かれた．彼らは，これはすべてゾウがもつ「魔力」によるものだと説明した．ゾウ以外にも，「カバは銃で撃たれると川の中に逃げ込むが，死ぬ前にダイヤモンドを吐く」といった話も聞かれた．こうした民間説話に関して，これらのインフォーマント以外にも聞き取りをおこなったが，全員がその通りだと答えた．

　A村において，筆者は一人の青年（22歳）から民間説話を聞き取った．彼は，祖父から多くの説話を伝え聞いていた．彼が語ってくれた11話の物語のうち，こちらが指定していないにもかかわらず，野生動物が登場する説話は10話を占めていた．その一つ，「イボイノシシとカメ」を紹介する．

　『ある雨季の頃，村では食べ物が不足していた．しかし，イボイノシシは，彼の家にたくさんのモロコシを蓄えていた．一方で，カメは2日間，なにも食べていなかった．カメはイボイノシシの家に行き，1袋のモロコシの袋を貸してもらった．乾季になると，イボイノシシは「貸したモロコシを返してくれ」とカメに言った．すると，カメは「明日まで待って」と言い，次の日には，さらに「明日まで待って」と言い，くる日もくる日も先延ばしにした．イボイノシシがカメの家に行くと，カメの妻は「擂り石」でモロコシを製粉していた．怒ったイボイノシシは，その「擂り石」を奪い，外に投げ捨てた．しかし，実はその「擂り石」は，カメだった．外に投げられたカメは家に戻ると，妻から自分を投げたのはイボイノシシだと聞いた．その後，カメはイボイノシシを訪ね，「投げ捨てた妻の擂り石を探してこい．さもないと，借りたモロコシは返さない」と言った．投げた「擂り石」はカメだったことを知らないイボイノシ

123

シは，当てもなく探し続けた．イボイノシシがサバンナでいつも地面を掘り返しているのは，このためである．』

第5節　スポーツハンティングがもたらす「影」

　前節では，狩猟区に住む人々と野生動物の関係を明らかにするために，生業や文化に注目して分析した．彼らにとって野生動物とは，欧米でスポーツハンティングの是非をめぐって対立している人々がみなすような，娯楽をもたらす「資源」あるいは，触れるべきではない「野生」では必ずしもなかった．彼（女）らにとって野生動物とは，食卓にのぼる「主役」，あるいはのぼらない「タブー」であり，農業や牧畜の「敵」，そして狩猟儀礼と説話の「登場人物」であった．つまり，そこには生業と精神・文化的な活動を通した，豊かな「かかわり」が構築されていた．

　1978年と1992年に，狩猟区3と25がそれぞれフランスからの観光事業者に賃借されたことにより，村周辺のスポーツハンティングは活発におこなわれるようになった．これにより，農耕民の中心とした一部の地域住民に対して，雇用機会などの「光」が降り注ぐようになった．

　では，スポーツハンティングは，狩猟区に住む人々と野生動物とのあいだの「かかわり」には，なにをもたらしたのだろうか．それは「光」ではなく，「影」であった．

1.　「違法」な生業

　本章の第1節で記述したように，A村の農耕民ディーおよび遊牧系フルベは，それぞれ漁労，採集，放牧を生業の一部としていた．しかし，スポーツハンティングとの資源の競合を要因として野生動物森林省，さらには狩猟区を賃貸するヨーロッパの観光事業者によって，これらの生業活動に対する制限がかけられていた．

　まず，漁労に関して，A村の住民たちが漁労をおこなっているベヌエ川は，ベヌエ国立公園内を流れるため，そこでの漁労は違法とされている（図3-1）．

第5節　スポーツハンティングがもたらす「影」

　一方，狩猟区内での漁労に関する制限は法律で明文化されていないため，狩猟区内を流れるオルディリ川での漁労は違法とされていなかった．しかし，欧米からのハンターは，スポーツハンティングのほかに，大型の淡水魚を対象としたスポーツフィッシングも目的として，この地域を訪れる．そのため，A村の住民とハンターの間で，魚類をめぐる資源競合がおこっていた．

　ところが，狩猟区の借地料を支払い賃借しているヨーロッパからの観光事業者が，魚類の利用権を握っていた．さらに，事実上，住民がおこなう漁労に対する裁量権をも，観光事業者がもっていた．A村の住民は，毎年乾季になるとオルディリ川に簗を仕掛けていたが，そのためには狩猟区3の観光事業者の許可を得る必要があった．たとえば，2007年3月29日に，その許可を得るためにA村の首長は正装し，2羽のニワトリを贈り物として携え，キャンプにあいさつに行った．ただし，村人たちは，簗以外の釣り竿や刺し網をつかった漁労に関しては，観光事業者から許可を得ずに秘密裏におこなっていた．

　つぎに，採集活動に関しても，漁労と同様に，住民が薪や建材などとして利用するための草本や潅木の採集は，各狩猟区の観光事業者によって限定的に認められていた．A村の場合，狩猟区3の観光事業者によって，草本を大量に採集するほか，立ち木を切り倒すことは制限されていた．天然ソーダは，村人らに調味料として利用されていたが，野生動物の成育に必要な資源であるため，その採集も禁止されていた．金に関しては，狩猟区3の観光事業者は，A村とB村の人々に対して，宿営する場所を定めたうえで採集を許可していた．

　そして，放牧に関しては，地域住民のなかでも遊牧系フルベが観光事業者および野生動物森林省と対立していた．政府関係者からの聞き取りによると，近年，ナイジェリアからカメルーンに流入する遊牧系フルベが増加しているという．ベヌエ国立公園の東側においても，彼らはチョリレ市の方角から南西に移動し，A村付近にも放牧に訪れるようになった．また，スポーツハンティングは，狩猟区のなかでもキャンプを中心におこなわれており，図3-1に示した村とキャンプの位置関係からわかるように，遊牧系フルベの生活圏とスポーツハンティングの活動圏がより大きく重なり始めている．狩猟区3の観光事業者の話では（2007年2月19日），遊牧系フルベがウシを連れ，スポーツハンティングがおこなわれている地域に入ると，野生動物がウシを恐れて逃げてしまい，

125

第3章　スポーツハンティングがもたらす光と影

また，それがもっている病気（ウシペストや口蹄疫など）が野生動物に伝染する可能性がある．さらに，遊牧系フルベは弓矢で狩猟をおこなうほか，家畜を守るためにライオンなどの肉食獣を毒殺していることから観光事業者と野生動物森林省に敵視されていた．

以上のように，地域住民による漁労，採集，放牧とスポーツハンティングの間の資源を巡る軋轢について検討してきた．しかし，野生動物森林省と観光事業者にもっとも問題視されていたのは，地域住民による狩猟活動である．

前節で解説したように，地域住民にとって狩猟，そして野生動物とは，食料や精神文化的な象徴として非常に重要な位置づけにあった．ところが，狩猟区内に住む人々による現在の狩猟は，違法行為とされているのである．それは，なぜか．そこには，以下に記すように，スポーツハンティングとそのための法制度が深く関わっていた．

狩猟区内で狩猟をおこなうためには，狩猟ライセンスの取得と狩猟税の納付が必要とされている[92]．鳥類を5週間，合法的に狩猟することができる，もっとも安価な小型ライセンスを取得するにも，3.5万CFAフラン（約6,000円）の税金がかかる（表2-4）．一方，A村において，主要な現金収入源である綿花栽培による1人あたりの平均収益は，約2.7万CFAフラン（約4,500円）であった[93]．つまり，A村の人々は，狩猟ライセンスを取得する金銭的な余裕はまったくないといえる．たとえ，この小型ライセンスを取得し，5週間，毎日鳥類を狩猟したとしても，家族が1年間食べていくだけの肉を手に入れることができるとは，現実的に考えがたい．さらに，狩猟区内での野生動物を狩猟した場合には，それぞれの獲物に対して狩猟税を納めなければならない（表2-3）．ライセンスを取得する費用だけでも，年間の農業収益を超えているにもかかわらず，さらに彼らにとって高額な狩猟税を支払うことは到底できないだろう．事実，現行法に基づき，欧米の富裕層であるハンターと同じように，多額の現金を支払い，狩猟ライセンス料と狩猟税を納めた上で，生業のための狩猟活動をおこなっている地域住民に筆者はこれまで出会うことはなかった．

それでは，狩猟区の外では地域住民は自由に狩猟ができるかといえば，そう

92　第2章第2節参照．
93　本章第1節参照．

第5節　スポーツハンティングがもたらす「影」

ではない．そもそも狩猟区の中であろうと外であろうと，地域住民による狩猟活動は，「伝統的狩猟」の範囲内でしか，法律上認められていない（野生生物の利用規制に関する法律第86条1項）．「伝統的狩猟」とは，「植物資源を材料として作られた道具によっておこなわれる狩猟行為である」と定義されている（野生生物の利用規制に関する政令第2条20項）．さらに，「伝統的狩猟は，齧歯類，小型は虫類，鳥類，そしてクラスCに属する動物[94]に対してのみ認められ，その一覧と捕獲枠は野生動物を管理する省庁によって定められる」（野生生物の利用規制に関する政令第24条2項），「伝統的狩猟によって得られた産物は，もっぱら食料のために利用され，決して市場に出してならない」（野生生物の利用規制に関する政令第24条3項）と定められている．つまり，地域住民に対して認められている合法的な狩猟とは，たとえば，トカゲやネズミを植物由来の猟具である棍棒をつかって生業的な目的で狩るというものに限定されている．

　したがって，A村の農耕民ディーおよび遊牧系フルベが，ほとんどすべての野生動物を対象として，銃やワイヤー罠などの猟具によっておこなっていた狩猟活動は，政府の定める「伝統的狩猟」ではなく「違法行為」，そして「密猟」にあたることになる．実際，野生動物森林省は「現在の住民による狩猟は，法律上，禁止されるべき金属製の罠やンガウンダルという手製の銃，槍などの，植物資源の素材によって作られた道具ではないものを使っておこなっている」と，違法性を見出していた（MINEF 2002 : 17, 18）．

　狩猟ライセンスおよび狩猟税の税額や，地域住民がおこなうべきとされている「伝統的狩猟」の狩猟対象は，スポーツハンティングにおける狩猟対象種に該当しないクラスCに限定されていることを鑑みると，現在の野生動物の利用に関するカメルーンの国内法は，カメルーン国民ではなく欧米からのハンターを念頭に整備されているといえる．

　そして，地域住民による狩猟がもつ商業性も当局によって問題視されていた．カメルーン南部を含めたコンゴ盆地の森林地帯では，ゴリラなどの霊長類を含めた野生動物がブッシュミート（bush meat）として利用され，大規模な商業的狩猟が深刻化している（山極 2003; 安岡 2010）．カメルーン南部に比べ，宗教的禁忌を持つムスリムが多い北部州は，野生獣肉に対する需要は比較的低い

94　クラスAおよびBに属さない野生動物を指す．第2章表2-1, 表2-2, 表2-3参照．

第3章　スポーツハンティングがもたらす光と影

が（CIRAD et al. 2000），都市部では家畜肉よりも野生獣肉のほうが安価であり[95]，クリスチャンを中心とした都市住民に需要がある．そのため，カメルーン北部でも，地域住民による商業的な狩猟が存在する（Njiforti 1996）．

　A村においても，日常的に狩猟をおこなっている村人からの聞き取りによると，一部の村人は，狩猟によって得られた野生獣肉を他の村やチョリレ市にまで運び，売却しているという．たとえば，2007年4月23日に，A村の男性3人は，村の近くの川で狩ったカバを小分けにして畑の出作り小屋に運び込み，燻製にした．狩りに参加した村人からの聞き取りによると，このほとんどをチョリレ市へ運び，秘密裏に売却したという．

　このように，カメルーン南部と同様に，商業性をはらんだ狩猟活動は北部でもおこなわれていた．しかし，野生獣肉は狩猟区に住む人々にとって日々の重要なタンパク源であり，自家消費あるいは村内や村間で小規模に売買することを主目的とした村人から，特にチョリレ市などの地方都市近郊の住民のように，現金獲得を主眼においた狩猟をおこなっている人々まで様々である．また，市川（2002）も述べるように，「自給的」な狩猟と「商業的」な狩猟の間に明確な線引きをすることは困難であろう．A村のある男性は，「キャンプで働いている人は給料をもらえるが，雇われていない俺や他の人はどうやって石けんを買えというのだ？　密猟をして肉を売って，金を作るしかないだろう．これはせざるを得ないことだ」と語った（男性36歳，2007年4月1日）．

2.　「違法行為」に対する取り締まりと罰則

　ところが，自給目的であろうと，商業目的であろうと，これまでみてきた地域住民による「違法」な狩猟に対して，野生動物森林省や観光事業者による取り締まりがおこなわれていた．

　スポーツハンティングが活発におこなわれている北部州では，密猟に対して，野生動物森林省の職員，観光事業者が現地で雇用する「密猟監視員」，そして

95　筆者が州都ガルアの市場でおこなった聞き取り調査の結果，野生獣肉は1kgあたり750〜1,000CFAフラン（約125〜170円）である一方，牛肉は1,400CFAフラン（約230円），骨付きならば1,200CFAフラン（約200円）であった．いずれも燻製にしていない生の状態の値段である．

128

第5節　スポーツハンティングがもたらす「影」

一部の村人が務める「地域密猟監視員」によって，取り締まりがおこなわれていた．

　まず，野生動物森林省の職員について解説する．野生動物森林省の詰め所はチョリレ市に置かれており，そこには 3 人ほどの職員が常駐していた．そして，ベヌエ国立公園東部の道路沿いにある 10 の村落のうち，A 村を含めた 2 つには，野生動物森林省の職員が，数年の任期で公園管理と違法行為の監視のために家族とともに居住していた．この職員は，後述する密猟監視員とともにサバンナを巡回して，密猟者を取り締まり，村内や村間を流通する野生獣肉に目を光らせていた．

　A 村に駐在していた経験をもつ職員からの聞き取りによると（2004 年 11 月 19 日），A 村に野生動物森林省の職員が滞在するようになったのは，狩猟区が設定された 1968 年からであった．2007 年の調査時に駐在していた X 氏は，州都ガルア近郊の出身であり，民族も村人とは異なりディーではなかった．X 氏は，A 村の人々と全く交流を持っていなかったわけではなく，共に酒を飲み，トランプに興じている姿を見かけることもあった．しかし，ある村人は「狩猟から帰ってくるときは，X の家を避けて，畑の中を通って家に帰る」と語った（男性 23 歳，2004 年 10 月 4 日）．また筆者が，ある世帯で野生獣肉を見せてもらった際に「X に見つかったらまずい」（女性 33 歳，2004 年 11 月 25 日）と，この家の女性は語った．このように，村の人々は日常的に X 氏を警戒していた．つまり，野生動物森林省の職員である X 氏と村人の間には，表面的な交流はありつつも，違法行為の取り締まりによる緊張関係が存在した．

　つぎに，密猟監視員とは，トラッカーやポーターなどと同じように，観光事業者に雇用された地域住民である．近年，A 村周辺の狩猟区では，密猟監視員のポストを設ける観光事業者が増加している．狩猟区 25 では 1997 年にあるスペイン人観光事業者が 3 人目の借主となると，彼は密猟監視員のポストを設け，独自に監視活動をおこなうようになった．狩猟区 3 を 1992 年から 2008 年まで賃借していたフランス人観光事業者は，客であるハンターがキャンプに滞在していない期間は，トラッカーやポーターとして雇っていた従業員を密猟監視のためにサバンナを巡回させていた．しかし，後任として 2008 年に狩猟区 3 を借りた別のフランス人観光事業者は，専任の密猟監視員として周辺の村落

129

第3章　スポーツハンティングがもたらす光と影

※ 野営するための山刀，鍋，敷物がみえる．
写真 3-15　狩猟区 25 で密猟監視員として働く A 村の若者

から新たに 6 人を雇用した[96]．

　狩猟区 25 の場合，密猟監視員として雇われた従業員は，10 人ほどのチームで狩猟区の隅々を数日から 1 週間ほどかけて巡回し，密猟者を捕まえるという仕事をしていた（写真 3-15）．2009 年現在，密猟監視員として雇用されている A 村のある男性によると（男性 29 歳，2009 年 1 月 21 日），密猟監視員の給料は歩合制であり，基本月給に加え，密猟者を捕まえた場合，1.25 万 CFA フラン（約 2,100 円），その密猟者が銃を所持していれば 1 丁につき 1.5 万 CFA フラン（約 2,500 円），罠の場合は 1 個につき 5,000CFA フラン（約 830 円）が上乗せされる．キャンプには，密猟監視員が密猟者から没収した大量の銃，弓矢，罠が保管されていた（写真 3-16）．

　最後に，地域密猟監視員とは，野生動物森林省や観光事業者がおこなう密猟

---

[96] A 村周辺の狩猟区の賃借履歴については，図 3-2 を参照．

第 5 節　スポーツハンティングがもたらす「影」

※　右から，かごの中に入ったワイヤー罠，弓矢，ンガウンダル（手製の銃）．
写真 3-16　あるキャンプに保管されていた密猟者から押収した猟具

監視活動に協力する一部の村人である．A 村には 3 人の地域密猟監視員がおり，狩猟区の借地料の分配金によって支払われる給料を受け取っていた[97]．彼らは，村に滞在する野生動物森林省の職員とともに，サバンナを巡回し，密猟監視をおこなっていた．しかし，2007 年以降は村に職員が駐在しておらず，筆者は調査期間中に，実際に地域密猟監視員の 3 人が活動している様子を観察することはなかった．

　野生動物森林省の職員や密猟監視員，地域密猟監視員によって逮捕された密猟者は，まずチョリレ市の野生動物森林省の詰め所に連行され，名前や年齢，出身などを記録される．つぎに，憲兵の詰め所と警察でも事情聴取を受け，最後に裁判所[98]に連れて行かれる．そこで，違反行為に応じて罰金か禁固刑，もしくはその両方を宣告される．野生生物の利用規制に関する法律の第 154 〜 158 条によって，つぎのように刑罰が定められている．「狩猟が禁止されている場所での狩猟道具の保持」に対しては 5,000 〜 5 万 CFA フラン（約 830 〜

97　本章第 3 節 2 に記述した，狩猟区の借地料の分配に関する記述を参照．
98　2002 年にチョリレ市に裁判所が設置される以前は，逮捕者らは州都ガルアの裁判所に連行されていた．

131

第3章　スポーツハンティングがもたらす光と影

8,300 円）の罰金・10 日間の禁固，「ライセンスを持たない違法な狩猟，武器の所持，保護されている動物[99]の所有」などに対しては，5 万〜20 万 CFA フラン（約 8,300〜3.3 万円）の罰金・20 日〜2 ヶ月間の禁固，そしてもっとも重い罪とされる「猟期に関わらず，狩猟が禁止されている場所での保護動物の狩猟」に対しては，300 万〜1000 万 CFA フラン（約 50 万〜167 万円）の罰金・6 ヶ月から 1 年の禁固刑が定められている．チョリレ市の刑務所に保管されていた帳簿の記録によると，たとえば，正式な銃の所持の許可を得ずに国有林内を歩いていたところを逮捕された男性は，1.5 万 CFA フラン（約 2500 円）の罰金を科された．また，別の男性は，保護区内で禁止されている猟具でメスのバッファローを 1 頭狩猟し，その獣肉を流通させたという罪で逮捕され，禁固 1 年と 27.5 万 CFA フラン（約 4.6 万円）の罰金を科された．

　2008 年 12 月現在，チョリレ市の刑務所に収容されている囚人は 158 人にのぼり，そのうち 13.3% にあたる 21 人が密猟の罪で収容されている．この刑務所に密猟の罪で投獄される囚人の数は，2002 年より増加傾向にある（図 3-10）．その背景には，近年の取り締まりの強化が関係している．刑務所所長からの聞き取りによると（2009 年 1 月 24 日），保護区を歩いているだけでも，とにかく「密猟者」を捕まえるように指示しているという．これを裏付けるように，罪状に「保護区内を歩いていた」と帳簿に記載されていた密猟者の数は，2006 年は 0 人であったが，2007 年に 25 人，2008 年には 51 人に増加し，それぞれ，その年に収容された密猟者の全体数の 28% および 47% を占めていた．

　このような密猟監視活動の強化には，国際的な自然保護組織による活動が関与していると考えられる．カメルーンでは，現在，WWF（World Wide Fund for Nature：世界自然保護基金）や IUCN などの国際的な自然保護組織やヨーロッパの途上国支援組織[100]が活動している（服部・市川 2005）．特に WWF は，1994 年より北部州や極北州で野生動物保護のためのプロジェクトを展開している．彼らは，野生動物森林省への資金と技術提供をはじめとして，アメリカのある動物園と協力し，ゾウに発信器をつけてモニタリング調査などをおこな

99　保護動物のクラス分けを示した表 2-2, 2-3 を参照.

100　ドイツの GTZ（Deutsche Gesellschaft für Technische Zusammenarbeit：ドイツ技術協力機関），オランダの SNV（Stichting Nederlandse Vrijwilligers：オランダ開発機構）など.

第5節　スポーツハンティングがもたらす「影」

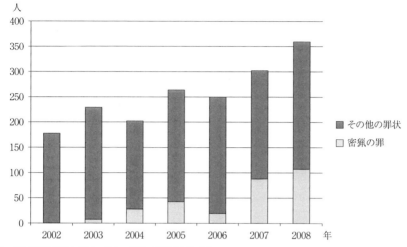

※　「その他の罪状」には，殺人，傷害，窃盗などを含む．
出所：チョリレ第一刑務所の帳簿に記録されていたデータより筆者作成．

図3-10　2002年から2008年の間に，チョリレ第一刑務所に収容された囚人と，そのうちの密猟の罪で収容された囚人の数．

っている．このような活動のなかで，WWFは，「我々のこのプロジェクトは，密猟監視とモニタリング研究活動に基づいた管理計画を通して，ベヌエ国立公園を効率的に管理することを使命としている」（WWF 2004：84）とし，野生動物森林省の「密猟は典型的な違法行為である」（MINEF 2002：46）という見解に同調し，地域住民による狩猟活動を問題視していた．また「野生動物森林省による密猟監視活動のサポートと，野生動物森林省の職員の能力強化，観光事業者との戦略的協力の向上などを通じて，ベヌエ国立公園の管理能力の向上を目指す」（WWF 2004：84）というように，密猟監視と取り締まりに積極的に寄与していた．その一方で，WWFは動物愛護団体とは異なり，スポーツハンティングに対して明確な反対姿勢をとっていない[101]．カメルーン北部州に関していえば，WWFはスポーツハンティングによる観光を推進している野生動物森林省に協力しており，その事務所は野生動物森林省と同じ敷地内にあることから示唆されるように，むしろスポーツハンティングを支持しているようであ

---

[101] ただし，スポーツハンティングであっても，狩猟規則に違反した違法なものに関しては問題視している（WWFウェブサイト）．

第3章　スポーツハンティングがもたらす光と影

る.

3.　生活に忍び寄る「影」

　1992年にA村を含む狩猟区3がフランス人観光事業者に賃借される以前の状況について，ある村人は「役人はいたが，白人はいなかったので，狩猟をおこなうことができた」（男性45歳，2007年4月5日）と語った．つまり，A村の人々による狩猟活動に対する取り締まりが，現実的に彼らの生活に影響を及ぼすようになったのは，狩猟区3が賃借され，村周辺でスポーツハンティングが活発におこなわれるようになってからであった.

　では，こうした彼（女）らの生業を脅かす取り締まりが身近になることで，具体的にA村の人々および遊牧民フルベの生活にどのような影響があり，彼（女）らはどのように対処していたのだろうか.

　まず，遊牧系フルベは，観光事業者に対し，村に居住する農耕民ディーと比較して，強硬な態度をとっていた．野生動物森林省や観光事業者によって，スポーツハンティングがおこなわれている地域に，これ以上侵入しないようにと注意されているにもかかわらず，「明日にはそのラインを越えている」（野生動物森林省の職員，2007年6月13日）といい，彼らは遊牧範囲の拡大を続けている．また，その強硬な態度を物語る事件も起きた．2007年3月2日に，狩猟区3の狩猟ガイドと従業員が狩猟区に侵入した遊牧系フルベを発見し，従業員の1人が羽交い締めにした．しかし，遊牧系フルベは山刀を抜き，従業員の3本の指を切り落とし，逃走した．後日，狩猟ガイドと従業員らは憲兵を連れ，再び捜索をおこない，問題の遊牧系フルベを発見したが，彼は再び山刀で従業員らに襲いかかった．憲兵らが取り押さえ手錠をかけたが，その遊牧系フルベは隙を見て，手錠をつけたまま再び逃走した.

　一方，A村に住む農耕民ディーの一部は，経済的便益というスポーツハンティングからの「光」，そして生業に対する取り締まりという「影」の影響の両方を受けていた．そのためか，彼らは遊牧系フルベとは対照的に，当局に対して二面的な姿勢をとっていた．A村の住民のなかでも，キャンプで密猟監視員として雇われている人は，捕まえた違反者が同じ村の住民や他の村の知り

134

第5節　スポーツハンティングがもたらす「影」

合いだった場合，獣肉や銃などを所持していれば，それだけを没収し，見逃す．
そして，キャンプに戻った際には，キャンプのマネージャーに対して「密猟者
は獣肉や銃を投げ捨てて逃げました」と虚偽の報告をするという．

　しかし，マネージャーは，普段からこのように密猟監視員が知人や関係の深
い住民を見逃していることを把握しているようであった．これを示唆するよう
に，狩猟区25の密猟監視員が巡回するエリアは，自分の住んでいる村から離
れた地域とされていた．そのため密猟監視員として雇われているA村出身の
1人は，村から北東に30～40kmも離れた地域の巡回をマネージャーに指示
されていた．狩猟区3では，2008年に密猟監視員のポストがつくられたが，
その際，上記の事情により狩猟区の近隣の住民と同じ民族ではなく，遠くの地
域に出自をもつ人が雇われた．

　これまでの分析のように，A村の人々と遊牧系フルベの間には，取り締ま
りに対する対処に違いがみられた．同様に，彼らの「違法行為」を取り締まる
側も，決して同質ではなかった．マネージャーは，すべての密猟者を例外なく
憲兵の詰め所まで連行するが，野生動物森林省の職員は賄賂で解決しようとす
ることもある．このような野生動物森林省の職員による対処を知ってか，観光
事業者は，密猟監視員の場合と同様に，野生動物森林省に対しても懐疑的であ
った．たとえば，狩猟区3の観光事業者は，野生動物森林省は狩猟区に侵入し
てくる遊牧系フルベに対して取り締まりをおこなっている一方で，実は，都市
への家畜の肉の供給を確保するため，さらに放牧するようにと裏では勧告して
いると，疑っていた（2007年2月19日）．

　以上のようにA村の人々と遊牧系フルベは，それぞれ生業活動を制限する
取り締まりに強硬的あるいは二面的に対処していた．しかし，こうした対処の
効果は希薄であり，以下に示すように，狩猟を中心とした生業に対する取り締
まりは，A村の人々や遊牧系フルベの生活実践に大きな影を落としていた．
具体的には，野生獣肉を得るための狩猟活動そのもの，狩猟儀礼，狩猟技術の
伝承，野生動物による農作物被害の防除，そして放牧に対する影響である．

　まず，複数のインフォーマントからの聞き取りによって得られた，A村に
おける密猟の取り締まりに関する2つの事例を紹介する（男性31歳・42歳，
2007年3月15日）．

135

第3章　スポーツハンティングがもたらす光と影

　事例1：狩猟区3がはじめて観光事業者に賃借された3年後の1995年に，フランス人観光事業者は，当時キャンプで働いていたA村の住民に現金を渡し，村にいる密猟者の情報を聞き出した．そして，観光事業者は，密猟者の情報をチョリレ市の野生動物森林省と憲兵に渡した．そして，情報を得た憲兵は，早朝3時に村を取り囲み，銃を所持していた村人4人を逮捕した．しかし，1人は元憲兵であり銃の所持許可をもっていたので，その場で釈放された．別の1人は，村で一番の有力者であり，首長の手助けを受けて見逃された．また，この2人は高齢であったことも考慮された．しかし，ほかの2人は，州都ガルアの刑務所にて3日間拘束され，そののち，保釈金を払い，村に戻ってきた．

　事例2：2011年1月に，A村に住む男性Sは，隣村の青年とともに狩猟に出かけた．しかし，キャンプで雇われている密猟監視員に見つかり，青年は逮捕されたがSは逃げおおせた．青年はSの名前を白状したが，そのころには，Sはすでに親族が住む別の遠く離れた村に逃げていた．その後，野生動物森林省は再三，出頭命令をSの家族に通達していたが，Sは1ヶ月経っても出頭しなかった．そのため，A村の伝統的な支配者であるレイ・ブーバ王国の地方統治の責任者であるドガリ（F: *dogari*）が村を訪れ，Sの母親を王宮に連れ去り，軟禁することでSを出頭させようとした．この事態を知ったSの弟は親族から借金をし，ドガリに賄賂を渡し，なんとかその場を収めた．

　近年，密猟に対する取り締まりが強化されていることによって，「狩猟して獣肉を手に入れることが難しくなっている」と，ある村人は語った（男性23歳，2011年3月4日）．自分たちがおこなう狩猟が密猟とされていることへの自覚と，逮捕に対する危機感から，つぎのようにA村のなかに「溝」ができていた．

　たとえば，村内で誰が銃や罠を持っていて，どこでどのような狩猟をおこなっているのかという情報は，村人の間でも共有されず秘密にされていた．そのため，筆者がインフォーマントに対して，村内の狩猟者の人数や銃の数に関する聞き取りをおこなっても，非常にセンシティブな質問であったのと同時に，彼も正確に把握していないと語るため，それらの正確な情報を得ることができなかった．また，村には地域密猟監視員として，野生動物森林省や観光事業者に協力している村人がおり，彼らは村内でも野生獣肉や違法な猟具に目を光らせるように命令されていた．そのため，地域密猟監視員として雇われている村

136

第5節　スポーツハンティングがもたらす「影」

人が他の村人の家を訪れると，その家の人々は野生獣肉を隠すという事例が聞かれた．そして，ある地域密猟監視員は，村の誰がいつサバンナに出かけていったかを狩猟区の密猟監視員に密告しているという．そのため，村人たちはその人物と表面的には同じ村人として接しているが，極力生活の内情は明かさないようにしていた．

　つぎに，密猟に対する取り締まりは，Ａ村における狩猟儀礼にも影響を与えていた．Ａ村では毎年乾季のはじめに，村に住む全ての人と，隣の村の人々が集まりその年の猟の成功を祈願する狩猟儀礼がおこなわれていた[102]．しかし，村の古老は，この儀礼を最後におこなったのは，ちょうど村周辺の狩猟区が観光事業者に賃借され始めた約30年前に遡ると語った．これは，日常的な狩猟も秘密裏におこなわれている現在，おおやけに狩猟儀礼をおこなうことはできなくなったためである．そして不幸にも，儀式の際の歌を歌うことができた，この最後の古老も，筆者による聞き取りの3日後に亡くなってしまった．彼は生前，「（儀礼を）もう一度したいが，それは不可能だ」（男性69歳，2007年6月22日）と語っていた．

　そして，地域住民による狩猟が密猟として取り締まられることによって，彼らがもっていた狩猟技術の継承にも影響が及んでいた．村の古老からの聞き取りによると（男性69歳，2007年3月14日），狩猟に関する技術と野生動物に関する知識は，狩猟の現場で年配の狩猟経験者から若い未経験者に伝承されていた．しかし，取り締まりが厳しくなってからは，そのような技術や知識の伝承の場をつくることは難しくなってしまったという．そして，皮肉なことに，現在，野生動物に関する知識の伝承は村ではなく，キャンプでおこなわれている．これは，スポーツハンティングに欠かせないトラッカーを育成するために，現役のトラッカーからその予備軍であるポーターに指南するように，観光事業者が指示しているためである[103]．

　さらに，狩猟に対する制限は，野生動物によってもたらされる農作物被害の対応にも影響を与えていた[104]．Ａ村の住民たちは，ゾウなどによって引き起

102　本章第4節3.参照.
103　本章第3節1.参照.
104　本章第4節2.参照.

第3章　スポーツハンティングがもたらす光と影

こされる被害に対して，音をたてるなどして防除を図っていたが，大きな効果
は出ていなかった．村の首長は，毎年ゾウによる農作物への被害が起こるたび
に，チョリレ市の野生動物森林省の詰め所に被害を訴え，ゾウを追い払うため
の職員を派遣してもらえるよう陳情している．しかし，職員はほとんど来ては
くれず，来たとしても様子を見るだけであったという（男性50歳，2007年6月
21日）．

　このような野生動物森林省の防除に対する消極的な態度は，観光事業者に圧
力をかけられているためであると，ある職員は語った．この職員の話では
（2007年6月18日），特に被害の大きい収穫期にあたる11月ごろに農作物への
被害を軽減するためにゾウを駆逐しようとすると，観光事業者から「客がハン
ティングするから，（12月からの）猟期を待て」と訓告されるという．ある村
人は，「役人も白人の顔色をうかがわないといけない」と，このような野生動
物森林省と観光事業者の力関係を把握していた（男性50歳，2007年6月21日）．

　ある村人が「白人がいなければ，銃でゾウを追い払うことができるのに．そ
うすれば，村を恐れて畑を荒らさない」と語ったように（男性30歳，2009年1
月24日），彼らは狩猟をおこなうことで，より効果的に，野生動物による農作
物被害を減らせたいと考えている．しかし，「伝統的狩猟」のみが許可される
という狩猟に対する制限[105]から，おおやけに銃を使って，畑を荒らす野生動
物を追い払うことはできない．狩猟区25で運転手として働いていたA村の男
性は，2005年11月に村の友人の畑にきたゾウを追い払うために空に向かって
隠し持っていた銃を撃ち，追い払った．翌月からキャンプで働いていたが，事
情を伝え聞いた観光事業者に「なぜゾウを銃で追い払ったのだ？　食べさせて
やればいいんだ」と言われ，解雇されたという．これに対し，ある村人は「白
人は，村のことはなにも考えていない．彼らはトロフィーのことしか考えてい
ない」と語った（男性41歳，2007年3月11日）．

　最後に，当局による取り締まりが，遊牧系フルベがおこなう放牧に対して与
える影響について述べる．遊牧系フルベは，食料目的や家畜の保護のために野
生動物を殺すほか，家畜の群れによって野生動物を駆逐してしまうために，野
生動物森林省および観光事業者から煙たがられていた．野生動物森林省は，遊

105　本節1.参照.

牧系フルベの長に対して，これ以上，スポーツハンティングがおこなわれている地域に進入しないように警告している．狩猟区3の観光事業者はA村を訪れると，遊牧系フルベが村に近づいたら追い払うように，村人たちに再三要求していた．また，観光事業者によっては，強権的な対処に踏み切っており，A村の住民からの聞き取りによると（男性30歳，2007年1月14日），2001年には狩猟区25の狩猟ガイドが，放牧をおこなっていた遊牧系フルベのウシを1頭撃ち殺したという．

　以上のように，スポーツハンティングとの競合をともなう「違法」な生業に対する取り締まりは，地域住民の生活実践に大きな影を落としていた．それは，密猟によって逮捕される危険から地域社会に疑心暗鬼を生じさせ，A村の人々から野生獣肉の獲得，狩猟儀礼，狩猟技術の伝承，野生動物による農作物被害の防除の機会を，そして遊牧系フルベから放牧の機会を奪っていた．

4．響く銃声と響かない声

　これまで，スポーツハンティングが狩猟区に住む人々の生活実践に与える影響について分析してきた．では，このような状況に対して，この地域の野生動物や自然に関係するステークホルダーは，それぞれどのような見解をもっているだろうか．

　まず，野生動物森林省，観光事業者および自然保護組織がもつ地域住民に対する見解についてみてみる．それは，以下のように，「住民は自然保護を考えておらず，彼らによる自然資源の利用は非持続的である」という批判であった．

　　「チョリレ市や村に住む人々は全員密猟者である．彼らは狩猟区というものを理解しなければならない」（狩猟区3の観光事業者，2007年2月19日）

　　「アフリカ人は，自然を『開放された無料のレストラン』だと思っている．彼らは保護を考えていない」（狩猟区3の狩猟ガイド，2009年1月19日）

　　（村人たちに対して）「畑も広げ，密猟もし，薪も取り，子供らに何を残

第3章　スポーツハンティングがもたらす光と影

すのか？おまえたちは，金を手にするためにメスもコドモも狩猟し，毒を使って漁をする．だから禁止しているのだ」（WWFの担当者，2007年4月5日）

（筆者の「なぜ住民による狩猟は禁止されているのか」という問いに対して）「住民は，狩猟にかかる税金も納めなければ，動物の性別，年齢も関係なく狩猟する．彼らの狩猟は持続的でないために禁止されるのだ」（野生動物森林省の職員，2007年6月18日）

一方，A村の住民や遊牧系フルベの語りからは，スポーツハンティングがもたらす狩猟の禁止など，否定的な社会的影響に対するあきらめが感じ取られた．

（「『白人』にこの地を去ってほしいか」という質問に対して）「それは不可能だ．この土地は白人が買ったのだ」（A村の男性21歳，2007年3月27日）

「村の人々が全員死ねば，『白人』らは満足するだろう．動物がたくさん繁殖するから」（A村の男性24歳，2009年1月24日）

「確かに商業的な密猟者は存在するが，私は日々食べるだけの動物でいいから狩猟させてほしい」（A村の男性43歳，2007年4月5日）

「『白人』がいなかったら，乾季になっても水がたくさんある（キャンプに近い）ベヌエ川やオルディリ川に行きたい」（村の畑に刈跡放牧に来ていた遊牧系フルベの男性，2007年3月22日）．

しかしながら，この地に住む自分たち自身による行動を問題視する住民もいた．

「村周辺で野生動物が減ってしまったのは，『白人』のせいもあるが，銃

を容易に手に入れることができるようになり，村や町のすべての人々が狩りすぎているからだ」（男性69歳，2007年6月22日）

　このように，地域住民は現状に対して，様々な見解をもっていた．しかし，彼（女）らの思いや考えを表明する機会は設けられていない．これまで，野生動物森林省と観光事業者，A村の住民が参加する，野生動物保全やスポーツハンティングに関する政策のための公式な会合は開かれたことはない．A村の住民が，野生動物森林省および観光事業者と政策に関する接触をもつ機会は，野生動物森林省あるいは観光事業者が不定期に村を訪れる場合に限られる．さらに上記のように，野生動物森林省や観光事業者が，村人に対して密猟などの問題についてはっきりと追及するのとは対照的に，村人は現状に対する見解を明確に表明していない．

　たとえば，2007年3月に，狩猟区3の観光事業者が村を訪れ，村人を学校に招集した．その場に参加した男性によると，「観光事業者は，村人に対して『密猟をおこなう悪党どもめ』と罵ったが，我々は刑務所に入れられるのを恐れて，何も言えなかった」（男性27歳，2009年1月24日）という．また，A村と周辺の村の代表者で構成されている村落委員会も，状況を改善するための主体的な役割を担っていなかった．村落委員会の代表は，野生動物森林省および観光事業者に何度か手紙を書き，獣害を起こす野生動物の駆逐や，スポーツハンティングによって得られる野生獣肉の村への分配を嘆願してきたが，どちらもほとんど実現されていない．つまり，調査地における野生動物保全およびスポーツハンティングに関する政策には，地域住民の見解や生活の現状はほとんど反映されておらず，彼らはそれに関する意志決定過程から排除されているといえる．

第6節　「光」の拡充と「影」の固持

　本章では，北部州東部を事例に，スポーツハンティングが地域社会にもたらす影響について分析してきた．これまでの内容をまとめると，まず，ベヌエ国立公園東部では，古くから農耕民ディーと遊牧系フルベが「対立」と「友好」

第3章　スポーツハンティングがもたらす光と影

による重層的な関係を築き，それぞれの生活を営んできた．植民地支配を経て，1968 年にベヌエ国立公園周辺に狩猟区が設定され，1978 年から A 村周辺の狩猟区において，ヨーロッパの観光事業者によるスポーツハンティング観光が本格的に開始された．すると，地域住民は，生活実践に大きな影響を受け始め，その結果，観光事業者と野生動物森林省と多様な関係を築いていた（図 3-15）．それは，雇用機会と利益分配の付与による「光」の関係と，密猟などの「違法」行為に対する取り締まりによる「影」の関係であった．

　キャンプでの雇用を得ている村人のなかには，その世帯の年間収入のほとんどを占める賃金を得ている人もいたが，そのような人は一握りであった．また，キャンプでの労働は，貴重な現金収入源として村人にとって魅力的なものであり，多くの村人がそれを希望していた．しかし，労働経験を持つ人々は，キャンプでの労働環境に決して満足しているわけではなかった．そして，それはキャンプを管轄するヨーロッパからのマネージャーの不評を買うと即刻クビにされるという，容易にその貴重な職を失ってしまうものであった．雇用機会の享受が一部の人に限定されているのと同様に，A 村では密猟監視活動に参加する全体の 2％にあたる一部の村人だけが，狩猟区の借地料の分配の恩恵を受けていた．

　こうした弱々しくも一部に集束された，そして容易に消えてしまう「光」がある一方で，「影」としての否定的な社会的影響は，地域社会に均一に及んでいた．狩猟区内の自然資源の利用権は，ヨーロッパの観光事業者および欧米からのハンターにほぼ独占され，住民が資源にアクセスすることに関する裁量権をも観光事業者が握っていた．これにより，住民による生業活動は制限され，特に狩猟は，「密猟」として厳しく取り締まられていた．これに対して，住民は，生業権の不保障や不平等な利益の分配，狩猟儀礼の喪失など，彼らのおかれている苦境を吐露した．しかし，現状を批判しつつも，野生動物が減少した原因を自分たちがおこなう狩猟に見いだす村人もいた．一方で，観光事業者や野生動物森林省の職員，自然保護組織の関係者は，一様に「村人による自然資源の利用は，非持続的である」という見解を述べていた．しかし，地域住民がスポーツハンティングや野生動物保全に対する見解を表明する場は設けられておらず，彼（女）らは意志決定過程から排除されていた．

第6節 「光」の拡充と「影」の固持

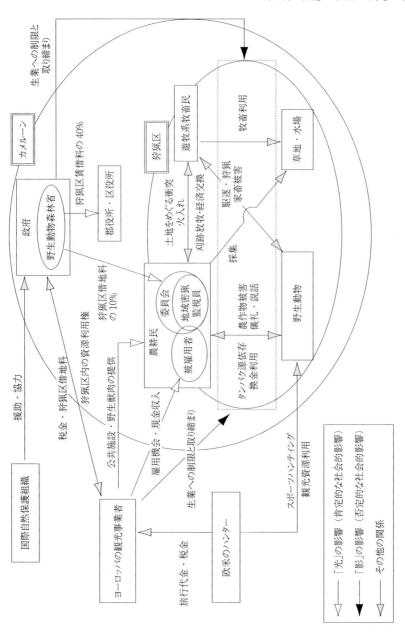

図3-15 北部州東部におけるステークホルダーの関係図

出所：筆者作成.

第3章　スポーツハンティングがもたらす光と影

　このような状況において，A村の住民は，雇用機会や利益分配を受けるために，観光事業者らに協力姿勢を見せつつも，裏では密猟をしていた．つまり，住民は抑圧的な立場のなか，二面性をもって，雇用による現金と密猟による獣肉の両方を手に入れようとしていた．また，取り締まりをおこなう側にも，地域住民による狩猟に対する認識の差が見られ，「外部者」であるヨーロッパの観光事業者に比べ，密猟監視員と野生動物森林省の職員は寛容であった．

　このことから，村人らが「日々食べるだけの動物でいいから狩猟させてほしい」，「この土地は白人が買ったのだ」と筆者に語ったのは，圧倒的な強者に対する表向きの服従姿勢という生き残りの戦略（スコット 1999）とも，「白人」[106]である筆者に対するアピールともみなすことができるかもしれない．また，たとえば，狩猟儀礼も「狩猟区が白人に賃借されてからおこなっていない」と筆者に語りつつも，秘密裏に存続させている可能性もある．つまり，一部の住民は，抑圧的な現状に対して柔軟に対処している事実があるかもしれず，また，そうした解釈も可能かもしれない．

　しかし，「住民らは実はうまくやっている」との解釈は可能であっても，これまでの調査で明らかになったのは，スポーツハンティングによって彼（女）らの自然資源の利用権は収奪され，生活実践に対する否定的な社会的影響が存在するということである．彼（女）らは，常に野生動物森林省の職員や観光事業者の顔色をうかがいながら，密猟の罪で逮捕される危険と隣り合わせで，日々の生活を送っていたのである．

　このような地域住民の生活とスポーツハンティング，そして，野生動物保全政策の間の軋轢を緩和させるために，野生動物森林省や国際的な自然保護組織は，より多くの経済的な利益を，狩猟区内の地域社会に還元する方向で政策を進めている．その具体策とは，多目的利用地区と共同管理狩猟区の設定である．

　多目的利用地区（仏：zone à usage multiple）とは，村落を中心に半径数 km の範囲を，村人が現行法の範囲内で農耕，牧畜，採集を自由におこなう区域と定めたものである（図3-16）．これにより，それまで明確にされてこなかった狩猟区内におけるスポーツハンティングと，地域住民による生業のための活動

106　カメルーンの人々は，黒色人種ではない人々のことを，総じて「白人」（仏：blanc）と呼ぶ傾向にある．

第6節 「光」の拡充と「影」の固持

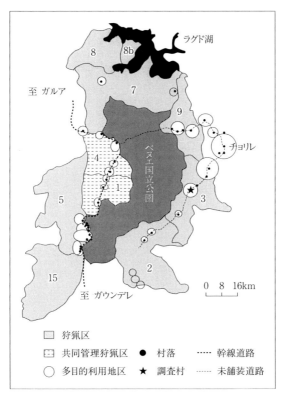

出所：(MINEF 2002 :52) より筆者作成.
図3-16 ベヌエ国立公園周辺の狩猟区内で設定が計画されている多目的利用地区

領域をはっきりと区分し，地域住民とスポーツハンティングの間の軋轢を緩和させ，自然保護政策を円滑に進めようとする当局側の意図が垣間見える．

また，ベヌエ国立公園の西側に設定されている狩猟区1および4は，現在，共同管理狩猟区として，村落委員会と，野生動物森林省によって共同で管理されている．共同管理狩猟区では，それまで地域社会に分配がまったくなかった狩猟税が，その25％をハンターから追加徴収する形で，村落委員会に分配されている．そのほか，野生獣肉の譲与や雇用機会の付与の平準化についての規定が定められている（表3-3）．

ところが，多目的利用地区による土地の線引きは，地域住民の視点からする

145

第 3 章　スポーツハンティングがもたらす光と影

表 3-3　北部州における狩猟区と共同管理狩猟区の比較

	一般的な狩猟区	共同管理狩猟区 1・4
狩猟区の借地料の分配	50％ —野生動物森林省 40％ —地方議会 10％ —村落委員会	50％ —野生動物森林省※1 50％ —村落委員会
狩猟税の分配	70％ —国庫 30％ —野生動物森林省	100％ —野生動物森林省※2 25％ —村落委員会
狩猟区の管理主体	観光事業者あるいは野生動物森林省	村落委員会および野生動物森林省
スポーツハンティングによって得られる野生獣肉の村落への分配	・明確な規定なし ・観光事業者の裁量で都市に転売あるいは一部を周辺村落に譲渡	・せめて半分はコミュニティに渡るようにする ・村落委員会が管理・分配 ・狩猟区外への転売は禁止
キャンプで雇用される住民	・規定なし ・観光事業者の裁量で雇用	・狩猟区に近い村落から優先的に雇用 ・村落委員会は，すべての村からトラッカーが選ばれるように調整

※ 1　共同管理狩猟区は 2012 年現在，観光事業者に賃貸されていないため，ハンターから 1 日あたりに支払われる土地の利用料を指す.
※ 2　ハンターは狩猟税の 25％を追加して村落委員会に納める.
出所：共同管理狩猟区における協定書などの政府関係資料より筆者作成.

と，これ以上，スポーツハンティングに対して，住民が悪影響を及ぼさないようにするための「囲い込み」と映るかもしれない[107]. 事実，野生動物森林省は，「この境界の策定によって，今日，地域住民らが持っている『自分たちの土地』，『無限の土地』という解釈を改めさせ，彼らを持続的な土地管理計画に組み入れることができるだろう」（MINEF 2002：70）と述べている. そして，村落を中心に数 km の範囲とする多目的利用地区は，村落に定住する農耕民を前提に計画されている. つまり，数 km の範囲では到底収まらない季節的な移動生活をおこなう遊牧系フルベは，その対象とされていない. 共同管理狩猟区におい

107　A 村周辺における多目的利用地区の設定計画は，2005 年にはじめて村に伝えられたが，6 年経過した 2011 年になってもこれは実現していない. 村人らは「観光事業者が反対しているからだ」（男性 24 歳・34 歳，2009 年 1 月 18 日）と語った.

第6節 「光」の拡充と「影」の固持

ても，遊牧系フルベによる放牧は，「定められた道の両側 1km の範囲のみで許可」，そして「3 日以上滞在してはいけない」とされている[108].

さらに指摘すべきは，多目的利用地区および共同管理狩猟区において，地域住民による狩猟は，これまで通り「伝統的狩猟」に限定されるということである．共同管理狩猟区では，通過儀礼や葬式の際におこなわれる狩猟は，「文化的狩猟」として認められている[109]．また，スポーツハンティングと同様に，地域住民がおこなう狩猟に対しても捕獲枠が設定された．しかし，「文化的狩猟」をおこなうにも野生動物森林省の許可が必要であり，決して自由におこなえるものではない．さらに「文化的狩猟」にしろ，捕獲枠の範囲内での狩猟にしろ，その狩猟対象は，やはり「伝統的狩猟」の規定に沿うように，クラス C に属する野生動物に限定されている．

以上のように，カメルーン政府と野生動物森林省は，多目的利用地区および共同管理狩猟区を整備し，住民に対する肯定的な社会的影響（経済的利益の分配，雇用機会，野生獣肉の譲与）を拡充・改善させようとしている．これは，1980 年代以降に東・南アフリカ諸国からカメルーンにも波及した，地域住民に経済的便益を恵与し，野生動物保全への参画を促す「住民参加型保全」モデルを想起させる．しかし，そうした「光」の恵与の拡充において，とりわけ，遊牧系フルベの生業は等閑視されていた．そして，地域住民による狩猟に対する制限という「影」は固持されたままであった．特に，地域住民による狩猟はクラス C に属する野生動物に限定されることが改めて明記されたことにより，クラス A と B に属する野生動物は，現実的にスポーツハンティングをおこなう欧米人のものであることを再強化したことになる．また，「伝統的狩猟」の限定は維持され，さらにスポーツハンティングの制度と同様に，地域住民の狩猟に対して捕獲枠が設定された．これはつまり，野生動物森林省と観光事業者，

108　MINFOF, Unpublished, Convention entre L'Etat du Cameroun, Représente par L' Administration en Charge de la Faune et des Aires Protégées（MINFOF）et Le Collectif des Villages Riverains de la Zone d'Intérêt Cynégétique Numero 1（ZIC1），Représente par L'Union des Comités Villageois de la Faune（UCVF1）pour la congestion de la Zones d'Intérêt Cynégétique N° 1 dite de Sakdjé, Garoua, Cameroun

109　しかしながら，野生動物森林省の担当者は，「なぜ，住民たちは儀式に家畜をつかわないのか．彼らは野生動物を儀式に使うという慣習を改める必要がある」（2009 年 1 月 27 日）と語り，儀礼における狩猟に対して理解を示していなかった．

147

第 3 章　スポーツハンティングがもたらす光と影

国際的な自然保護組織が「非持続的」と解釈する地域住民による狩猟に対しても，「持続可能性」という枠をかけ，管理しようとしていると解釈できる．

第4章

新たな銃声がもたらすもの

——X村・Y村の事例

　前章では，北部州東部の狩猟区内にあるA村を舞台に，スポーツハンティングがその地域に住む農耕民ディーと遊牧系フルベの生活に与える社会的影響について分析した．その結果，その地域に住む人々の視点と歴史的な観点から分析することで，スポーツハンティングからの「光」と「影」という両義的な影響が明らかとなった．具体的には，1960年ごろに欧米からのハンターがその地域を訪れるようになり，A村に隣接する狩猟区25が1978年に，そして村が含まれる狩猟区3が1992年にヨーロッパからの観光事業者に賃借され，スポーツハンティングが地域住民の生活に身近となったことにより，雇用機会などの経済的便益と，狩猟禁止などの生活実践に対する制限が降りかかるようになった．その後，地域住民に対する経済的便益の拡充が部分的に進められる一方で，生活実践に対する制限と悪影響は固持されたままであった．

　A村の事例では，スポーツハンティングによる実質的な影響は，狩猟区3が賃借された，いまから20年ほど前から出始めたと考えられる．本章では，より時間軸を現在に近づけ，近年，スポーツハンティングとその影響が身近になった地域の事例として，北部州の西部にあるファロ国立公園南部をとりあげる（図4-1）．ここには，マナ（Mana）コミュニティ管理狩猟区（以下，マナ狩猟区）が設定されており，その内部にX村とY村がある．この地域の歴史とそれぞれの村におけるスポーツハンティングおよび狩猟区との関係をローカルに分析することにより，カメルーン北部州におけるスポーツハンティングと地

149

第4章 新たな銃声がもたらすもの

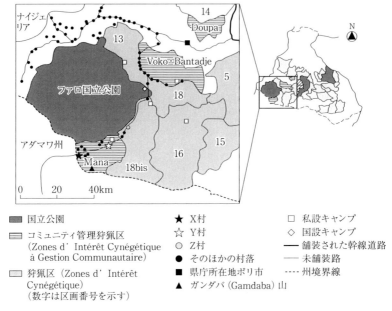

出所：GPSデータおよび政府関係資料より筆者作成．

図4-1　北部州西部・ファロ国立公園南部の周辺図

域社会の関係のさらなる一面を探求する．そして，終章においておこなう，スポーツハンティングをめぐる議論において叫ばれている「住民参加型保全」と「持続可能性」を検討するうえでの布石とすることを目指す．

第1節　発砲を妨げるもの

　実はマナ狩猟区は，あるスペイン人観光事業者に2009年に賃借されたにもかかわらず，2012年現在，そこではいまだにスポーツハンティングは本格的に開始されていない．そこには，どのような背景があるのだろうか．本節では，その背景に迫るために，この地域に住む農耕民と遊牧系フルベ，観光事業者，そして野生動物森林省の関係を分析する．

第1節　発砲を妨げるもの

1. 農牧の戦い

　2011年現在，X村には93人の人々が居住し，86人（92%）が農耕民ペレ[110]
（Pere），2人（2%）が農耕民ディー，1人（1%）が農耕民バヤ（Mbaya），4
人（4%）が不明であった．住民の67人（72%）がキリスト教徒，21人（23%）
がイスラーム教を信仰するムスリム，5人（5%）が不明だった．

　同じくY村には，80人が居住しており，45人（56%）が農耕民ブーム，22
人（28%）が農耕民ペレであり，農耕民ディー，ラカ（Laka），ナムジー（Namji）
がそれぞれ1人（1%），そして10人（13%）が各民族の混血であった．住民
の57人（71%）がムスリム，23人（29%）がキリスト教徒であった．

　X村とY村で栽培されている主な作物は，モロコシ，キャッサバ，ラッカ
セイである．両村は北部州のなかでも辺境の地にあり，そして，県庁所在地ポ
リ市から村にたどり着くあいだにある大きな川には橋が架かっていない．その
ため，農業資材や綿花を運ぶ綿花開発公社のトラックが往来することができな
い．こうした理由から，両村では，北部州東部のA村のように綿花栽培や化
学肥料を使った農業はおこなわれていない．

　ファロ国立公園南部には，ペレおよびブームなどの農耕民のほか，遊牧系フ
ルベがウシとともに遊牧生活をおこなっていた．2012年2月時点でX村周辺
には，遊牧系フルベの青年が15人ほど，数十頭のウシとともに宿営していた．
この青年たちからの聞き取りによると，彼らは，X村から南に約60kmにある
アダマワ州の都市ティネェリ（Tignère）近くで生活している親にウシを託され，
乾季の間，この地域まで放牧しに来ているという．

　さらに，隣国のナイジェリアからも，別の遊牧系フルベのグループが，2002
年ごろから流入している．カメルーンの遊牧系フルベはフルベ語を話し，黒や
茶色のウシを飼育しているが，このナイジェリアからのグループはハウサ語を
話し，飼育しているウシの色は白かった．彼らは，X村から北に約5kmの位
置で宿営していた．

　A村の事例と同様に，X村の人々と遊牧系フルベの間にも，生産物の交換

110　クチン（Kutin）とも呼ばれる．

151

第 4 章　新たな銃声がもたらすもの

写真 4-1　グルゥム（先込め銃）を発砲する猟師

による友好的な関係と，土地や資源をめぐる対立という重層的な関係がみられた[111]．X 村の人々と遊牧系フルベは，モロコシなどの農作物と乳製品を貨幣交換していた．一方で，アダマワ州から来ている遊牧系フルベの青年らは，無断で畑にウシを入れ，村人との間に軋轢を生み出していた．X 村に住むある男性は，出作り小屋に山積みにしておいたモロコシを，ウシから防除するために棘のある植物で囲っていた．しかし，ウシは角で囲いを動かし，モロコシは食べられてしまった．そのため，男性は遊牧系フルベの青年に賠償を求めたが，支払われなかった．男性は，「少しだけの金を要求したのにそれさえも払わなかった．今度入ったら棍棒を持って戦ってやる」と語った（2011 年 1 月 30 日）．

　X 村の人々は，遊牧系フルベとの軋轢を，野生動物による農作物被害にも結びつけていた．X 村において 2011 年は，ヒヒによる農作物被害が甚大であったという．この理由として村の人々が挙げたのは，遊牧系フルベの青年が村の若い女性をたぶらかし，密会していることであった．X 村には，クゥレ（P:*Koule*）とよばれる石を積み上げた場所がある．X 村の人々は，雨季の初めにこの石に酒をかけ，アヌビスヒヒなどが畑を荒らさず，作物が豊かに実るように祈願している．X 村の首長は，村の女性を戒めるとともに，モロコシで

---

[111]　第 3 章第 1 節参照．

第 1 節　発砲を妨げるもの

写真 4-2　猟師とサバンナのなかのウシ

作った酒をクゥレにかけ，これ以上，獣害がひどくならないように祈った．

　複数の村人からの聞き取り（2012 年 2 月 13 日）と参与観察（2012 年 2 月 16 日）によると，X 村の人々は，銃および罠を使った狩猟をおこなっている．銃猟には，散弾銃とグルゥムと呼ばれる先込め銃が使われている（写真 4-1 および第 3 章写真 3-7）．罠は，A 村の事例と同様に，自転車に使うブレーキワイヤーでつくられ，罠を設置した後に穴にかぶせるふたも利用されている[112]．ただし，X 村の人々は，罠のふたは A 村のように鉄製ではなく，川沿いに生えている植物を編んだものを使っていた．これは，獲物の足を傷つけるのではなく，からませて，罠がしっかりとかかるようにするのが目的であるという．彼らは，狩猟対象として，コブなどのアンテロープ類のほか，ハリネズミなどの小動物も捕らえていた．

　しかし，X 村の人々による狩猟と，遊牧系フルベによる牧畜の間にも対立がみられた．2012 年 2 月 16 日に筆者は X 村の猟師に同行して狩猟に出かけたが，サバンナでは野生動物よりも遙かに頻繁にウシと出会った（写真 4-2）．サバンナを数時間かけて歩き回り，見つけたイボイノシシに発砲する際にも，ウシがそのすぐそばにいた．結局，猟師は発砲したものの仕留め損ねてしまい，彼は

---

[112] 第 3 章第 4 節参照.

第 4 章 新たな銃声がもたらすもの

ウシが邪魔でうまく撃てなかったと語った．またウシを誤射してしまうと，持ち主の遊牧系フルベとの間で補償問題になってしまうとも語った[113]．

2. ウシに占拠された狩猟区

遊牧系フルベがもたらす軋轢は，村落に定住する農耕民との間だけではなかった．彼らは，この地域においてスポーツハンティングによる観光業を開始しようとする観光事業者とも対立していた．

X 村の古老からの聞き取りによると（2011 年 2 月 12 日），ドイツおよびフランスによる植民地支配がおこなわれていた時期には，北部州の東部と同様に，まだこの地域では欧米人によるスポーツハンティングはおこなわれていなかった．本格的にスポーツハンティングがおこなわれるようになったのは，狩猟区 18bis[114] が 1972 年に設定され，1994 年からレバノン人観光事業者に賃借されてからであった．1996 年から現在まで，狩猟区 18bis はフランス人観光事業者によって経営されている．このフランス人観光事業者からの聞き取りによると，毎年の猟期には 12 人ほどのハンターが欧米から訪れ，ゾウやライオン，ダービーズエランドなどの野生動物をハンティングするという．

マナ狩猟区は 2000 年に設定され，2009 年からスペイン人観光事業者によって賃借されている．このスペイン人観光事業者は，父親とともに西アフリカのベナンおよびカメルーン東部州に設定されている狩猟区でもスポーツハンティングによる観光経営をおこなっている．また，北部州東部の狩猟区 24 でも，イタリア人観光事業者と共同経営をおこなっている．

しかし，マナ狩猟区では賃借から 3 年が経過した 2012 年現在でも，スポーツハンティングによる観光はおこなわれていない．それは，つぎに示すように

---

113 X 村の人々と遊牧系フルベの間には，漁労をめぐる軋轢もみられた．X 村の人々は村の近くの小川で漁網や簗をつかって，小型の淡水魚を捕らえていた．しかし，ウシが川に入ることによって，川に住む精霊が下流に逃げてしまい，川の水量が減り，漁ができなくなると村人は語った．この精霊は，川の中だけではなく，大きな木の中にもいる．巨人のような大きさで真夜中に村周辺を徘徊しているが，見ることはできない．精霊は，ときどき人を襲うといい，インフォーマントの男性は，幼い頃，両親から正午には川には近づかないようにと言われていた．

114 仏：bis とは，「第二の」という意味を表し，狩猟区 18 とともに副次的に設定されたものと考えられる．

154

遊牧系フルベとの対立が原因であるとされている.

2012年1月にスペイン人観光事業者は，2人のハンターをマナ狩猟区に連れてきた．しかし，マナ狩猟区では，あまりにも多くのウシがサバンナを徘徊していたため，東部州に所有する別のキャンプに客を連れて行った．遊牧系フルベとそのウシがサバンナにいると，ハンティングをすることができない理由は，ウシが野生動物を駆逐してしまうほかに，ウシや放牧をおこなう牧童を誤射してしまう可能性があるためである．しかし，ビジネスを妨害されていることに立腹し，強硬な手段にでている観光事業者もいる．ファロ国立公園東部にある狩猟区13のマネージャーは，猟区内でウシを見つけると即座に射殺しており，1日で11頭ものウシを撃ったという.

野生動物森林省は，観光事業者からの訴えに応え，これまでも何度か職員や憲兵を派遣し，遊牧系フルベたちが狩猟区外へ退去するように仕向けている．しかし，それはいまだに実現されていない．その背景には，つぎのような事情があると，複数のインフォーマントから聞き取りが得られた．たとえば，2010年12月に憲兵が彼らを追い払いに来たが，遊牧系フルベたちは賄賂を渡し，その場を逃れた．また，首都ヤウンデの中央省庁では，彼らと同じフルベが官僚として働いており，無理に追い払わないようにと，地方の行政機関に圧力をかけているとの話もある．そのため，野生動物森林省と憲兵は，遊牧系フルベのなかでも官僚との関係が薄いナイジェリアから来ているグループを，国立公園内で違法に放牧した罪や不法入国の罪で積極的に逮捕しているという.

このような話の真偽は別としても，遊牧系フルベは，彼らを排除しようとする野生動物森林省の職員や観光事業者を恐れるとともに敵視している．実は，筆者もその対象となった．X村での滞在を始めて間もない頃に，筆者はX村の男性から，村の周辺に宿営する遊牧系フルベの青年たちが持ってくる牛乳を受け取るなと忠告された．実際，その日に1人の青年がペットボトルに入れた牛乳を持ってきた．とりあえず受け取ったが，村人の忠告に従い，青年が去ったのを確認してから家の裏で捨てた（写真4-3）．X村の首長に相談したところ，「彼らは，おまえをこの土地を買った白人だと思っている．何か薬品を混ぜた牛乳を飲ませ，どうにかしてこらしめようとしているのだ．遊牧系フルベは白人と仲良くする村人に対しても敵意を持っている．我々も牛乳をもらっても捨

155

第4章 新たな銃声がもたらすもの

写真 4-3　遊牧系フルベからもらった牛乳を捨てる

てる」と語った（2011年1月31日）.

第2節　差し込む「影」

マナ狩猟区において，狩猟区は観光事業者にすでに賃借されているのもかかわらず，ナイジェリアおよびアダマワ州から季節移動してくる遊牧系フルベによって，スポーツハンティングによる観光を開始できないという現状にあった．

しかし，複数のインフォーマントからの聞き取りによると，現在，アダマワ州から北部州西部に季節移動してくる遊牧系フルベは，もともとX村の南東に約17kmの位置にあるガンダバ山と呼ばれるテーブル状の山の上に住んでいた[115]（図4-1）．しかし，1990年代に，彼らは盗賊[116]による身代金目的の誘拐や家畜の強奪にみまわれたため，山を下り，アダマワ州まで移動した．その後，盗賊の活動が沈静化すると，彼らは，2004年ごろから，再び乾季になるとX

---

[115] 実際にその場所を訪れることはできなかったが，Google Earth で確認すると標高が約1900メートルのテーブル山は確かに存在した．
[116] 盗賊は，ウシなどの家畜を失い困窮した遊牧系フルベであるという．

第2節　差し込む「影」

村周辺に遊牧生活をおこなうようになった．つまり，マナ狩猟区は 2000 年に
設定されたことを考えると，彼らにしてみれば，盗賊に追われ山を下り，アダ
マワ州に逃げたが，戻ってきてみると，もといた山を含めたその地域は狩猟区
に設定されていたということになる．

　それでは，そもそもマナ狩猟区は，なぜ，そして誰によって設立されたので
あろうか．本節では，X 村，そして Y 村の人々の事例をとりあげ，狩猟区設
定の経緯と，その過程における地域住民との関係を分析する．

1.　突然の来訪者

　まず，マナ狩猟区が設定された経緯を探る．1994 年に狩猟区の借地料の 10
％を狩猟区内の村落に還元することが，カメルーンの国内法で定められた[117]．
これを受け，ファロ国立公園南部においても，2000 年にマナ地方開発委員会
（仏：Comité de Développement du Canton du Mana：CDCM）（以下，開発委員会）
が設立され，2004 年から狩猟区 18bis の借地料の 10％を受給している．開発
委員会は，2010 年 3 月の時点で 10 人から構成されていた．そのうち，代表と
幹部の 3 人はファロ県の県庁所在地であるポリ市に在住しており，残りの 7 人
は狩猟区 18bis 内にある Z 村の人々であった（図 4-1）．ポリ市に住む代表と幹
部の民族はいずれもブームであり，Z 村とその北東にある村の出身者であった．
Z 村にはフルベイスラーム国家の首長であるラミドがおり，Z 村に住む 7 人の
開発委員会の構成員はそのラミドと重臣であった．また，委員会の代表 H 氏
と Z 村のラミドは，同じ父親をもつ異母兄弟[118] であった．つまり，開発委員
会とは，Z 村のラミドと，ポリ市に住むその関係者を中心に構成されていた．

　一方，X 村と，その周辺の村落に住む人々が開発委員会の構成員となってい
ない理由について，代表の H 氏は，「X 村などは僻地にあり，委員会の運営参
加に適していない」と説明した（20011 年 1 月 18 日）．また，開発委員会が設立
された当初，2 人の遊牧系フルベも構成員に加えられていたが，放牧のために
移住してしまい，彼らは開発委員会のメンバーから外された．

117　第 3 章第 3 節 2. 参照.
118　カメルーン北部のイスラーム圏では，一夫多妻制が一般的にみられる.

157

第4章 新たな銃声がもたらすもの

1996 年ごろから，北部州西部において，ヴォコ・バンタジェ（Voko-Bantadje）とドゥパ（Doupa）という新たな2つのコミュニティ管理狩猟区を設定する動きが出始めた．コミュニティ管理狩猟区とは，「住民参加型保全」モデルに基づき，保護区内に居住する地域住民を野生生物の資源管理に参画させること，資源管理において彼らの利用権を守ること，そして，保護政策と資源管理によって生み出された利益をより住民が享受できるようにすることを目的として設定された（Logo et al. 2006）（表 4-1）．また，北部州東部において進められている多目的利用地区[119]と同様に，村落を中心として「農業地区（仏：Zone agricole）」を設定し，そこでの住民による農業，採集，放牧を保障することが計画されている．

これを知った開発委員会の代表の H 氏とその他の幹部2人は，Z 村のラミドに，村落を含むファロ国立公園南部にマナ狩猟区を設定することを持ちかけた．H 氏は，「それまで，狩猟区というものを知らなかったが，『貧困削減を目的として，我々の地域でも誰もいない自由な土地に狩猟区をつくろう』とラミドに提言した」と語った（2011 年 1 月 20 日）．その後，H 氏は，1ヶ月かけて野生動物森林省などの地方局長および県知事から署名を集め，さらに，狩猟区の設定予定地に住む人々から反対意見をとりあげる期間を 30 日間設けたという．そして，マナ狩猟区に含まれる各村の首長や遊牧系フルベの長からも「同意」を示す署名を得たうえで，2000 年にマナ狩猟区を設定するに至ったと語った（2011 年 1 月 26 日）．

開発委員会代表の H 氏は，上記のように，村人の合意のうえで狩猟区は設定されたと語った．しかし，X 村および Y 村の首長によると，X 村の人々がマナ狩猟区について初めて知ったのは，設定の計画段階ではなく，設定後にマナ狩猟区を観光事業者が賃借することが決定してからであったという．2009 年 5 月に，X 村の首長は Z 村のラミドに呼び出されたため，代わりに村の小学校の先生を送り，野生動物森林省からの書類を受け取った．Y 村の首長も同様に，ラミドに呼び出され，書類を手渡された．筆者がその書類を実際に確認すると，そこにはマナ狩猟区がどのような境界によって設定され，その目的は「この地域でのスポーツハンティングによる観光活動の誘致と地域経済の発展

119　第 3 章第 6 節参照．

158

第2節　差し込む「影」

表 4-1　北部州における狩猟区とコミュニティ管理狩猟区の比較

	一般的な狩猟区	コミュニティ管理狩猟区
狩猟区の借地料の分配	50%―野生動物森林省 40%―地方議会 10%―村落委員会	100%―村落委員会
狩猟税の分配	70%―国庫 30%―野生動物森林省	50%―野生動物森林省 50%―村落委員会
狩猟区の管理主体	観光事業者あるいは 野生動物森林省	村落委員会および 観光事業者，野生動物森林省
スポーツハンティングに よって得られる野生獣肉の 村落への分配	・明確な規定なし ・観光事業者の裁量で都市に転 　売あるいは一部を周辺村落に 　譲渡	・狩猟区内の村落に対して優先 　的に転売することが推奨され 　る ・村落委員会が管理・分配
キャンプで雇用される住民	・規定なし ・観光事業者の裁量で雇用	・狩猟区に近い村落から優先的 　に雇用 ・村落委員会は人員を選出して 　おく

出所：ヴォコ・バンタジェおよびドッバ・コミュニティ管理狩猟区における協定書などの政府関係資料より
　　　筆者作成.

である」と書かれていた．そして H 氏が述べていたように，この設定に反対
する者は，30 日以内に意思を表明しなさいと書かれていた．しかし，日付は
2009 年 6 月 5 日となっており，H 氏が 2000 年にマナ狩猟区が設定される前に，
X 村の人々に狩猟区の設定について通告し，猶予期間を設けたと語ったことと
は，時期が異なっていた．

　その後，X 村の人々がスペインからの観光事業者を初めて見たのは，書類が
手渡されてから約 1 年半後の 2010 年 11 月であった．観光事業者は，ハンティ
ングをするための道を整備するために X 村周辺までやってきた．X 村から 2
人の青年が観光事業者に雇われ，同様に Z 村で雇用された人々とともに働いた．
この場面に居合わせた，ある男性からの聞き取りによると（2011 年 1 月 30 日），
スペイン人観光事業者は X 村を初めて訪れた際，村人に対して，「この土地を
買った．開発委員会に金がわたるから，野生動物を狩猟しないように．客を集
めるために，たくさんの野生動物が必要だ」と語ったという．

159

第4章　新たな銃声がもたらすもの

3. 残り3日の「故郷」

　写真4-4と4-5は，それぞれX村とY村の外観を撮影したものである．

　X村には，村の中にマンゴーなど多くの高木が見られるが，Y村では，数本のサバンナに生えている灌木しか見られない．この差は，人々が定住し，村ができてからどのくらいの年が経過しているかによる．つまり，Y村は，まだできて間もない村である．

　では，なぜY村に住む人々は近年，現在の場所に移住してきたのか．実は，彼らは自ら移住したのではなく，移住させられたのである．

　Y村とは，もともとY$_1$村とY$_2$村という2つの村が合わさってできた村である．Y$_1$村とY$_2$村は，Y村から南東に約5kmの位置にあった（図4-2）．Y村に住む人々が，かつてY$_1$村とY$_2$村に居住していたとき，彼らは，畑でモロコシ，トウモロコシ，サトウキビ，キャッサバを耕作し，村内ではマンゴー，バナナ，ライムなどの果樹を栽培していた．特にマンゴーは換金価値が高く，村内外のほか，遊牧系フルベにも販売していた．

　Y村の人々のうちY$_2$村に住んでいた人々は，地力の回復と獲物となる野生動物を探すために，3，4年ごとに8つの場所を移住していた．8つの場所にはそれぞれ名前がついており，たとえば，「枯れない泉」，「深い森」といった自然環境から命名した場所や，先祖が弓矢で仕留め損なった獲物の居場所を鳥が教えてくれたことにちなんで「鳥」と名付けられた場所などがあった．一方，Y村の人々のうちY$_1$村に住んでいた人々は，Y$_2$村のような移動耕作はおこなっていなかった．2つの村に住む人々は，成人儀礼や，断食月明けの祭り，「結い」による農地での共同作業などを通して交流を持っていた．

　ところが，Y$_1$村とY$_2$村は，スポーツハンティングの「障害」になるという理由で強制的に移住させられた．

　Y村に住む人々やZ村のラミドからの話をまとめると，強制移住はつぎのようにおこなわれた．スペイン人観光事業者は，2009年にマナ狩猟区を賃借した際，Y$_1$村とY$_2$村があった地域は道路から外れ，野生動物が豊富であったため，好猟場になると考えた．そこで2つの村をそこから排除したいと考えた

160

第2節 差し込む「影」

写真4-4 X村

写真4-5 Y村

観光事業者は，この地域を支配するZ村のラミドに相談した．2009年11月にラミドは重臣である彼の弟をY_1村とY_2村に派遣し，村人たちに移住するように命令した．当初，村人たちは「そんな馬鹿な話があるか」と言い，両村の首長も虚言と考えていた．その後，何度かZ村から重臣が村によこされたが，

第 4 章　新たな銃声がもたらすもの

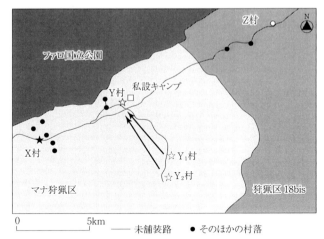

図 4-2　Y₁ 村と Y2 村の位置を示した調査地概略図

出所：GPS データより筆者作成．

村人たちは動かなかった．

　しかし，2010 年 3 月に，ラミドはスペイン人観光事業者とともに，Z 村と X 村の間の道に，Y₁ 村と Y₂ 村に住むすべての人を呼び出した．そこで，ラミドは「3 日以内に完全に移住しろ」と村人たちに命令した．そして，観光事業者も「いまの場所に住んでいると野生動物が逃げてしまう．別の場所を探し移動しなさい」と言った．2 つの村の人々は，怒るラミドを前に何も言えなかったという．数日後，ラミドの重臣が 2 つの村を訪れ，各村の首長に対して 1 万 CFA フラン（約 1,700 円）と 25kg 入りの塩 1 袋を手渡し，村の各世帯には 1 世帯あたり 5,000CFA フラン（約 800 円）を支払った．このお金は，補償金ではなく，もし世帯に家財を運び出すのに十分な人がいなかったら，これで人を雇い，早く移住しろというものだったという．しかし，村人が家財や食料をすべて運び出さないうちに，重臣は村に火を放った．枯れ草を編んで作っていた屋根やむしろ垣はすべて焼け落ち，運び出せなかった土器やかごは転がったままであった（写真 4-6）．

　移住を余儀なくされた Y₁ 村と Y₂ 村の人々は，ラミドの命令によって，観光事業者が建設していたキャンプから約 800 メートルの位置に，ともに定住す

第3節 「私はラミドの言葉に従う」

写真4-6　Y₁村の跡地

ることになった．そこは，Y₁村とY₂村の人々にとって住んだことのない場所であった．それが現在のY村である．Yという村の名前は，村人たち自身がつけた．それは，フルベ語で「義務」や「やむを得ないこと」を意味する言葉である．

　Y₁村とY₂村の村人たちは3月に移住させられたが，そこから，4月から始まる雨季に間に合うようにサバンナを開墾し，作付けをするには時間が足りなかった．そのため，彼らはその年は食料に困窮した．現在，Y村に住む人々は，当時枯れ草で作った急造りの家を，日干しレンガの家に建て替えている．Y₁村の首長は，「今の場所は水場が遠いし，キャッサバの育ちが悪く，ヒヒによる農作物の被害がひどい」（2011年2月18日）と語った．そして，「ここには何もない．この土地について私はなにも知らない．知っているのは，もといた土地のことだけだ」（2011年2月18日）と語った．

第3節　「私はラミドの言葉に従う」

　本章では，ここまで，北部州西部のファロ国立公園南部に設定されたマナ狩猟区と，X村およびY村の関係について分析してきた．

第 4 章　新たな銃声がもたらすもの

　マナ狩猟区は，地域住民への経済的便益の恵与を拡充したコミュニティ管理
狩猟区として 2000 年に設定された．今後，スペイン人観光事業者が遊牧系フ
ルベとの問題を解消し，マナ狩猟区でのスポーツハンティング観光を本格化さ
せると，マナ狩猟区内に住む人々はキャンプでの雇用機会を得るほか，コミュ
ニティ管理狩猟区の規則（表 4-1）に基づいて，狩猟区の借地料などの利益分
配を享受することになることが予想される．つまり，経済的便益というスポー
ツハンティングからの「光」が，マナ狩猟区内の村落にも降り注ぎ，開発委員
会の H 氏が語ったように，それは貧困削減に寄与するかもしれない．

　ところが，この地域には，すでにスポーツハンティングからの「影」が差し
ていた．その「影」とは，狩猟区の設定における不十分な合意形成と強制移住
であった．遊牧系フルベたちは，盗賊に追われアダマワ州に逃げたのち，もと
もといた地域に帰ってきてみると，そこは狩猟区になっており，彼らはスポー
ツハンティングを妨害する「敵」として排除の対象とされた．また，マナ狩猟
区が設定される過程において，その狩猟区に含められる X 村と Y 村に住む
人々は，意思決定機関から排除されていた．彼らが，狩猟区の存在やスポーツ
ハンティング観光の開始を知ったのは，ラミドから手渡された設定完了を伝え
る書類と，観光事業者による突然の訪問によってであった．もともと Y_1 村と
Y_2 村という 2 つの村であった Y 村は，好猟場になるという理由で観光事業者
の要請を受けたラミドによって，キャンプのすぐそばに強制移住させられた．

　「私も祖父もみんな，そこで生まれた．可能ならば，前の村にもう一度住み
たい」（Y_1 村の首長　2011 年 2 月 5 日）と語るように，「影」に苛まれている
人々はもちろん，こうした現状に不満をもち，以前のような生活を望んでいる．

　では，なぜこのようなスポーツハンティングからの「影」は，容易に差し込
んだのか．そこには，つぎに示すように，この地域におけるラミドを中心とし
た歴史的支配構造が関係していた（写真 4-7）．

　X 村などに住む農耕民ペレは，現在，北部州の南のアダマワ州を中心に分布
している．古老からの聞き取りによると（男性 60 歳代，2012 年 2 月 12 日），X
村に住むペレたちも，アダマワ州から北上して移住してきたという．この古老
の両親は，ヌマ・ヤムレという村の始祖とともに，アダマワ州から現在の X
村に入植した．

第 3 節 「私はラミドの言葉に従う」

写真 4-7　Z 村のラミド（中央）と重臣たち

　また，Z 村のラミドをはじめとした農耕民ブームは，かつてアダマワ州の州都ガウンデレを中心に複数の村落王制国家を形成していた．ブームの始祖は，3 人の兄弟にそれぞれ聖なる王であるベラカ（Bêlàkà）の称号を名乗ることを許し，各地に入植させた（日野 1974）．Z 村のラミドからの聞き取りによると（2011 年 1 月 28 日），Z 村の初代の首長は，始祖の 3 人の兄弟のうちの 1 人であり，6 代目のときに現在の村の位置に定住したという．そして，現在の首長は 8 代目にあたる[120]．

　X 村の古老からの聞き取りによると，X 村などに住むペレがブームに先だって，この地域に入植していた．その後，ブームもこの土地に移住してくると，暴力ではなく平和的な交流を通して，小規模な親族集団であったペレが，ベラカという聖なる王が率いる大規模な集団であるブームに従ったという．現在，Y 村にはペレとブームが混住しており，その間には通婚もみられるが，それは，こうした歴史を背景としていると考えられる．このような過程によって，Z 村を頂点とした村落王制国家に，X 村や Y 村などの村落が編入することとなった．

[120]　現在の首長の弟が祖父から聞き取り書き留めていた系譜によると，8 代の首長のそれぞれの名前は以下の通りだった．1. Bèlàkà Lakaloukou Mbika 2. Gang-Lemnya 3. Gang-Nag-Ya, 4. Gang-Houl（Bèlàkà Ndaa とも呼ばれる）, 5. Gang-Tseï（Bèlàkà Gna-Gang-Tseï とも呼ばれる）, 6. Godjé Gang-Houl, 7 Yaro Lemkaou, 8. Saounmboum Mammoudou Yaro.

第 4 章　新たな銃声がもたらすもの

　しかし，「フルベ族の聖戦」によって，19 世紀に Z 村などは，ソコト帝国とアダマワ首長国の下位国家であるチャンバ（Tchamba）王国[121]（嶋田 1995）に支配された．Z 村のラミドからの聞き取りによると（2011 年 2 月 12 日），チャンバ王国との戦争に敗北したことにより，Z 村とその下位の X 村などの村落も王国の支配下におかれるようになった．

　20 世紀に入ると，カメルーンはドイツによって植民地支配された．X 村には，かつてドイツ軍が土地の所有権を示すために打ち立てたとされる鉄柱が残されていた．カメルーンを植民地支配したドイツは，チャンバ王国による下位国家への支配を解き，Z 村を含めた下位国家の首長にも，フルベイスラーム国家の首長の呼称であるラミドと名乗らせた（Boulét 1972）．これは，フルベイスラーム国家の権力分散と弱体化を狙ったためと考えられる．

　Z 村のラミドからの聞き取りによると（2011 年 2 月 12 日），フランスがドイツに代わりカメルーンを支配した間も，Z 村や X 村などからチャンバ王国への農作物などの貢納は継続していた．しかし，独立後，現在の Z 村のラミドの父が，チャンバ王国への貢ぎ物の取り立てがあまりにも厳しいことを当時の県知事[122]に訴えたことにより，チャンバ王国への貢納はおこなわれなくなった．

　このように，Z 村や X 村などは，フルベイスラーム国家とドイツ，フランスによる植民地支配による多重支配構造を経験した（図 4-3）．現在，X 村の首長は，ラミドに従う「臣下」を意味するワキリ（F：*wakili*），そして Y₁ 村と Y₂ 村の首長は，フルベ語で「村長」を意味するジャウロ（F：*jawro*）と呼ばれている．これは，多重支配構造の歴史のなかでも，Z 村のラミドに X 村や Y 村の人々が従うという伝統的な支配構図は維持されてきたことを示唆している．

　合意形成の欠如や強制移住という，スポーツハンティングによって地域住民にもたらされた「影」とは，この伝統的支配関係を後ろ盾としていた．X 村と Y 村の人々は，Z 村のラミド，そして以前はさらに上位のチャンバ王国やアダマワ首長国，ソコト帝国によって，多重支配を受けてきた．ドイツとフランスの植民地支配によって，チャンバ王国と Z 村の支配関係は断たれ，Z 村とそれ

121　第 3 章で記述したレイ・ブーバ王国と同位のフルベイスラーム国家である．

122　アブバカール・リマンという名前である．県庁での調査によると，22 代目のポリ県知事であり，在任期間は 1965 年 9 月から 1978 年 11 月までであった．

第3節 「私はラミドの言葉に従う」

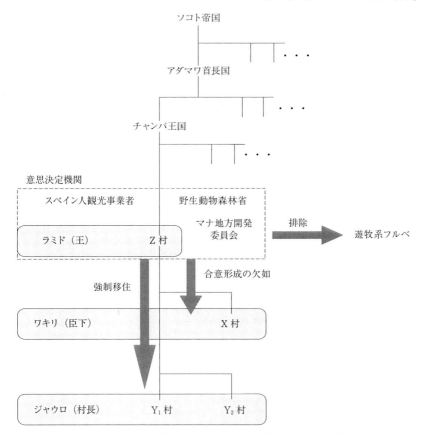

図 4-3 調査地における歴史的支配構造と，マナ狩猟区の設定にともなう影響を示した概略図

以下の村落の関係のみが現存していた．しかし，マナ狩猟区が設定され，スペイン人観光事業者がスポーツハンティング観光をおこなうためにこの地を訪れた．それにより，意思決定機関はラミドを中心とする開発委員会と，野生動物森林省，そして観光事業者に限定された．このような状況とは，X 村と Y 村の人々にとっては，Z 村より上位の支配者が，以前のチャンバ王国などからヨーロッパから来た「白人」にすげ替えられただけであると考えられる[123]．

狩猟区の設定における合意形成の欠如や強制移住に関して，X 村と Y 村の人々は，以下のように語った．

167

第4章　新たな銃声がもたらすもの

「権限は主（＝ラミド）の手の中にある．ラミドが求めるならば，我々も求める．白人がもってきたものにラミドが喜ぶならば，我々も喜ぶのだ．我々はラミドの言葉に従う．ラミドは，白人が来るとどうなるかということについて，よく学んでいるはずだろう．しかし，我々はまったく知らない」（X村の首長2011年2月1日）

「白人がこの土地を買い，ラミドが移住しろと言ってきた．私にどうしろというのだ？何もできない．ラミドは白人や役人とよく話している．私は，そのラミドの言葉を『わかりました』と聞くだけ」（Y_2村の首長　2011年2月18日）

（「たとえば白人ではなく，遊牧系フルベやほかの農耕民が来て，移住しろと言ってきたら，どうしたか？」という筆者の問いに対して）
「移住しない．今回動いたのは，我々の主がすでに白人と合意したので，それは義務だった」（Y_1村の首長　2011年2月5日）

　この地に深く根をおろす伝統的な権力関係を考慮すると，北部州東部のA村において，スポーツハンティングから恵与される経済的便益が不平等に分配されていたように，この地域においても，今後，地域社会内で「光」を享受するうえで格差が生まれることを懸念しなければならない．つまり，マナ狩猟区の設定は開発委員会というZ村のラミドを中心とする権力者によって推進されてきたという経緯を鑑みると，これから生まれてくる経済的便益も，一部の

123　X村やY村の人々は，レヴィ・ストロース（Lévi-Strauss, C.）のいう，歴史的な変化を無化しようとする「冷たい社会」に生きてきた人々であるとも考えられる（小田 2000）．「冷たい社会」とは，西欧社会のように，歴史的変化や偶然的な変動を社会自体の発展の原動力とする「熱い社会」とは異なり，戦争や移住などの変動を経験しつつも，そうした出来事を受動的にやりすごし，歴史を「無くそう」としている社会である．こうした態度は，階級などの近代の非真正な社会において初めて創られうる「歴史」に対する抵抗ともとらえられている．つまり，X村やY村の人々は，これまでチャンバ王国やZ村のラミドによる多重支配構造を受けつつも，それを無化することで「歴史」に抵抗してきた．こうした流れを継承し，スペイン人観光事業者や野生動物森林省によるスポーツハンティングや野生動物保全の名の下におこなわれた合意形成の欠如や強制移住をも，受動的にやりすごしているとも考えられる．このような考察については，今後さらにおこなっていきたい．

人々に牛耳られてしまう可能性がある．

　また今後，新たに差し込む「影」として，狩猟などの生業に対する制限と取り締まりが強化されることが考えられる．コミュニティ管理狩猟区と村落を中心に設定される「農業地区」において，地域住民による狩猟は，植物性の猟具をつかい小動物を対象とする「伝統的狩猟」でしか認められない．現在，X村などでおこなわれている銃やワイヤー罠をつかって，アンテロープなどの大型あるいは中型のほ乳類を対象とした狩猟は，「伝統的狩猟」には当てはまらず密猟とされている．

　現在，この地域で密猟を取り締まっているのは，野生動物森林省の職員のほか，村落に住む住民から採用されるエコガード（仏：Eco-garde）と呼ばれる監視員[124]である．エコガードは2007年に発足し，2012年現在，Z村から4人，X村から2人，Y村から1人が任命されている．しかし，野生動物森林省の職員とエコガードによる活動はほとんどおこなわれておらず，地域に対する密猟の取り締まりは，現在のところ緩やかである．しかし，今後，スペイン人観光事業者は，マナ狩猟区でのスポーツハンティング観光を本格化させると，独自に監視活動をおこなうと考えられる．また，観光事業者からの要請をうけ，野生動物森林省とエコガードも活動を活発化させると推測できる．

　これに関して，開発委員会のH氏は，つぎのように語った．

　「現在進められている開発と政策に，全員が同意しているとは思わない．小さな違反を犯す者もいるだろう．我々（マナ地方開発委員会）は，狩猟区の住民たちによく説明した．しかし当時，マナ狩猟区の設定に文句を言ったり，狩猟したいと訴えてきた村人はいなかった．それでも密猟で逮捕された人のことは，もう知らない」（2011年1月20日）．

124　第3章で紹介したA村の地域密猟監視員に相当する．

終　章

　本書は，「地域住民にとって，スポーツハンティングや野生動物とは，どのような存在か」という疑問を出発点とした．そして，現代のスポーツハンティングと地域社会の関係に注目し，近年，アフリカにおけるスポーツハンティングと野生動物保全をめぐる議論において台頭しつつある「譲るために殺す」という論理と，「持続可能性」を，地域住民の立場と視点，そして歴史的な観点から再検討することを目的とした．

　第1章では，現代のスポーツハンティングと地域社会の関係をローカルに分析するという本書の視座をたてるために，つぎのような論考を進めた．まず，「過去の娯楽」と考えられがちなスポーツハンティングは，どのようにして生まれ，アフリカ大陸に導入され，いかにして現代まで生き残ってきたのか，その歴史的経緯について概観した．そして，現代のスポーツハンティングと地域社会の関係を考えるうえでの基礎となるように，その歴史のなかでスポーツハンティングおよび野生動物保全政策と地域住民が，どのような関係をもってきたのかについて分析した．さらに，欧米社会におけるスポーツハンティングの是非をめぐる対立と議論における，野生動物および地域住民の位置づけについて分析した．

　その結果，以下のようなことが明らかとなった．スポーツハンティングは中世西洋社会において萌芽し，権力と財力，そして支配を象徴する特権階級の娯楽として発展してきた．19世紀中頃から内陸部への探検を足がかりに始まったヨーロッパ列強によるアフリカへの植民地支配においても，スポーツハンティングは，帝国主義を象徴する植民地支配の道具として利用された．その後，猟獣を確保することを1つの目的として始まった「要塞型保全」の大きな動機の一つともなった．こうしたスポーツハンティングの発展と導入の一方で，中世西洋社会における庶民およびアフリカにもともと住んでいた人々による狩猟

171

終　章

は，スポーツハンティングをおこなう王侯貴族とヨーロッパからの入植者から，
「野蛮」あるいは「無計画」とみなされた．

　しかし，1970年代から狩猟に対する倫理的な批判が高まったことや，1980
年後半にはエコツーリズムが台頭し，「要塞型保全」からパラダイムシフトし
た「住民参加型保全」を経済的に支える観光はサファリが理想とされたことに
よって，スポーツハンティングは影を潜めたように見えた．

　ところが，「動物の権利運動」の流れをくむ動物愛護団体からの批判を受け
つつも，スポーツハンティングは今日までおこなわれてきた．そして近年，ス
ポーツハンティングは，経済的便益をインセンティブとして地域住民を保全活
動に主体的に参画させるという「住民参加型保全」のモデルに基づいた生態
的・経済的な持続可能性をもった活動であるとして，一部の政府や保全論者に
再評価されていた．つまり，現代におけるスポーツハンティングは，「護るた
めに殺す」という論理によって，「生態的な持続可能性と経済的な豊かさ」を
実現することができるツールとして復権していた．

　しかし，本書では2つの点を問題視した．第一に，スポーツハンティングの
是非をめぐる二項対立的な議論において，野生動物が「資源」あるいは
「Wildernessの象徴」と偏重視されている実態である．第二に，生態的および
経済的な観点のみによって，スポーツハンティングが「持続可能性」を論拠に
再評価される一方で，スポーツハンティングがもたらす地域社会への社会的影
響は十分に明らかにされていない状況である．

　以上のことから，植民地時代から現代までスポーツハンティングがおこなわ
れ，近年，「住民参加型保全」モデルが伝播し展開されようとしているカメル
ーン北部州を事例に，スポーツハンティングがもたらす地域住民への影響を実
証的に解明することを本書の目的として論考を進めてきた．

　第2章では，スポーツハンティングと地域社会の関係を分析する前提として，
本書の調査地であるカメルーン北部州におけるスポーツハンティングの歴史と
現状を分析した．また，狩猟区でおこなわれているスポーツハンティングと，
国立公園でおこなわれているサファリの比較もおこなった．

　その結果，カメルーン北部州におけるスポーツハンティングは，委任統治時
代にフランスによって整備された狩猟規則などの制度を踏襲しつつ，欧米の富

172

裕層によって今日までおこなわれてきたことが明らかとなった．独立以降，
1980年代後半の経済危機などにより，来訪するハンターの人数は一時的に減
少するものの，再び増加しつつあった．

その背景には，国内の経済状況の改善および通貨の切り下げにともなう現地
経費の低減などの事象以外に，政府による積極的な「てこ入れ」があった．政
府は，サファリに比べて300倍以上もの多額の税収をもたらすスポーツハンティ
ングを，北部州に生息する野生動物管理のための資金供給源として重要視し，
狩猟区や捕獲枠を拡大させる政策をとってきた．その結果，スポーツハンティ
ングによる税収は増額し，インフラ整備の遅れなどから衰退する国立公園にお
けるサファリとは異なり，北部州におけるスポーツハンティングは自然保護行
政を支える柱，そして政府およびヨーロッパからの観光事業者にとってのビジ
ネスとして活発化していた．しかし，スポーツハンティングがおこなわれてい
る，一部の他のアフリカ諸国と同様に，捕獲枠制度の形骸化や狩猟規則の違反
が問題として指摘された．

第3章では，本書の主題である，スポーツハンティングと地域社会の関係の
実態を詳究するために，北部州東部の狩猟区3にあるA村を事例に，農耕民
ディーおよび遊牧系フルベの生活実践と，スポーツハンティングの関係を実証
的に解明した．

A村の住民は，農業，狩猟，漁労，採集を中心とした自然資源に依存した
生活を営み，特に，日々のタンパク源として野生獣肉に強く依存していた．同
時に，狩猟禁忌や民間説話，儀礼を通して，野生動物との間に精神・文化的な
関係を築いていた．そして，A村の農耕民と遊牧系フルベは，土地や資源の
利用をめぐる争いを起こしつつも，刈跡放牧や家畜預託などを通して友好と対
立という重層的な関係を築いていた．

スポーツハンティングがおこなわれることによって，A村の人々の一部は，
キャンプでの雇用によって現金収入を得るほか，狩猟区の借地料の分配を享受
していた．しかし，雇用機会の恵与や借地料の分配は，農耕民および遊牧系フ
ルベの間，そしてA村の人々の間に等しく与えられていなかった．一方で，
A村の住民および遊牧系フルベによる生業活動，特に狩猟区内外における狩
猟は，政府と観光事業者によって極端に制限され，違法行為として逮捕と罰金

終　章

による制裁が課せられていた.

　これに対して，農耕民であるＡ村の住民は不満や苦境を語り，逮捕される危険を冒しつつ，密猟活動をおこなっていた．また，遊牧系フルベは政府からの命令を無視あるいは暴力による強硬な対抗姿勢を示すことで，利益を最大化させようとしていた．一方で，政府およびヨーロッパからの観光事業者は，地域住民に対する強権的な対処の根拠として，「地域住民による資源利用は，非持続的である」という一致した見解をもっていた．また，近年導入された「住民参加型保全」の論理に沿った政策が進められることによって，住民に対する利益分配などの拡充が進展していた．しかし，同時に狩猟区内の土地利用に関する主体や規定が明確にされることで，スポーツハンティングと地域住民の活動領域の線引きがなされ，「野生動物資源の持続可能性を損なう」ことを論拠とした，住民に対する生業制限は固持されたままであった.

　第４章では，北部州西部のマナ狩猟区において，Ｘ村およびＹ村の住民，遊牧系フルベの生活実践，そしてスポーツハンティングとの関係に対する分析をおこなった.

　この地域は，約20年前からスポーツハンティングが周辺でおこなわれているＡ村とは異なり，近年，狩猟区が設定され，今後スポーツハンティングによる観光開発がおこなわれようとしていた．しかし，Ｘ村の住民は，賃借した観光事業者の存在だけでなく，自分たちが住んでいる土地が狩猟区に設定されたことさえ知らされていなかった．遊牧系フルベは，スポーツハンティングの「障害」になるという理由で，政府によって排除させられようとしていた．また，スペインからの観光事業者がラミドに要請することによって，好猟場とされた地域にあった２つの村は強制的に移住させられた．その結果，「義務」を意味し，「支配に対するあきらめ」という名前を冠したＹ村が誕生していた．このような現状に対して，この地域の歴史的な権力関係に注目し，狩猟区の設定過程における地域社会のローカルな実態に迫った．その結果，この背景には，王（ラミド），臣下（ワキリ），村長（ジャウロ）という伝統的な権力構造が利用されていたことが明らかになった.

第1節　護るために「殺されるもの」と欠けた柱

　以上をふまえ，まず本節では，「要塞型保全」から「住民参加型保全」への
パラダイムシフトの歴史と，欧米社会でのスポーツハンティングをめぐる議論
を引用しつつ，カメルーン北部州におけるスポーツハンティングと地域社会の
関係の実態を分析する．現代において，スポーツハンティングは「護るために
殺す」という論理で，「持続可能性」を備えた「住民参加型保全」を支える重
要なツールとして台頭していた．それとともに，野生動物は「資源」あるいは
「Wilderness の象徴」という観点に基づいて，スポーツハンティングの是非を
めぐって議論が展開されている．しかし，この過程と議論において，誰が何を
護るために，何を殺していたのだろうか．そして，そこには何が欠けていたの
であろうか．

　政府に多くの収益をもたらし，野生動物保全活動を経済的に支持するという
点で，特に保護区などの運営資金源に乏しいアフリカにおいて，スポーツハン
ティングの存在意義は大きい．また，「住民参加型保全」の枠組みに組み込ま
れることで，スポーツハンティングは地域社会への経済的便益の還元（雇用機
会の創出，観光収益の還元，公共施設の提供など）の供給源としても機能し，地
域社会の経済的発展や貧困削減を促進するツールとなる可能性がある（e.g.
Lewis and Alpert 1997；Lindsey et al. 2007）．カメルーン北部州においても，ス
ポーツハンティングは，野生動物保全活動および地域社会への利益還元に貢献
する活動として，政府や観光事業者，国際的な自然保護組織に重視されていた．
狩猟区の拡大など，野生動物を殺して生み出される経済的便益によって野生動
物を保全し，そして地域社会も発展させるという意味で，「護るために殺す」
という論理が展開されていた．

　しかし，以下に説明するように，カメルーン北部州において，スポーツハン
ティングによって殺されていたものは，野生動物だけではなかった．地域住民
の生活実践，そして彼らの主体性もが，スポーツハンティングによって「殺さ
れていた」のである．

　まず，地域住民の生活実践のなかでも，野生動物を食料資源あるいは文化的

終　章

資源としてアクセスするための狩猟活動と，それに対する裁量権，そして生活を営む基盤となる土地に対する権利について分析していく．

カメルーン北部州において，野生動物の利用権および管理権は，政府，ヨーロッパからの観光事業者，そしてハンターに掌握され，地域住民による自然資源利用に関する裁量権もが，実質的に観光事業者に支配されていた．特に狩猟について，カメルーンの国内法では，地域住民による狩猟活動は「伝統的狩猟」の枠のなかでしか認められていなかった．これは，植物資源によって作られた猟具によって，ほとんどスポーツハンティングの対象とならない野生動物に限って認められるというものであった．そして，狩猟区内では，さらに狩猟ライセンスの取得と動物ごとにかかる狩猟税の納付が義務づけられていた．

しかし，「伝統的狩猟」に従い，十分な野生動物の肉を得ることは現実的には難しく，また，狩猟区内に住む村人たちには，高額なライセンス料や税金を納めるだけの経済的な余裕はまったくなかった．そのため，彼らは日々の食料やタンパク源のために，そして現金獲得のために，罰金や懲役刑という厳罰が科せられる密猟と自覚しつつも，狩猟に出かけて行っていた．

狩猟の実質的な禁止とは，生業だけではなく，精神文化的な対象として野生動物にアクセスすることも難しくしていた．A村では，密猟に対する取り締まりによって，狩猟儀礼はおこなわれなくなった．

ある観光事業者は，「住民は，自然を無料のレストランと考えている」と述べていた．しかし，地域住民は野生動物を「無料のレストラン」で提供される単なる「食事」としか考えていないわけではなかった．地域住民にとって野生動物とは，スポーツハンティングの是非をめぐる二項対立の議論においてみられるような「利益を生み出す資源」あるいは「手つかずの自然の象徴」だけではなかった．彼らにとって野生動物とは，日々の食料や現金の供給源だけでなく，同時に農作物被害をもたらす「敵」や，儀礼，タブー，説話の「主役」でもあった．そもそも，野生動物に対する価値や「野生」を定義する基準とは，人それぞれが，野生動物との歴史なかかわりから生成してきたものであり，「資源」などによって単一視することはできないとされる（丸山 2008；鈴木 2009）．つまり，カメルーン北部州において，本来，多様な側面から成り立つ人と野生動物の関係は，矮小化されていたといえる．

176

第 1 節　護るために「殺されるもの」と欠けた柱

　また，Y村に住む人々に対しては，好猟場から排除したいという観光事業者の思惑によって，強制移住が課せられた．Y村の人々は，家や畑，果樹，そして住み慣れた土地を捨て，それまでの移住のサイクルには入っていない，見知らぬ土地での生活を余儀なくされていた．つまり，彼（女）らは，食料や精神文化的な対象として野生動物にアクセスする権利だけでなく，野生動物との多様なかかわりなど，すべてを内包した生活を営むための基盤そのものを奪われていた．言い換えると，それは「物理的（身体的）にも精神的にも，人々がその『生』を再生産する領域」，つまり「『生』の領域」（福永 2010：167）が失なわれていたことを意味する．

　以上のように，スポーツハンティングとそのために制定されている法律によって，狩猟区のなかに住む村人は密猟者の烙印を押しつけられ，その生業は厳しく制限されていた．さらに，スポーツハンティングが新たに開始された地域では，突然それまでの生活基盤を崩壊させられた人々がいた．スポーツハンティングが活発におこなわれる一方で，地域住民の生活は厳しく制限されているという状況は，「欧米人に独占的に支配された狩猟権」と「地域住民の生業権の収奪」という植民地時代のような様相を呈していた．このような現状はつまり，スポーツハンティングによって，地域住民の生活は「護られる」どころか，生業活動や儀礼などを含めた住民の生活実践，そして，それを営むための生活基盤が「殺されていた」のである．

　つぎに，こうした状況が形成された過程において，地域住民の政治的意思決定への参加や，自治の尊厳が保障されていなかったことが指摘できる．

　歴史を紐解くと，アフリカにおける初期の自然保護政策である「要塞型保全」は，スポーツハンティングのための猟獣の確保を1つの大きな目的として，もともとその地域に住んでいた人々に対して，強制移住や生業活動の制限を課した．しかし，1980年代後半から，住民に対する強権的な政策は批判され，「住民参加型保全」へとモデルシフトした．

　これにより，植民地主義的手法からの脱却と，政策の意思決定におけるトップダウンから住民参加を謳ったボトムアップへの転換が期待され，住民に対する高圧的な対応は克服されるはずであった．そして，「住民参加型保全」によって自然保護と住民生活の向上の両立を実現させるためには，「自然環境，特

177

終 章

に野生動物の利用によって生み出される経済的便益を，地域住民に還元すること」だけではなく，「自然資源や土地の管理および利用に対して，地域住民が主体的に参加すること」の2点が重要な柱とされていた（Hackle 1999；岩井2009）.

「住民参加型保全」を現実的に支える活動として，スポーツハンティングを現代に復権させた「持続可能性」とは，野生動物を枯渇させずに消費的に利用し，経済的利益を生み出し，野生動物保全と住民生活の経済的向上の同時実現を図るという，一見，理想的な言説であった．そして，カメルーンにも，近年になって経済的便益の還元と地域住民の主体性の尊重を二本柱として，地域住民を主たる保全活動の担い手にするという「住民参加型保全」モデルが導入されたはずであった.

ところが，野生動物森林省や観光事業者，そして国際的な自然保護組織が参加して，野生動物保全やスポーツハンティングについて話し合う会議に，これまで狩猟区内に住む村人が呼ばれたことはほとんどない．A村は，周辺の村落とともに村落委員会を組織し，農作物被害を起こす野生動物の駆逐や獣肉の分配などを政府に請願しているが，ほとんど聞き入れられていない．地域住民の見解や生活の現状は，野生動物保全およびスポーツハンティングに関する政策に，ほとんど反映されていないのである．また，Y村の強制移住において，歴史的な支配関係が利用され，村人らはラミドの命令によって，反論の余地もなく移住させられた．そもそも，新たに設定されたマナ狩猟区は，都市に住む一部の権力者によって発案され，設定のための手続きが進められていった．その際，確かに狩猟区となる地域に住む人々には，それに対する異議を申し立てる期間は設けられていた．しかし，その猶予期間について書かれた書類が村に届いたのは，すでに狩猟区が設定された後であった．村人に対して，狩猟区がどういったもので，設定されるとどのような影響が彼（女）らの生活にもたらされるかについての説明は全くなされなかった．そのため，たとえ設定前に書類が届けられていたとしても，村人にとっては，状況がわからないままにいきなり賛否の選択を突きつけられたであろう.

第2章で論じたように，カメルーンにおけるスポーツハンティングは国家的に推進され，それによる税収は年々増加していた．カメルーン北部州では，民

族間や村内での不平等という問題は存在しつつも，経済的便益の還元の拡充は進められていた．しかし上記のように，スポーツハンティングがおこなわれている狩猟区に住んでいる当事者であるにもかかわらず，農耕民や牧畜民からなる地域住民は，野生動物の保全や利用に関する意思決定過程から排除されていたといえる．すなわち，カメルーン北部州では，「住民参加型保全」へのモデルシフトにおいて重要とされた 2 つの柱のうち，地域社会に対する経済的便益の還元を図るという 1 つめの柱が存在するだけで，地域住民の主体性を重視するという 2 つめの柱は抜け落ちていたことになる．つまり，カメルーン北部州におけるスポーツハンティングと野生動物保全政策によって，地域住民の生活実践およびその基盤だけではなく，彼（女）らの主体性までもが「殺されていた」のである．

　本節で述べてきたように，カメルーン北部州の狩猟区に住む人々の視点に立脚すると，彼（女）らにとっては，スポーツハンティングおよび野生動物保全政策が身近になることで，「持続可能性」という「新しい」言説によって，「古い」植民地主義的な制限が，「新たに」彼（女）らの生活に押しつけられていたといえる．以上のように，スポーツハンティングと地域社会の実態を分析することによって，その裏側には，植民地時代の「支配」や「開発」という看板は外されたものの，現代における「自然保護」や「持続可能性」という看板に掛け替えられただけであり，帝国主義的あるいは植民地主義的な様相は依然として現存することが明らかとなった．

第 2 節　「持続可能性」と重い歴史の「桎梏」

　近年導入された「住民参加型保全」モデルに部分的に準じて，カメルーン北部州においても，地域住民に対する経済的便益の還元の拡充は図られていた．しかし，「野生動物資源の持続可能性を損なう」ことを論拠とした地域住民に対する生業制限は固持されたままであった．そして，地域住民の生業権が剥奪されている現状を正当化するために，政府と観光事業者は，「彼らは動物がいなくなってしまっては元も子もないということを理解しておらず」，「住民は，狩猟にかかる税金も納めなければ，動物の性別，年齢も関係なく狩猟する．彼

終　章

らの狩猟は，持続的でないために禁止とされるのだ」と語った．つまり，政府
や観光事業者は，経済的観点，そして生態的観点から「元来，持続可能な，そ
して科学的な資源管理をおこなうことができない地域住民には，経済的便益さ
え与えればよい」，「札束で頬をはたいて黙らせておけばよい」と考え，かつて
の「要塞型保全」と同様に，地域住民を「排除するべきもの」としてみなして
いたといえるのではないだろうか．

　このような状況に対して，以下のような疑問がわき起こる．それは，1. なぜ，
「持続可能な，そして科学的な資源管理をおこなうことができない地域住民に
は，経済的便益さえ与えればよい」とみなされてきたのか，2. なぜ地域住民は，
悲惨な状況に対して抗わないのか，3. あるいは，なぜ地域住民は，政府や観光
事業者と話し合って悲惨な状況を改善できないのかというものである．

　本節では，スポーツハンティングの歴史や「持続可能性」という概念，そし
てアフリカの他地域の事例を導入することで，カメルーン北部州における問題
の背景を考察し，本書における考察の「着地点」としたい．

　まず，「なぜ持続可能な，そして科学的な資源管理をおこなうことができな
い地域住民には，経済的便益さえ与えればよい」とみなされてきたのかという
疑問についてである．

　そもそも，「持続可能性」とは，どのような概念であろうか．「環境と開発に
関する世界委員会（ブルントラント委員会）」が 1987 年に発行した 最終報告書
『Our Common Future』では，「持続可能な開発」という概念は「将来の世代
のニーズを満たす能力を損なうことなく，今日の世代のニーズを満たすような
開発」と説明されている．このニーズとは，「生存」という大前提はありつつ
も，たとえば最低限の生活を送るための収入や，家庭の安全，豪奢な生活など，
このうちのどれかというわけではなく，それはその時々の人々の考え，価値判
断によって変わりうるものであろう．つまり，ニーズが可変的でありうる以上，
「持続可能性」の概念もまた可変的とならざるをえない．

　カメルーン北部州では，政府やヨーロッパからの観光事業者は，「持続可能
な資源管理をおこなうことができない地域住民には，経済的便益さえ与えれば
よい」と固定的に考えていた．これはつまり，彼（女）らにニーズに対する選
択権を与えず，そしてニーズを満たされる対象から排除していたことを示唆す

180

る．地域住民にとってのニーズとは，なにか．それは，彼（女）らの生活を経済的に豊かにする貨幣かもしれない．または，毎日，子供たちに食べさせることができるぐらい十分な野生獣肉であろうか．あるいは，そのような物質なものではなく，仲間と狩猟に出かけ，獲物を仕留める喜びかもしれない．加えて，調査地には農耕民と牧畜民，そして，キャンプに雇用されている人とされていない人などの違いがあり，地域住民とは，けっして一枚岩ではなかった．つまり，調査地に住む人々のそれぞれのニーズとは，やはり固定的なものではないだろう．

　また，科学的・生態的な持続可能性とは，決して歴然とした真実として存在するわけではない．現在，世界中で野生動物管理の手法として，生態学的な「順応的管理」が導入されている（三浦 2008；和田 2008）．これは，個体数の絶対数などを求めるのではなく，仮説と実験，モニタリングによる検証という試行錯誤を繰り返すことによって，様々な指標からその動向を求めて野生動物を管理する方法である．しかし，こうした継続的な調査とフィードバックによる科学的手法であっても，野生動物自体の生態の未解明な部分や不確定な部分，そして，地域の特性などが関係し，「持続可能性」とは，絶対的な「点」ではなく，ある程度の「範囲」をもった「面」的な議論のなかでしか語ることができない（丸山 2006）．富田（2008）は，順応的管理において，この「範囲」のなかでおこなわれる問題設定，つまり「なにを問題とするか」というフレーミングが，ステークホルダー間である一定の「すりあわせ」のうえでおこなわれ「共有」されなければ，自然再生などの事業は頓挫すると指摘している．

　また，「持続可能性」をめぐって，西崎（2009）は，つぎのように指摘した．それは，狭義の「生態系の持続可能性」に絞った議論が主流になると，地域の経済，文化，制度的側面の検討が抜け落ちることがあり，その結果，生態的・科学的に持続的な資源利用は望めないという理由で地域住民の主体性は軽視され，保護活動から排除されることがあるというものであった．そして，佐藤（2009）は，「知の階級性」というキーワードを使って，国家が政策選択を正当化する基準として科学知をバックボーンとした技術的優位性などが幅をきかすようになると，ある人々がもつ，科学でも技術でもない「行為にかかわる知」，つまり暗黙知が等閑視される構造を説明した．

終　章

　カメルーン北部州におけるスポーツハンティングには，確かに，科学知に基づいた狩猟規則や捕獲枠が設定されていた．しかし，現実には狩猟規則に対する違反は存在し，捕獲枠はほとんど変化せず，高い生態学的な精度をもった野生動物管理は実現していなかった．それにもかかわらず，政府や観光事業者は，地域住民に対して「おまえたちの狩猟は持続可能ではない」と罵った．これはつまり，政府や観光事業者は，スポーツハンティングにおいて科学的な管理が徹底されているかは棚上げにして，西洋近代的な科学知の有無を口実に，地域住民を断罪しているといえる．

　すなわち，本書の事例においても「科学」というものが一種の権力性をもつことで，「計画的に野生動物を利用するスポーツハンティングおよびそれにかかわる保全政策」の正当性が強化され，それにかかわる言説や価値が正統性を得ていたことを示す（e. g. 福永 2010）．そして，「生態学的あるいは科学的か否か」という固定的な指標によって，ある主体が野生動物を利用し，「かかわり」をもつことの是非が規定されていたといえる．その結果，政府や観光事業者は，野生動物を経済的観点から「観光資源」として扱い，それを同様の観点から「住民がもとめているものは現金である」と，一方的にみなしていた．さらに，上述の西崎（2009）や佐藤（2009）が述べた「生態系の持続可能性」や「科学知」という科学的な観点によって，「野生動物を取り尽くしてしまうような地域住民は，札束ではたいて黙らせておくべき存在」として扱っていた．つまり，政府や欧米からの観光事業者は，本来，人々のニーズを基盤とし，可変的であるはずの持続可能性の定義を，「科学の権力性」によって恣意的にフレーミングし，カメルーンの狩猟区に住む人々を断罪していたといえる．

　さらに，歴史的な観点を投入して，考察を進めてみる．上記の富田（2008）や佐藤（2009）によるフレーミングに対する指摘は，主に環境保護が一般的概念となった現代において，その地域で政策論争が立ち上がり，ガバナンスが進められる段階における問題設定を問い直すものであった．しかし，つぎに分析するように，カメルーン，そしてアフリカでは，それよりもずっと前から，つまり娯楽としての狩猟が萌芽し，それが植民地支配の象徴とされていた時代から，「科学の権力性」をともなった生態的・科学的観点によるフレーミングと正統化が「蔓延」していた．

第 2 節 「持続可能性」と重い歴史の「桎梏」

　ヨーロッパからの観光事業者や西洋教育を受けたカメルーン政府関係者は，狩猟規則や捕獲枠に従っておこなわれるスポーツハンティングとの差異を念頭に，「住民は，狩猟にかかる税金も納めなければ，動物の性別，年齢も関係なく狩猟する」と語り，住民に対する生業活動の規制の正当性を主張した．つまり，彼らは，「持続的なスポーツハンティング」と「規則を無視する非持続的な住民による狩猟活動」という対比をおこなった．このような対比は，歴史的にみると「特権階級に属する人々」と「その下位におかれた人々」のあいだの狩猟における対比とオーバーラップする．つまり，中世西洋社会において「王侯貴族がステータスシンボルとしておこなう高貴な狩猟」の対極として「庶民がおこなう落とし穴や罠をつかった野蛮な狩猟」を位置づけたこと，さらに20世紀初頭にアフリカ大陸に入植した当時の西洋人が，自分たちのおこなう「高貴で自制的なスポーツハンティング」と，「アフリカ人による野蛮で無計画な狩猟」を差別化した構造と酷似している[125]．

　以上の考察から，1つめの疑問に対して，つぎのような「答え」が導き出せる．現代のカメルーン政府関係者や観光事業者は，異口同音に「ハンター（白人）とは異なり，地域住民（アフリカ人）は，（元来）野生動物保護を理解しておらず，彼らには持続的な資源管理は無理である」と述べた．この背景には，中世西洋社会において萌芽した娯楽のための狩猟が歴史的に有していた権力性と排他性が，現在まで歴史的な二重基準として生き残り，「科学の権力性」とともに「持続可能性」という曖昧な概念に絡みついたことによって，カメルーン北部州における地域住民の生活実践や主体性が「殺される」状況に陥ったと考えられる．つまり，「持続可能性」をフレーミングする科学，スポーツハンティングにおける権力性と排他性，アフリカにおける植民地支配の歴史という3つが結託し，地域住民にとって悲惨な現状が生み出されていたと考えられる．

　2つめの疑問は，「なぜ地域住民は，悲惨な状況に抗わないのか」ということについてである．しかし，その前に上記のような，ある種の「権力による支配」によって現状が生み出されていたことが明らかになったことから，この疑問を書き換えなければならないだろう．つまり，「なぜ地域住民は，悲惨な状況に抗うことができないのか」と，問わなければならない．この疑問に対して

125　第1章第2節1.および2.参照.

終 章

は，調査地における歴史的な支配関係と，スポーツハンティングの功罪という
2点から分析してみる．

　他のアフリカ諸国では，自然保護の名の下に行われた圧政に対して，地域住
民らが自らの権利を示す活動に出ている地域がある．たとえば，ケニアやタン
ザニア，ボツワナでは自然保護や開発などの理由で土地を追われた人々が，そ
の土地の所有権をめぐって暴力的な直接行動に出たり，あるいは当局側との法
廷闘争へと持ち込んだ例がある（岩井 2008；目黒 2010；丸山 2010）．調査地にお
いても遊牧系フルベによる多少の抵抗はみられた[126]．それではなぜ，特に狩
猟区に住む農耕民は，このような行動に出ることができないのか．

　土地所有に関して述べると，東・南アフリカ諸国では，私有地や共有地が多
く設定されている．こうした土地制度に基づいて，たとえばケニアでは 1968
年に集団ランチ制度が導入され，地域住民は土地所有権を集団的に獲得した
（目黒 2010）．一方で，カメルーンでは，すべての土地は基本的に国有地である．
スポーツハンティングがおこなわれる狩猟区においても，観光事業者は借地料
を支払い，その土地の動植物の利用権を得ているにすぎない[127]．つまり，調
査地において農耕民や牧畜民が住む土地は，法律的には「彼らの土地」ではな
い．

　しかし，法律上，彼らの土地でなくとも，いまそこに住んでいる土地として，
そして彼らの先祖が住んできた土地として，その場所の所有権を主張し抵抗す
る可能性も考えられる．タンザニアに住むイコマの人々が近代的な抵抗運動を
はじめたきっかけは，その土地が先祖伝来の土地であるという文化的主張が大
きく関与しており，「民族アイデンティティをかけた土地への愛着は，運動の
基盤として必要条件である」という（岩井 2008：518）．土地を追われた Y 村の
男性が，「私も，私の先祖もあそこで生まれ育ってきたのだ」と語ったように，
彼らに土地に対する愛着がないわけではない．

　ところが，ここにはその地域の歴史がかかわっている．A 村に住む人々は
約 1 世紀前から牧畜民フルベによって建国されたレイ・ブーバ王国の被支配民
族とされてきた（Mohammadou 1979；嶋田 1995）．X 村および Y 村の人々もや

126　第 3 章第 5 節 3. 参照.
127　第 2 章第 2 節 1. 参照.

184

第2節 「持続可能性」と重い歴史の「桎梏」

はり，ラミドを頂点とする伝統的な支配構造の下部組織に属していた．そして，A村およびY村の村人らは，「この土地は白人が買ったのだ」と口をそろえて語った[128]．つまり，村人たちは，「支配者」がラミドから，ヨーロッパからの観光事業者に移行しただけと考えており，この地域の歴史的な権力構造が，土地への愛着から実力行使をともなった抵抗運動へ発展する妨げになっている可能性がある．スポーツハンティングのために，住む場所を追いやられ生業に対する規制をかけられても，現在のところ目立った抵抗運動がみられない背景には，こうした歴史的な支配構造が一因として作用しているとも考えられる．

　以上のように，圧政に苦しむ人々が直接行動に出ない要因として，地域特有の歴史的な支配構造を指摘した．ほかの原因として，カメルーンに「住民参加型保全」モデルが導入されてまだ間もないという，制度整備の遅れが考えられる．あるいは，たとえばボツワナのブッシュマンとは異なり，調査地の人々は「先住民」とされておらず[129]，先住民支援団体やNGOからのサポートを得られていない現状が関係しているとも考えられる（e. g. 丸山 2010）．

　しかし，狩猟区で生きる地域住民が，現状に対して抗うことができない別の大きな要因として考えられることは，スポーツハンティングがもたらす「光」である．

　この「光」とは，キャンプに雇用されている，あるいは利益分配を受けている村落に住む一部の人々にもたらされる経済的便益である[130]．特に，A村の人々にとってキャンプでの仕事とは，彼らは「奴隷のように扱われる」と語りつつも，農業収益を上回る魅力的な現金稼得活動であった．このような状況から，一部の地域住民はスポーツハンティングをおこなう観光事業者や政府に対して，直接行動を起こすことによってスポーツハンティングによってもたらされる「光」が弱くなる，あるいは消えてしまうと考えているかもしれない．つまり，A村の事例で明らかにしたスポーツハンティングによる雇用機会の創出，

128　第3章第5節4. および第4章第3節参照.

129　ただし，地域住民のうち，遊牧系フルベは，国連により先住民（英：Indigenous people）に認定されており（Pelican 2008），カメルーン国内でも彼らを支援する団体MBOSCUDA（英：the Mbororo Social and Cultural Development Association）が組織されている．マナ狩猟区からの遊牧民フルベの排除に関しても，MBOSCUDAは活動を始めており，この動向に今後も注目していきたい.

130　第3章第3節参照.

終 章

狩猟区の借地料の還元，公共施設の提供が現時点でも不平等かつ限定的であるのに，さらにそれすらも縮小してしまうことを懸念している可能性がある．

逆に考えると，雇用や利益還元の対象とされている農耕民に比べて，それらの恩恵を享受する対象とされていない遊牧系フルベが，密猟監視員に対する傷害や政府の勧告の無視などの抵抗に出ているのも，こうした「光」にかかわる事情に起因していると考えられる[131]．

また，カメルーン政府は，狩猟区に住む人々にとって悲惨な状況を生み出している「共犯者」であるといえる．しかし，政府がスポーツハンティングではなく自国民の生活を重視する政策を打ち出せない理由も，スポーツハンティングからの「光」に縛られているためと考えられる．カメルーン北部州におけるスポーツハンティングは，国立公園でのサファリの 300 倍以上に相当する約 1 億円もの莫大な税収を生みだし，カメルーン政府にとって貴重な外貨獲得源であった[132]．

2008 年に，カメルーン政府は北部州におけるスポーツハンティングによって約 5 億 6,610 万 CFA（約 9435 万円）[133] の税収を得て，そのうち 2.1％にあたる約 1,408 万 CFA フラン（約 235 万円）を北部州の狩猟区内にある村落に還元した．他のアフリカ諸国と比較すると，ザンビアでは全体の収益の 12％，タンザニアでは 25％が地域住民への利益分配に充てられており（Lindsey et al. 2007），カメルーン北部州ではその割合が相対的に低いことが指摘できる．

しかし，カメルーン政府が地域社会に対する利益還元の比率を東・南アフリカ諸国並に引き上げ，スポーツハンティングではなく，狩猟区に住む人々を重視するような政策に転換すれば，スポーツハンティング観光に悪影響が出ることは十分に考えられる．つまり，「貧しい国々」の代表格ともされるアフリカの一発展途上国にとって，スポーツハンティングによって裕福な欧米先進国か

---

131 カメルーン東部州でも狩猟区を経営している観光事業者のキャンプで働く A 村の住民によると（男性 21 歳，2009 年 1 月 24 日），2007 年，東部州のある狩猟区で，ひとりの事業者が地元の密猟者を撃ち殺したという．これに対して，殺された密猟者の家族だけでなく，その人が住んでいた町の人々も，次々にキャンプに押し寄せ，焼き討ちをかけたという．町の人々が加勢したのは，その町だけがキャンプから仕事を与えられる対象になっていなかったことが原因だったと，この男性は語った．

132 第 2 章第 2 節 3. 参照．

133 狩猟区借地料，狩猟税，ライセンス料，銃など武器に対する税金などを含む．

186

らもたらされる多額の外貨を，どぶに捨てるようなことができるだろうか．

　以上のように，圧政に苦しむ地域住民が抗うことができない，あるいは政府がその惨状の是正に乗り出せない要因として，カメルーン政府および北部州に住む一部の人々は，歴史的な支配構造およびスポーツハンティングがもたらす「光」という2重の鎖につながれていることが指摘できる．

　最後に，3つめの疑問，「なぜ地域住民は，政府や観光事業者と話し合って，悲惨な状況を改善できないのか」についてである．

　2000年代以降，多様な主体による環境利用・管理のあり方が注目され，「環境ガバナンス」というそれらの諸問題を包括する概念のもと，「合意形成」，「市民参加」などをテーマとした議論が幅広くなされてきた．現代は，「環境保全のためには多くの人の関わりが必要だ」と当たり前のように語られ，「環境ガバナンスが人口に膾炙する時代」（脇田 2009：6）とされている．また，近年，「市民参加」や「住民参加型保全」，そしてエコツーリズムの文脈に沿って，住民自身による観光経営の可能性が議論されている．「地域社会に（保護区とそこでの観光活動の）営業権を付与すれば，地域に所得源を創出し，保護によって資源を利用できなくなったことによる地域住民の損失に対して穴埋め」ができるといわれている（イーグルズほか 2005：282）．

　しかし，こうした議論は，アフリカあるいはカメルーン北部州では，どのくらい現実的に考えることができるだろうか．

　まず，住民自身による観光経営について検討する．他のアフリカ諸国での事例からは，地域住民自身によるサファリなどの観光業全体はもとより，ロッジ経営でさえ困難であると報告されている（關野 2010；Meguro and Inoue 2011）．あるカメルーン政府関係者は，カメルーン人が欧米人のようにスポーツハンティング経営をおこなうことは不可能であると語った（男性50歳代，2007年5月11日）．欧米の観光事業者は，個人的な友人関係や国際的な狩猟団体の集会を通じて，そしてインターネットや狩猟雑誌に広告を載せて，多くの富裕層を集客している．そのため，アフリカなどの現地の人が事業者としてスポーツハンティング観光を経営しようとした場合，主要な客層である欧米人ハンターと人脈を創り，広告などの技術的な問題をクリアする必要がある．

　エコツーリズムにおいても，上記のような，現地の人々が独力で海外からの

終 章

観光客を集めることのシステム的な困難さが指摘されている（Kiss 2004）．スポーツハンティングの場合，住民自身が観光経営をおこなううえでの問題はこれだけにとどまらない．そこには，この政府関係者がさらに語ったように，権力と支配の象徴として歴史的におこなわれてきたスポーツハンティングにおける特有の問題があるという．それは，欧米からのハンターは，かつての植民地時代の狩猟客のように，人種間の優越感に浸るためにアフリカでスポーツハンティングをおこなっており，「白人は白人にホストしてほしいと願っている」ことであるという．彼は，西アフリカのブルキナファソで，現地の人々によってスポーツハンティング経営がおこなわれたが，上記のような理由で頓挫した実態をみたとも語った．つまり，スポーツハンティングの場合，地域住民が観光経営をおこなううえでの技術的な問題に加え，歴史的な人種的問題が横たわっていると考えられる．

つぎに，「合意形成」や「市民参加」について考察した場合，調査地において地域住民や観光事業者，政府関係者が同じテーブルについて，それぞれの見解を出し合い，協働や合意形成の素地となるような話し合いをすることが，果たしてどのくらいできるであろうか．2007 年 3 月に，狩猟区 3 の観光事業者が A 村を訪れた．しかし，観光事業者に「密猟者め」と罵られるばかりで，村人らは刑務所に入れられるのを恐れてなにも言えなかった[134]．それは「合意形成」や「市民参加」で語られる場とは，ほど遠いものだった．

さらに，テーブルにつく「地域住民」とは，誰であろうか．これまで明らかにしてきたように，狩猟区に住む人々とはいえ，民族や生業形態の違い，経済的便益の享受の程度や権力関係の差，外部社会との関わり方などから，彼（女）らは決して一枚岩ではなかった．これに関して，社会的な権力を有する外部者は，自らの都合によって，「地域住民」の範囲を設定することが指摘されている（Agrawal and Gibson 1999）．現在，調査地において，政府や観光事業者による経済的便益の付与と還元は，地域住民のなかでも農耕民に限定されていた．そのため，Agrawal らの指摘のように，今後，「合意形成」がすすめられるうえでも，恣意的な「地域住民」像が作り上げられ，人々はテーブルにつくのではなく，「つかされる」ことが懸念される．

---

134 第 3 章第 5 節参照．

第 2 節 「持続可能性」と重い歴史の「桎梏」

つまり，カメルーン北部州の場合，これまでの 2 つの疑問に対する分析のように，スポーツハンティングの歴史と功罪，地域社会内の権力構造，民族間関係などの歴史と現状から，「みんなで話し合ってなんとかしましょう」あるいは「住民主体で改善しましょう」と安易に提言することは，現時点では到底できないのである．

確かに，アフリカの他の地域では，「住民参加」をうまく利用した人々や，植民地支配の歴史の闇をも抵抗の力に変えた人々もいる．エチオピアのマゴ国立公園周辺に住む人々は，密猟を取り締まる自警団を組織し，当局側に協力姿勢を示すことで養蜂や狩猟の継続を自ら確保した（西崎 2009）．ケニアのマラゴリフォレストに住む人々は，植民地時代から今日まで続く，当局による村人の生活世界の無視に憤怒し，法廷闘争の準備をすすめるとともに，それまでの森とのかかわりを再生させようとしている（松田 2002）．

しかし，本書で明らかにしてきたように，カメルーン北部州の狩猟区に住む人々は，「科学の権力性」を孕んだ「持続可能性」，娯楽のための狩猟がもつ権力性，そして植民地時代から続くヨーロッパとアフリカ，および地域社会内の歴史的権力支配構造からなる，容易には抜け出せない重層的かつ複雑な状況に陥っていた．

現代のスポーツハンティングは，一部の研究者や政府によって，野生動物保全と地域開発を両立させ，生態的な持続可能性と経済的豊かさを実現し，ユートピアを創造するものとみなされている．

ところが，カメルーン北部州において，スポーツハンティングとは，偏重した「持続可能性」と，重い歴史の「桎梏」という「邪気」を帯び，地域住民の生業や主体性，人々と野生動物の「かかわり」を斬り刻み，あるいは斬り落とし，彼（女）らをユートピアならぬ，ディストピアへと陥れた「魔剣」であったといえる．

このような実態を念頭に，野生動物森林省と自然保護組織から村に配られた野生動物保全を訴えるポスターを眺めると，「悪い冗談であってくれ」と願わずにはいられない（写真 5-1）．

本書で取り上げたカメルーン北部州の現状は，特殊な事例であろうか．他のアフリカ諸国のおける自然環境や野生動物と地域社会をめぐる争いをみても，

終章

※　ポスターには以下のように書かれている
『野生動物は我々の「友人」である
彼らを傷つけないようにしましょう
彼らは観光客を我々の村に呼び寄せてくれる
彼らは「貧困」対策に寄与してくれる』

『野生動物を保護することに協力してください』

写真5-1　A村に配られた野生動物保全を訴えるポスター

欧米先進国との関係や，植民地支配に代表されるような歴史，そして各地域の事情や課題がなんらかの形で関係し，アフリカにおける「住民参加」を困難なものにしている（松田 2002；岩井 2008；西崎 2009；目黒 2010；丸山 2010）．

　近年，日本においても野生動物管理あるいは資源利用，観光開発の文脈において，狩猟の役割の大きさが改めて評価され，重視され始めている（梶ほか 2013）．また，読者のなかにも，アフリカの野生動物に憧れ，「貧しい」アフリカの人々の手助けにもなると考え，ケニアやタンザニアなどでサファリあるいはスポーツハンティングをすることを夢見ている人もいるかもしれない．

　しかし，本書で明らかにしてきたように，その地域の歴史や内実を見ずに，

第2節 「持続可能性」と重い歴史の「桎梏」

「護るために殺す（あるいは観る）」という論理で，シャッターを切れるだろう
か，あるいは引き金を引くことができるだろうか．

　観光あるいは自然保護とは，都市や先進国に住む「強者」の論理であるとい
う指摘がある（鬼頭 1999；古川・松田 2003）．権威主義的な強者の論理の押しつ
けではなく，その地域に住む人々，そして，その地域を訪れる人々が民主主義
的に「持続可能な社会」，「人と野生動物の共存関係」の青写真を描くにはどう
すればよいのか．私は，これからも現場でその答えを探し続けたい．

おわりに

　私が生まれて初めてアフリカの大地を踏んでから，もう 8 年が経った．最初の調査村を A 村に設定し，首長に滞在の許可を得て，小学校の先生の家に居候することとなった．しばらく日が経ったのち，あるとき食事に肉が登場した．村人たちが日常的に野生動物の肉を食べていることを知っていた私は，確信を得るために「これは何の肉？」と，ホストファーザーに聞いた．しかし，返ってきた答えは「牛肉だよ」というものだった．真っ黒に燻製された肉のかたまりは，明らかに家畜の肉ではなかったにもかかわらず．それから，村のなかで何度か肉を村人とともに食する機会があったが，彼（女）らは私を警戒して，いつも同じ偽りの回答をした．このような調子で半年のフィールドワークを終え，失意の底に沈みながら帰路についたことをよく覚えている．

　その後，初めて村人たちから狩猟や野生獣肉について聞き取りがおこなえるようになったのは，2 回目にあたる 10 ヵ月間のフィールドワークの半ばを過ぎてからであった．私が再び村にやってきたこと，フランス語によるコミュニケーションもそれなりにできるようになったこと，そしてなにより長期間滞在し，村人たちと打ち解けることができたことが，彼（女）らが狩猟に関して口を開いてくれるようになった大きな要因であろう．「アキトは，もうこの村の住民だ」と村のおばさんに言われ，仲のいい若者には「今度，一緒に罠猟に行かないか？」と言われたときは，それこそ涙が出るほど嬉しかった．やがて，この地域の野生動物をめぐる当局と住民の間の軋轢の実態を詳しく知ることができるようになった．

　本書では，こうしたフィールドワークで得られた知見をもとに，スポーツハンティングとそれを基盤にした野生動物保全政策によって，狩猟区内に住む農耕民，牧畜民の生活がいかに崩壊させられているか，その暗い現実をリアルに描いた．

　しかし，この植民地時代のような現状は変えられないのだろうか．実は，か

おわりに

すかな希望がないわけではない.

2011年に，A村の近くのキャンプに若いスペイン人が，新しいマネージャーとしてやってきた．彼はこれまでのマネージャーとは異なり，村の祭りに参加し，村人と一緒に酒を飲み交わした．これに対して，村人たちは「あいつはこれまでの白人とは違う」と好印象をもっていた.

現在，村人と観光事業者やハンターの間には，雇用関係以外，ほとんど交流がない．ほとんどの村人にとって，彼らは四輪駆動車で土煙を上げながら村を突っ切るだけの存在である．観光事業者やマネージャーにとって，村人は「密猟者」であり，スポーツハンティングのための資源を横取りする「盗人」である．また，ハンターにとって，村人は，電気もガスもない村で貧しく暮らすアフリカ人，あるいはマネージャーに呼ばれ，キャンプで踊りを披露してくれるダンサーでしかない.

つまり，現在，地域住民と政府，観光事業者，ハンターはいがみ合う「他者」であり，お互いの見解を把握していない状態にある．安易な提言はできないような現状ではあるが，まず，あの若いスペイン人のように，お互いに歩み寄り，理解を深めることから始めなければならないのではないだろうか.

現在，カメルーンは「住民参加型保全」への転換期にあり，野生動物保全政策，スポーツハンティング，地域住民の生活との関係は，これからもめまぐるしく変化していくことが予想される．また，調査の対象とした人々の生活，文化，思いなども決して固定的ではないだろう．私は，フィールドワーカーとして，変化する地域の現状に関わり続け，彼（女）らの「歩み寄り」から始まる新たな「持続可能性」の創造と展開にかかわっていきたいと考える.

こんな私が著書を出すにまで至ったのは，多くの方々のご指導，ご協力があったからこそである.

突然，来訪したよそ者の私を受け入れてくれたA村，X村，Y村の人々には，感謝しきれない．特に，なんの見返りも期待せず，家族の一員として食住をともにさせてくれたSimon家およびMohammadou家，Hairou家のみなさまに心より感謝申し上げます．また友人であり，なにも知らない私の先生であったBobbo，Harouna，Dieudonné，Sanda，Simonがいたからこそ，私は現地で調査をおこない，生きることができた．深く感謝申し上げます.

野生動物森林省および科学研究開発省（Ministère de la Recherche Scientifique et de l'Innovation：MINRESI）からは調査許可を交付していただき，円滑に調査をおこなうことができた．また，野生動物森林省および WWF-Cameroon の職員，現地で出会った観光事業者の方々は，不躾な私の質問に親切に答えてくださった．ここに記して，感謝申し上げます．

京都大学大学院アジア・アフリカ地域研究研究科および東京大学大学院新領域創成科学研究科の諸先生方，先輩，後輩，事務のみなさまには，日々の研究活動から私生活に至るまで，本当にお世話になった．とりわけ，主指導教員であった山越言先生（京都大学）には，なかなか論考を深めることができない私にあきれつつも，辛抱強くご指導していただいた．市川光雄先生（京都大学），そして木村大治先生（京都大学）は，はじめてカメルーンを訪れた私に，フィールドワークのノウハウと魅力を教えてくださった．両先生のご指導がなければ，この本の完成はもとより現地でなにもできなかった．鬼頭秀一先生（東京大学）は，学部時代から環境問題を研究する意義と楽しさを私に教えてくださった．丸山康司先生（名古屋大学），瀬戸口明久先生（大阪市立大学），福永真弓先生（大阪府立大学），富田涼都先生（静岡大学），目黒紀夫氏（日本学術振興会／東京大学），山口亮太氏・山科千里氏（京都大学）には，お忙しいなか，本書の草稿にも目を通していただきました．みなさまのご指導に心より厚く御礼申し上げます．

本書にかかる研究は，以下の研究助成によって可能になった．記して感謝したい．平成 18 年度財団法人日本科学協会笹川科学研究助成，平成 21 年度公益信託澁澤民族学基金大学院生等に対する研究活動助成，日本学術振興会科学研究費補助金（特別研究員奨励費）「現代アフリカにおけるスポーツハンティングと住民参加型自然保護政策に関する研究」および「アフリカにおけるスポーツハンティングの持続可能性と地域住民の生活実践に関する研究」，文部科学省科学研究費補助金（基盤研究 A）「熱帯アフリカにおける野生獣肉の利用に関する総合的研究」．

また，本書の刊行は，平成 24 年度公益財団法人京都大学教育研究振興財団研究成果物刊行助成の支援によって実現された．そして，勁草書房の長谷川佳子さんには，出版にかかわるすべてにおいてお世話になった．御礼申し上げます．

おわりに

　最後に，アフリカに行く私を心配しつつも，私の研究を様々な形で後押しし，温かく見守ってくれた家族に対する感謝の言葉はつきることはありません．

　私の研究，そして生き方を理解し，全面的に支えてくれた妻のゆり，そして疲れた心をいつも癒してくれた娘の琉花に心から感謝します．

2012 年 11 月

安田章人

初出一覧

　本書は，2010 年度に京都大学に提出した博士学位論文『アフリカの自然保護区におけるスポーツハンティングと地域住民の生活実践に関する研究——カメルーン共和国北部州ベヌエ国立公園を事例として』を加筆修正したものである．また，以下の論文と著書の全体，あるいは一部が，各章のもととなっている．

・安田章人，2013，「3.5 アフリカの事例」梶光一・伊吾田宏正・鈴木正嗣編『野生動物管理のための狩猟学』，朝倉書店．（第 1 章）
・安田章人，2009，「8.『持続可能な』野生生物管理の政治と倫理——アフリカの野生生物をめぐる一局面」，『環境倫理学』，鬼頭秀一・福永真弓編著，東京大学出版会，pp.130-145．（第 1 章，第 2 章，第 3 章）
・安田章人，2008，「自然保護政策におけるスポーツハンティングの意義と住民生活への影響——カメルーン共和国・ベヌエ国立公園地域を事例に」，『アフリカ研究』73，pp.1-15．（第 1 章，第 2 章，第 3 章）
・安田章人，2008，「狩るものとしての「野生」：アフリカにおけるスポーツハンティングが内包する問題——カメルーン・ベヌエ国立公園地域を事例に」，『環境社会学研究』14，pp.38-53．（第 1 章，第 2 章，第 3 章）
・Yasuda, A. 2011. "The Impacts of Sport Hunting on the Livelihoods of Local People : A Case Study of Bénoué National Park, Cameroon." *Society and Natural Resources*, vol. 24 No.8, pp.860-869. （第 3 章）
・Yasuda, A. 2012, "Is Sport Hunting a Breakthrough Wildlife Conservation Strategy for Africa? –A case study of northern Cameroon." *Journal of Field Action, FACTS（Field Actions Science）Report* Vol 6. （http://factsreports.revues.org/1362）（第 4 章）

参考文献

Adams, W. M. (2004), *Against Extinction: The history of Conservation*, Earthscan, London.

Adams, W. M. and Hulme, D. (2001), "Conservation & Community: Changing Narratives, Politics & Practices in Africa Conservation", in Hulme, D. and Murphree, M. (Eds.), *African Wildlife & Livelihoods: The Promise and Performance of Community Conservation*. James Currey, Oxford, pp. 9-23.

Adams, W. M. and Hutton, J. (2007), "People, parks and poverty: Political ecology and biodiversity conservation", *Conservation and Society*, Vol. 5 No. 2, pp. 147.

Agrawal, A. and Gibson, C. C. (1999), "Enchantment and disenchantment: the role of community in natural resource conservation", *World Development*, Vol. 27 No. 4, pp. 629-649.

Baker, J. E. (1997), "Trophy hunting as a sustainable use of wildlife resources in southern and eastern Africa", *Journal of sustainable tourism*, Vol. 5 No. 4, pp. 306-321.

Baldus, R. and Cauldwell, A. (2004), "Tourist hunting and its role in development of wildlife management areas in Tanzania", in Proceedings of the 6th International Game Ranching Symposium for International Foundation for the Conservation of Wildlife, July 6-9, in Paris, France.

Barnes, J. and Jones, B. (2009), "Game Ranching in Namibia", in Suich, H. Child, B. and Spenceley, A. (Eds.), *Evolution and Innovation in Wildlife Conservation: Parks and Game Ranches to Transfrontier Conservation Areas*. Earthscan, London, UK, pp. 113-126.

Barnett, R. and Patterson, C. (2005), *Sport hunting in the Southern African Development Community (SADC) region: an overview*, TRAFFIC East/Southern Africa, Johannesburg.

ベコフ M. (2005), 『動物の命は人間より軽いのか　世界最先端の動物保護思想』, 藤原英司・辺見栄訳, 中央公論新社.

Bohnhoff, L. K., Mathieu, K. and Marthe, A. (2002), *Dictionnaire de la longue dii (duru)*, Equipe de Littérature Dii, Mbé, Cameroun.

Bond, I. (2001), "CAMPFIRE & the Incentives for Institutional Change", in Hulme, D. and Murphree, M. (Eds.), *African Wildlife&Livelihoods: The Promise and Performance of Community Conservation*, James Curry Ltd., Oxford, pp. 225-242.

Bond, I., Harpe, B. C. D. d. l., Jones, B., Barnes, J. and Anderson, H. (2004), "Private land contribution to conservation in South Africa", in Child, B. (Ed.), *Parks in transition*. Earthscan, UK, pp. 29-61.

Boulét, J. (1972), *Les pays de la Bénoué*, Republique Unie du Cameroun Office de la

参考文献

Recherche Scientifique et Technique Outre-Mer.

Breuer, T. (2003), "Distribution and conservation of African wild dogs in Cameroon", *Canid News*, Vol. 6 No. 1. (online: http://www.canids.org/Canidnews/6/Wild-dogs-in-cameroon.pdf) (Last Accessed on December 16th, 2012)

Bryden, H. A. (1905), "Introductory", in Hutchinson, H. G. (Ed.), *Big Game Shooting*. Country Life library of sport, London, pp. 3-18.

キャリコット, J. B. (1995),「動物解放論争——三極対立構造」, 小原秀雄監修 鬼頭秀一・森岡正博・リチャード・エバノフ・戸田清解説『環境思想の系譜3 環境思想の多様な展開』, 東海大学出版会, pp. 59-80.

Caro, T., Pelkey, N., Borner, M., Severre, E., Campbell, K., Huish, S., Ole Kuwai, J., Farm, B. and Woodworth, B. (1998), "The impact of tourist hunting on large mammals in Tanzania: an initial assessment", *African Journal of Ecology*, Vol. 36 No. 4, pp. 321-346.

カートミル, M. (1995),『人はなぜ殺すか:狩猟仮説と動物観の文明史』, 内田亮訳, 新曜社.

Chape, S., Harrison, J., Spalding, M. and Lysenko, I. (2005), "Measuring the extent and effectiveness of protected areas as an indicator for meeting global biodiversity target", *Philosophical Transactions of the Royal Society*, Vol. 360, pp. 443-455.

Chapin, M. (2004), "A challenge to conservationists", *World Watch*, Vol. 17 No. 6, pp. 17-31.

Chardonnet, P., Clers, B., Fischer, J., Gerhold, R., Jori, F. and Lamarque, F. (2002), "The value of wildlife", *Revue scientifique et technique-Office international des épizooties*, Vol. 21 No. 1, pp. 15-52.

Child, B. eds. (2004), *Parks in Transition: Biodiversity, Rural Development and the Botton Line*. Earthscan, London.

クリストファー, A. J. (1995),『景観の大英帝国 絶頂期の帝国システム』, 川北稔訳, 三嶺書房.

CIRAD (Centre de Coopération Internationale en Recherche Agronomique pour le Dévelopement), DSCN (Direction dela Statistique et de la Comptabilité Nationale), and IITA (International Institute of Tropical Agriculture). 2000. La Consommation Alimantaire au Cameroun en 1996 Données de l' Enquête Camerounaise Après des Ménages (ECAM). Yaoundé, Cameroun.

Coltman, D. W., o'Donoghue, P., Jorgenson, J. T., Hogg, J. T., Strobeck, C. and Festa-Bianchet, M. (2003), "Undesirable evolutionary consequences of trophy hunting", *Nature*, Vol. 426, pp. 655-658.

Crandell, G. (1993), *Nature Pictorialized*, The Johns Hopkins University Press, U.S.A.

Cumming, R. G. (2005), *Thriling Adventures in the Forest and on the Frontier*, Kessinger Pub Co., U.S.A.

デンベック, H. (1979),『狩りと人間——動物の文化史 1』, 小西正泰・渡辺清訳, 築地書館.

ドロール, R. (1998).『動物の歴史』, 桃木暁子訳, みすず書房.

Dominique, E., Lambert, B. B. and André, N. (2007), "Mise en oeuvre du Plan d'Aménagement du PNB Implicationdes communautés à la protection du Parc National de la Bénoué: Elaboration des Cartes participatives et Suivi des paramètres socioéconomiques dans les ZIC 2 et 3", MINEF and WWF, Garoua, Cameroon.

イーグルズ，P.F.J.，マックール，S.F.，ヘインズ，C.D.（2005），『自然保護とサステイナブル・ツーリズム　実践的ガイドライン』，小林英俊訳，平凡社.

Eguchi, P. K. (1986), *An English-Fulfulde Dictionary*, Institute for the Study of Languages and Cultures of Asia and Africa (ILCAA), Tokyo, Japan.

江口一久（2003），『北部カメルーン・フルベ族の民間説話集 アーダマーワ地方とベヌエ地方の話』国立民族学博物館調査報告書 45, 国立民族学博物館.

Fletcher, J. and Morakabati, Y. (2008), "Tourism activity, terrorism and political instability within the commonwealth: the cases of Fiji and Kenya", *International Journal of Tourism Research*, Vol. 10 No. 6, pp. 537-556.

Flizot, M. P. (1963), "Rapport Annuel 1962-1963", Ministére de L'Economie Nationale, Secrétariat D'Etat au Développement Rural Direction des Eaux et Foréts, Inspection Nord des Chasse, Cameroon.

Flizot, M. P. (1964), "Rapport Annuel 1963-1964", Ministére de L'Economie Nationale, Secrétariat D'Etat au Développement Rural Direction des Eaux et Foréts, Inspection Nord des Chasse, Cameroon.

Fontenrose, J. E. (1981), *Orion: the myth of the hunter and the huntress*, Univ of California Press.

Frost, P. G. H. and Bond, I. (2008), "The CAMPFIRE programme in Zimbabwe: Payments for wildlife services", *Ecological Economics*, Vol. 65 No. 4, pp. 776-787.

福永真弓（2010），『多声性の環境倫理　サケが生まれ帰る流域の正統性のゆくえ』，ハーベスト社.

古川彰，松田素二（2003），「観光という選択──観光・環境・地域おこし」，古川彰・松田素二編著『観光と環境の社会学』，新曜社，pp.1-30.

墓田桂（2000），「構造調整計画以降のカメルーン経済」，『外務省調査月報』2：119-138.

Hackel, J. D. (1999), "Community conservation and the future of Africa's wildlife", *Conservation biology*, Vol. 13 No. 4, pp. 726-734.

Hart, D. (2010), "Hunter harassment goes high tech", *Petersen's Hunting*, Vol. 38 No. 4, pp. 13-14.

端信行（1971），「ドゥル族の焼畑作物とその作付様式」，『天理大学おやさと研究所研究報告』1, pp.16-38.

服部志帆（2003），『自然保護計画が狩猟採集民に与える影響：カメルーン東部州におけるバカ・ピグミーの例』，京都大学博士予備論文，京都大学大学院アジア・アフリカ地域研究研究科.

服部志帆，市川光雄（2005），「カメルーンにおける学術調査事情──東南部熱帯雨林地域に関する学術調査・保護活動を中心に」『海外学術調査・フィールドワークの手法に関す

参考文献

る調査研究』, pp. 297-338.

日野舜也（1974),「北カメルーン, Mbum 族村落の社会組織」,『アジア・アフリカ言語文化研究』7, pp. 1-51.

日野舜也（1987),「歴史の中のブーム族」, 川田順造編『民族の世界史 12 黒人アフリカの歴史世界』, 山川出版社, pp. 274-293.

Hofer, D., (2002), *The Lion's Share of the Hunt: Trophy Hunting and Conservation: a Review of the Legal Eurasian Tourist Hunting Market and Trophy Trade Under CITES: a TRAFFIC Europe Regional Report*, TRAFFIC Europe.

Holmes, P. (1893), *The story of exploration and adventure in Africa*, H. Altemus.

Hulme, D. and Murphree, M. (1999), "Communities, wildlife and the 'new conservation' in Africa", *Journal of International Development*, Vol. 11 No. 2, pp. 277-285.

Hussein, K., Sumberg, J. and Seddon, D. (1999), "Increasing violent conflict between herders and farmers in Africa: claims and evidence", *Development Policy Review*, Vol. 17 No. 4, pp. 397-418.

Hutchinson, H. G. (1905), *Big game shooting*, Country life library of sport, London.

ハンター J. A., (1957),『ハンター　猛獣王国ケニアでの 26 年間』, 川口正吉訳, 三笠書房.

市川光雄（1982),『森の狩猟民 ムブティ・ピグミーの生活』, 人文書院.

市川光雄（2002),「『地域』環境問題としての熱帯雨林破壊——中央アフリカ・カメルーンの例から」,『アジア・アフリカ地域研究』2, pp. 292-305.

Igota, H. and Suzuki, M. (2008), "Community-Based Wildlife Management: A Case Study of Sika Deer in Japan", *Human Dimensions of Wildlife*, Vol. 13 No. 6, pp. 416-428.

今村薫（2001),『砂漠の水——ブッシュマンの儀礼と生命観』, 田中二郎編『カラハリ狩猟採集民——過去と現在』, 京都大学学術出版会, pp. 175-230.

井野瀬久美惠（2009),『キリスト教ヨーロッパ世界における動物愛護思想の歴史的文脈——イギリスを例として』ヒトと動物の関係学 1, 岩波書店, pp. 69-91.

伊勢田哲治（2008),『動物からの倫理学入門』, 名古屋大学出版会.

IUCN (International Union for Conservation of Nature) (2005), "Resolutions and Recommendations World Conservation Congress Bangkok, Thailand 17-25 November 2004.", IUCN.

岩井雪乃（2008),「住民参加型保全の発展型としての土地権利運動——タンザニアとケニアの野生動物保全の歴史と現状」, 池谷和信・武内進一・佐藤廉也編『朝倉世界地理講座 12——大地と人間の物語. アフリカ 2』, 朝倉書店, pp. 510-521.

岩井雪乃（2009),『参加型自然保護で住民は変わるのか：タンザニア・セレンゲティ国立公園におけるイコマの抵抗と受容』早稲田大学モノグラフ 7, 早稲田大学出版部.

Jackson, J. J. (1996), "An International Perspective on Trophy Hunting", in Leader-Williams, N., Kayera, J. A. and Overton, G. L. (Eds.), *Tourist Hunting in Tanzania*. IUCN, pp. 7-11.

Jesse, E. (1846), *Anecdotes of Dogs*, G. Barclay, London.

参考文献

Journal Officiel de la République Française (1930), *Réglementation de la chasse au Cameroun, Rapport an Président de la République Française*, République Française.

ジュスラン, J-J. (2006),『スポーツと遊戯の歴史』, 守能信次訳, 駿河台出版社.

梶光一, 伊吾田宏正, 鈴木正嗣編 (2013),『野生動物管理のための狩猟学』, 朝倉書店.

菊池直樹 (1999),「エコ・ツーリズムの分析視角に向けて——エコ・ツーリズムにおける「地域住民」と「自然」の検討を通して」,『環境社会学研究』5, pp. 136-151.

Kingdon, J. and Pagel, M. (1997), *The Kingdon field guide to African mammals*, Academic Press, London.

Kirby, F. V. (1896), *In haunts of wild game : a hunter-naturalist's wanderings from Kahlamba to Libombo*, W. Blackwood, London.

Kiss, A. (2004), "Is community-based ecotourism a good use of biodiversity conservation funds?", *Trends in Ecology and Evolution*, Vol. 19 No. 5, pp. 232-237.

鬼頭秀一 (1996),『自然保護を問いなおす——環境倫理とネットワーク』, 筑摩書房.

鬼頭秀一編 (1999),『環境の豊かさをもとめて：理念と運動』福井勝義・秋道智彌・田中耕司企画編集, 講座人間と環境 12, 昭和堂.

Knight, J. (2000), "Introduction", in Knight, J. (Ed.), *Natural Enemies People-Wildlife Conflicts in Anthropological Perspective*. Routledge, London, pp. 1-35.

小林聡史 (2001),「アフリカの自然保護——保護区設定から住民参加型資源管理へ」『アフリカ研究』59, pp. 11-15.

クルーチ, J. W. (1971),『みごとな生命の連鎖 2』, 太田芳三郎訳, みすず書房.

Leader-Williams, N. (2009), "Conservation and Hunting: Frinedns or Foes?", in Dickson, B., Hutton, J. and Adams, W. M. (Eds.), *Recreational Hunting, Conservation and Rural Livelihoods*. Wiley-Blackwell, UK. pp. 9-24.

Leader-Williams, N. and Hutton, J. M. (2005), "Does extractive use provide opportunities to offset conflicts between people and wildlife", in Woodroffe, R., Thirgood, S. J. and Rabinowitz, A. (Eds.), *People and Wildlife: Conflict or Coexistence*, Cambridge University Press, Cambridge, pp. 140-161.

Lewis, D. M. and Alpert, P. (1997), "Trophy hunting and wildlife conservation in Zambia", *Conservation biology*, Vol. 11 No. 1, pp. 59-68.

Lindsey, P. A., Alexander, R., Frank, L., Mathieson, A. and Romanach, S. (2006), "Potential of trophy hunting to create incentives for wildlife conservation in Africa where alternative wildlife-based land uses may not be viable", *Animal Conservation*, Vol. 9 No. 3, pp. 283-291.

Lindsey, P., Roulet, P. and Romanach, S. (2007), "Economic and conservation significance of the trophy hunting industry in sub-Saharan Africa", *Biological Conservation*, Vol. 134 No. 4, pp. 455-469.

Logo, P. B., Abessolo, J. A. and Koulbout, D. (2006), "Towards conservation benefiting the poor in Cameroon? Origins and update of the ZICGC experience in participatory

参考文献

management and integrated development of protected areas in Lobeke, Boumba-bek and Nki in southeastern Cameroon", in Oviedo, G., Van Griethuysen, P. and Larsen, P. (Eds.), *Poverty, equity and rights in conservation: technical paper and case studies Joint IUCN-IUED Project.* IUCN, Geneva, Switzerland. pp. 80-93.

Lovelock, B. (2008), *Tourism and the consumption of wildlife: Hunting, shooting and sport fishing,* Routledge, New York.

Loveridge, A., Searle, A., Murindagomo, F. and Macdonald, D. (2007), "The impact of sport-hunting on the population dynamics of an African lion population in a protected area", *Biological Conservation,* Vol. 134 No. 4, pp. 548-558.

MacKenzie, J. M. (1997), *The Empire of Nature: Hunting, Conservation and British Imperialism,* Manchester University Press, Manchester, New York.

丸山康司 (2006), 『サルと人間の環境問題 ニホンザルをめぐる自然保護と獣害のはざまから』, 昭和堂.

丸山康司 (2008), 「『野生生物』との共存を考える」, 『環境社会学研究』14, pp. 5-20.

丸山淳子 (2010), 『変化を生きぬくブッシュマン 開発政策と先住民運動のはざまで』, 世界思想社.

松田素二 (2002), 「支配の技法としての森林保護——西ケニア・マラゴリの森における植林拒否の現場から」, 宮本正興・松田素二編『現代アフリカの社会変動 ことばと文化の動態観察』, 人文書院, pp. 323-344.

Mayaka, T. B. (2002), "Wildlife Co-Maragement in the Bénoué National Park-Complex, Cameroon: A Bumpy Rood to Institutional Development", *World Development,* Vol. 30 No. 11, pp. 2001-2016.

Maydon, H. C., Akroyd, R., Blaine, G., Drake-Brockman, R. E., Browne, E. D., Burrard, G., Butler, A. L., Cooper, A. L., Powell-Cotton, P. H. G., Gordon-Cumming, A. P., Duke, H. L., Hamilton, S., Knollys, A. C., Lyell, D., Ritchie, A. T. A., Simpson, M. W. H., Smith, N. B., Swayne, H. G. C., Tweedie, J. L. F., Varian, H. F. and Wood, R. C. (1932), *Big game shooting in Africa,* Seely, Service & Co., London.

Mbaiwa, J. E. (2008), "The Success and sustainability of consumptive wildlife tourism in Africa", in Lovelock, B. (Ed.), *Tourism and the consumption of wildlife hunting, shooting and sport fishing.* Routledge, New York, pp. 141-154.

目黒紀夫 (2010), 「地元住民が野生動物保全を担う可能性——ケニア南部・マサイランドにおける事例から」, 『環境社会学研究』16, pp. 109-123.

Meguro, T. and Inoue, M. (2011), "Conservation Goals Betrayed by the Uses of Wildlife Benefits in Community-based Conservation: The Case of Kimana Sanctuary in Southern Kenya", *Human Dimensions of Wildlife,* Vol. 16, pp. 30-44.

目黒紀夫 (2012), 「共存を可能にする＜境界＞の再生産 マサイ社会におけるライオン狩猟とゾウの追い払い」, 奥野克巳・山口未花子・近藤祉秋編『人と動物の人類学』, 春風社, pp. 241-264.

参考文献

ミゲット，R.（1995），「野生生物ハンターと愛鳥家──野生動植物保護の初期の動機について」，小原秀雄監修 阿部治・鬼頭秀一・リチャード・エバノフ解説『環境思想の系譜1 環境思想の出現』，東海大学出版，pp. 220-238.

MINEF.（2002），"Plan D'Amenagement et de Gestion du Parc et de sa Zone Peripherique 2002-2006, Cameroun", MINEF Cameroun.

三浦慎悟（2008），『ワイルドライフ・マネジメント入門　野生動物とどう向きあうか』岩波科学ライブラリー，岩波新書.

Mohammadou, E.（1979），*Ray ou Rey-Bouba, Traditions historiques des Foulbé de l'Adamawa*, Museé Dynamique du Nord-Cameroun, ONAREST, Garoua, Cameroun.

森岡正博（2009），「人間・自然──「自然を守る」とはなにを守ることか」鬼頭秀一・福永真弓編『環境倫理学』，東京大学出版会，pp. 25-35.

Muller, J. C.（2003），"Question d'identité L'héritage de la veuve de l'oncle maternel chew les Dii（Nord-Cameoun）", *L'homme*, Vol. 166, pp. 87-106.

中村生雄，三浦佑之，赤坂憲雄（2007），『狩猟と供犠の文化誌』叢書文化学の越境，森話社.

ナッシュ，R.（1995），「原野とアメリカ人の心」小原秀雄監修 阿部治・鬼頭秀一・リチャード・エバノフ解説『環境思想の系譜1　環境思想の出現』，東海大学出版，pp. 71-96.

Neumann, R. P.（2002），"The postwar conservation boom in British colonial Africa", *Environmental History*, Vol. 7 No. 1, pp. 22-47.

Neumman, R.（1998），*Imposing Wilderness*, University of California Press, Berkeley, CA.

Ngnegueu, P. and Fotso, R.（1996），*Chasse villageoise et conséquences pour la conservation de la biodiversité dans la réserve de biosphère du Dja*, ECOFAC, Yaounde, Cameroun.

西崎伸子（2009），『抵抗と協働の野生動物保護　アフリカのワイルドライフ・マネージメントの現場から』，昭和堂.

Njiforti, H. L.（1996），"Preferences and present demand for bushmeat in north Cameroon: some implications for wildlife conservation", *Environmental Conservation*, Vol. 23 No. 2, pp. 149-155.

野島利彰（2010），『狩猟の文化　ドイツ語圏を中心として』，春風社.

Novelli, M., Barnes, J. I. and Humavindu, M.（2006），"The other side of the ecotourism coin: Consumptive tourism in Southern Africa", *Journal of Ecotourism*, Vol. 5 No. 1-2, pp. 62-79.

小田亮（2000），『レヴィ＝ストロース入門』，ちくま新書.

小川了（1998），「牧畜民フルベ社会での農耕」，高村泰雄・重田眞義編『アフリカ農業の諸問題』，京都大学学術出版，pp. 87-113.

Okello, M. M., Manka, S. G. and D'Amour, D. E.（2008），"The relative importance of large mammal species for tourism in Amboseli National Park, Kenya", *Tourism Management*, Vol. 29 No. 4, pp. 751-760.

奥野克巳，近藤祉秋，山口未花子編著（2012）『人と動物の人類学』，春風社.

オルテガ・イ・ガセー（2001），『狩猟の哲学』，西澤龍生訳，吉夏社.

参考文献

Pearce, F. (2005), "Humans losing out to Africa's big game industry", *New Scientist.* Vol. 186, No. 2495, pp. 21.

Pelican, M. (2008), "Mbororo Claims to Regional Citizenship and Minority Status in North-West Cameroon", *Africa,* Vol. 78 No. 4, pp. 540–560.

Peluso, N. L. (1993), "Coercing conservation? : The politics of state resource control", *Global environmental change,* Vol. 3 No. 2, pp. 199–217.

Powell-Cotton, P. H. G. (1932), "French Equatorial Africa", in Maydon, H. C. (Ed.), *Big game shooting in Africa.* Seely, Service & Co., London, pp. 388–391.

Radder, L. (2005), "Motives of international trophy hunters", *Annals of Tourism Research,* Vol. 32 No. 4, pp. 1141–1144.

République du Cameroun (1985), "Rapport Anneul pour le Service Provinciale du Nord, de l'Extrême-Nord et de l'Adamaoua Période du 1er Juillet 1984 au 30 Juin 1985", Delegation Generale au Tourisme Service Provincial du Tourisme pour le Nord, Garoua.

République du Cameroun (1988), "Rapport Anneul de la Délégation Provinciale du Tourisme pour le Nord pour la Période du 1er Juillet 1987 au 30 Juin 1988", Ministère des Développement Industriel et Commercial Délégation Provinciale du Nord, Garoua.

République du Cameroun (2008), "Rapport Anneul de la Délégation Provinciale des Forêts et de la Faune du Nord Exercice 2007", Ministère des Forêts et de la Faune Délégation Provinciale du Nord, Garoua.

République du Cameroun (2009), "Rapport Anneul de la Délégation Provinciale des Forêts et de la Faune du Nord Exercice 2008", Ministère des Forêts et de la Faune Délégation Provinciale du Nord, Garoua.

République Fédérale du Cameroun (1970), "Tourism et Chasse dans le Nord Rapport d'activité du 1er Juillet 1969 au 30 Juin 1970", Région Administrative du Nord Eaux et Forêts et Chasses Commissariat Général au Tourism Délégation Nord, Garoua.

リトヴォ, H. (2001),『階級としての動物　ヴィクトリア時代の英国人と動物たち』, 三好みゆき訳, 国文社.

Roulet, P. A. (2004), "Chasse sportive et gestion communautaire de la faune sauvage en Afrique Centrale", *Game and Wildlife Science,* Vol. 21, pp. 615–632.

Roupsard, M. (1987), *Nord-Cameroun: ouverture et développement,* Impression et façonnage C. Bellée, Manche.

佐藤仁 (2009),「環境問題と知のガバナンス——経験の無力化と暗黙知の回復」,『環境社会学研究』15, pp. 39–53.

スコット, J. (1999),『モーラル・エコノミー　東南アジアの農民叛乱と生存維持』, 高橋彰訳, 勁草書房.

關野伸之 (2010),「地域のレジティマシーをつくるのはだれか——セネガル・バンブーン地域共同体海洋保護区の事例から」,『環境社会学研究』16, pp. 124–137.

参考文献

瀬戸口明久 (2008),「狩猟と皇族　雑誌『猟友』に見る動物をめぐる政治・科学・ジェンダー」,『動物観研究』13, pp. 39-50.

シェパード, P. (1975),『狩猟人の系譜　反農耕文明論への人間学的アプローチ』, 小原秀雄・根津真幸訳, 蒼樹書房.

嶋田義仁 (1994),「熱帯サヴァンナ農業の貧しさ」, 井上忠司・祖田修・福井勝義編『文化の地平線　人類学からの挑戦』, 世界思想社, pp. 475-495.

嶋田義仁 (1995),『牧畜イスラーム国家の人類学 サヴァンナの富と権力と救済』, 世界思想社.

シンガー, P. (2011),『動物の解放　改訂版』, 戸田清訳, 人文書院.

Small, E. (2012), "The new Noah's Ark: beautiful and useful species only. Part 2. The chosen species", *Biodiversity*, Vol. 13 No. 1, pp. 37-53.

Spong, G., Hellborg, L. and Creel, S. (2000), "Sex ratio of leopards taken in trophy hunting: genetic data from Tanzania", *Conservation genetics*, Vol. 1 No. 2, pp. 169-171.

National Institute of Statistics (2008), "Cameroon Statistical Yearbook 2008", National Institute of Statistics, Yaounde, Cameroon.

Steinhart, E. I. (2006), *Black Poachers, White Hunters: A Social History of Hunting in Colonial Kenya*, James Currey, Oxford.

鈴木克哉 (2009),「半栽培と獣害管理——人と野生動物の多様なかかわりにむけて」, 宮内泰介編『半栽培の環境社会学』, 昭和堂, pp. 201-226.

Taylor, R., (2001), "Participatory natural resource monitoring & management: implications for conservation", in Hulme, D. and Murphree, M. (Eds.) *African wildlife and livelihoods: the promise and performance of community conservation*, Heinemann, London, pp. 267-279.

Thirgood, S., Woodroffe, R. and Rabinowitz, A. (2005), "The impact of human-wildlife conflict on human lives and livelihoods", in Woodroffe, R, Thirgood, S, and Rabinwitz, A. (Eds.) *People and Wildlife Conflict or Coexistence?*, Combridge University press, pp. 13-26.

ターンブル, C. (1974),『ブリンジ・ヌガク　食うものをくれ』, 幾野宏訳, 筑摩書房.

Turner, M. D. (2004), "Political ecology and the moral dimensions of 'resource conflicts': the case of farmer-herder conflicts in the Sahel", *Political Geography*, Vol. 23 No. 7, pp. 863-889.

富田涼都 (2008),「順応的管理の課題と「問題」のフレーミング——霞ヶ浦の自然再生事業を事例として」,『科学技術社会論研究』5, pp. 110-120.

トマス, K. (1989),『人間と自然界——近代イギリスにおける自然観の変遷』, 山内昶訳, 法政大学出版局.

USDOI (United States Department of the Interior) (2007), *2006 National Survey of Fishing, Hunting, and Wildlife-Associated Recreation*, United States Department of the Interior United States Fish & Wildlife Service.

海上友明 (2005),『環境思想　歴史と体系』, NTT 出版.

参考文献

United Kingdom of Great Britain and Ireland. 1900. *Convention for the Preservation of Wild Animals, Birds, and Fish in Africa, Sighed at London, May 19, 1900*, House of Commons Parliamentary Papers, 1900. cd101 Vol. LVI 825.

和田一雄 (2008),『ニホンザル保全学　猿害の根本的解決に向けて』, 農山漁村文化協会.

脇田健一 (2009),「『環境ガバナンスの社会学』の可能性――環境制御システム論と生活環境主義の狭間から考える」,『環境社会学研究』15, pp. 5-23.

Weladji, R. B., and Tchamba, M. N. (2003), "Conflict between people and protected areas with in the Bénoué Wildlife Conservation Area, North Cameroon", *Oryx* Vol. 37 No. 1, pp. 72-79.

Western, D. and Wright, R. (1994), "The Back Ground to Community Based Conservation", in Western, D. and Wright, R. (Eds.), *Natural Connections: Perspectives in Community-Based Conservation*. Island Press, Washington D.C., pp. 1-14.

Wilkie, D. S. and Carpenter, J. (1999), "The potential role of safari hunting as a source of revenue for protected areas in the Congo Basin", *Oryx*, Vol. 33 No. 4, pp. 340-345.

Wolmer, W. (2005), "Wilderness gained, wilderness lost: wildlife management and land occupations in Zimbabwe's southeast lowveld", *Journal of Historical Geography*, Vol. 31 No. 2, pp. 260-280.

WTO (World Tourism Organization) (2003), "WTO in Africa 1996-2003", WTO.

WWF (World Wide Fund for Nature) (1999), "Les Formations Ripicoles du Parc National de la Bénoué : Typologie, Diversité et Utilisation par la Faune Sauvage", WWF, Cameroun.

WWF (2000), "Les activités cynégétiques dans la province du Nord Cameroun entre 1983 et 1997", WWF, Cameroun.

WWF (2004), "Annnual Report 2004", WWF, Central Africa Regional Program Office.

山極寿一 (2003),「内戦下の自然破壊と地域社会――中部アフリカにおける大型類人猿のブッシュミート取引と NGO の保護活動」, 池谷和信編『地球環境問題の人類学――自然資源へのヒューマンインパクト』, 世界思想社, pp. 251-280.

山村高淑 (2006),「開発途上国における地域開発問題としての文化観光開発：文化遺産と観光開発をめぐる議論の流れと近年の動向」,『国立民族学博物館調査報告』61, pp. 11-54.

安岡宏和 (2010),「バカ・ピグミーの狩猟実践――罠猟の普及とブッシュミート交易の拡大のなかで」, 木村大治・北西功一編『森棲みの生態誌　アフリカ熱帯林の人・自然・歴史』, 京都大学学術出版会, pp. 303-331.

頼順子 (2005),「中世後期の戦士的領主階級と狩猟術の書」,『パブリックヒストリー』2, pp. 127-148.

全日本狩猟倶楽部 (1973),『日本狩猟百科』, 全日本狩猟倶楽部.

＜新聞＞

朝日新聞　1959 年 11 月 23 日東京朝刊　『狩猟ブーム　若い人にも流行』.

Economist, July 17, 1993 "Good shots. benefits of hunting in Africa".

The Times, May 7, 1900, "Big Game in Africa".

The Washington Post, May 8, 2005 "Mouse Click Brings Home Thrill of the Hunt".

＜ウェブサイト＞

La Tribune de l'Art, http://www.latribunedelart.com (Last Accessed on December 11th, 2012)

Pacific Wild "Jane Goodall Comments on the BC Trophy Hunt" http://www.pacificwild. org/ (Last Accessed on September 14th, 2010)

PETA (People for Ethical Treatment of Animals), Why Sport Hunting is Cruel and Unnecessary, http://www.peta.org/ (Last Accessed on January13th, 2008)

PHASA (Professional Hunting Association of South Africa), 2008, General hunting Information, Professional Hunting Association of South Africa, Centurion, South Africa. http://www.phasa.co.za/　(Last Accessed on January 12th, 2008)

The Hunting Report, Subscriber-Written Trip Report in Cameroon hunting, http://www. huntingreport.com　(Last Accessed on September 29th, 2008)

WDPA (World Database on Protected Areas) http://www.wdpa.org (Last Accessed on September 5th, 2009)

WWF. http://www.wwf.panda.org (Last Accessed on April 29th, 2011)

索　引

あ　行

IUCN　37, 45, 72, 132

アフリカにおける野生動物，鳥類，魚類の
保全に関する国際会議　73

意思決定過程　179

移住　17, 41, 86, 89, 90, 157, 160-165, 168,
174, 177, 178

イスラーム教　82, 107, 151

エコツーリズム　19, 21, 40, 172, 187

エラスムス（Erasmus, D）　24

オルテガ（José Ortega y Gasset）　30-32

か　行

開発委員会　157-159, 164, 167-169

ガウンデレ　85, 108, 165

科学　v, vi, 23, 73, 78, 180-183, 189

「影」　ix, 124, 134, 141, 142, 147, 149, 156,
164, 166, 169

囲い込み猟　9

カメラ　21, 32, 74

カメルーン　i, v, vi, 4, 6, 43-51, 53, 55-
58, 60, 62, 64, 66, 67, 69, 70-75, 77-79, 81,
82, 84, 85, 87, 90, 102, 108, 112, 122, 125,
127, 128, 132-144, 147, 149, 151, 154, 157,
166, 172, 175, 176, 178-180, 182-187, 189

刈跡放牧　87, 88, 140, 173

駆り出し猟　10

ガルア　45, 66, 84, 85, 114, 128, 129, 131,
136

皮剥ぎ人　60, 64, 93-96

観光事業者　34, 35, 37, 42, 54, 57, 59, 60,
62-64, 66, 71-74, 77, 78, 81, 91, 93, 94, 96,
97, 99-102, 104-106, 124-126, 128-130,
133-139, 141, 142, 144, 146, 147, 149, 150,
154-156, 158-160, 162, 164, 167-169, 173-
180, 182-188

canned hunting　29, 31

CAMPFIRE　33, 43

強制移住　18, 41, 160, 164, 166-168, 177,
178

共同管理狩猟区　57, 59, 144-147

キリスト教徒　82, 151

キリスト教の教義　23

儀礼　7, 113, 121, 122, 124, 135, 137, 139,
142, 144, 147, 160, 173, 176, 177

禁忌　93, 112, 113, 127, 173

グルゥム（F : Gourloum）　108, 109, 152,
153

経済危機　51, 56, 75, 77, 173

経済的観点　iv, 37, 43, 180, 182

経済的便益　iii, iv, 18, 33, 34, 40-42, 91,
106, 134, 147, 149, 164, 168, 172, 175, 178-
180, 185, 188

合意形成　164, 166-168, 187, 188

高貴　11, 39, 183

公共施設の提供　34, 38, 91, 102, 104, 106,
175, 186

国立公園　16-18, 41, 45, 49-51, 57-59,
72, 74-78, 81-83, 85, 90, 100, 103, 114, 115,
121, 124, 125, 129, 133, 141, 142, 145, 149-
151, 155, 157, 158, 163, 172, 173, 186, 189

索　引

コブ　48, 55, 64, 69, 70, 95, 108, 110, 112, 113, 153

コミュニティ管理狩猟区　57, 59, 149, 158, 159, 164, 169

雇用機会　18, 37, 40, 91, 97, 99, 101, 106, 124, 142, 144, 145, 147, 149, 164, 173, 175, 185

娯楽　i, iii, iv, vi, 1, 6, 7, 20-22, 24, 25, 27-30, 39, 56, 77, 81, 106, 124, 171, 182, 183, 189

御猟地　11, 12, 17

さ　行

CITES　66, 72

サファリ　vi, 17, 19-21, 32-38, 40, 56, 67, 74-78, 172, 173, 186, 187, 190

Safari Club International　2, 31, 38

残酷　iv, 11, 20, 22, 24, 25, 27, 30, 31

シェークスピア（Shakespeare, W.）　24

ジェーン・グドール（Jane Goodall）　27

資源　iv, 18, 19, 33, 38-41, 57, 78, 79, 86, 88, 90, 101, 106, 124-127, 139, 142, 144, 152, 158, 172-176, 178-183, 187, 190

持続可能性　iii, iv, vi, 32-34, 36, 38, 40, 41, 79, 148, 150, 171, 172, 174, 175, 178-183, 189

社会的優越性　7, 11, 39

借地料　34, 57, 71, 76, 102, 104, 106, 125, 157, 164, 184, 186

借地料の分配　91, 102-104, 131, 142, 146, 159, 173

銃　1, 9, 12, 13, 15, 21, 31, 32, 39, 45, 54, 62, 67, 74, 93, 94, 108, 110-113, 119, 123, 127, 130-132, 135, 136, 138-140, 152, 153, 169, 186

獣害　11, 114, 115, 118, 119, 141, 153

住民参加型保全（Community Conservation）　17-21, 33, 34, 37-40, 43, 102, 147, 150, 158, 172, 174, 175, 177-179, 185, 187

祝祭狩猟　9, 21

狩猟　i-iv, vi, 1-4, 6-15, 17, 18, 20-22, 24, 25, 27-32, 34-37, 39-41, 46, 49-57, 59-63, 66-68, 70-74, 76-78, 81, 82, 90-97, 99-108, 110-113, 115, 121, 122, 124-142, 144-150, 153-160, 163, 164, 167-169, 171-176, 178-190

狩猟ガイド　13, 54, 57, 94, 134, 139

狩猟技術の伝承　135, 139

狩猟規則　17, 36, 37, 66, 71, 73, 78, 79, 133, 172, 173, 182, 183

狩猟税　34, 55, 62, 67, 69, 70, 73, 76, 77, 102, 126, 127, 145, 146, 186

狩猟団体　iv, 28, 29, 31, 38, 187

狩猟ブーム　1, 2

順応的管理　181

植民地　iii, 12-14, 16, 17, 21, 39, 41, 49, 50, 55, 85, 142, 154, 166, 171, 177, 179, 182, 183, 188-190

植民地化　12

植民地時代　iii, 17, 20, 49, 77, 84, 89, 94, 172, 179, 188, 189

植民地主義的　18, 19, 21, 39, 41, 177, 179

シンガー（Singer, P.）　23, 26, 27

スクルートン（Scruton, R）　30, 31

スポーツ　7

スポーツハンティング　i, iii-vii, 1-7, 14, 15, 17-21, 25-46, 49-51, 53-57, 60, 62, 66, 67, 70, 71, 73-79, 81, 88-91, 94, 97, 101, 102, 105-107, 124-128, 133, 134, 137, 139-142, 144-147, 149, 150, 154, 156, 158-160, 164, 166-169, 171-180, 182-190

212

索 引

生活実践　81, 135, 139, 142, 144, 149, 173-175, 177, 179, 183
生態学　v, 36, 41, 72, 181, 182
生態的観点　43, 180
絶滅　iii, iv, 14-16, 31, 34, 39, 43
説話　121-124, 173, 176
ゾウ　iii, 6, 14, 21, 42, 45, 48, 49, 55, 62, 66-70, 72, 74, 100, 105, 111, 112, 114-123, 132, 137, 138, 154
村落委員会　102-104, 141, 145, 146, 159, 178

た 行

ダービーズエランド　6, 45, 48, 49, 55-57, 62, 69, 74, 96, 112, 154
逮捕　17, 110, 131, 132, 136, 139, 144, 155, 169, 173, 174
WWF（World Wide Fund for Nature：世界自然保護基金）　51, 52, 54, 55, 61, 72, 112, 120, 132, 133, 140
多目的利用地区（仏：zone à usage multiple）　144-147, 158
タンザニア　6, 35-37, 62, 78, 184, 186, 190
タンパク源　108, 128, 173, 176
地域密猟監視員　102, 103, 129-131, 136, 137, 169
中世西洋社会　vi, 1, 8, 13, 17, 21, 31, 171, 183
チョリレ市　82, 89, 90, 102, 107, 119, 121, 125, 128, 129, 131, 132, 136, 138, 139
追走猟　9
ディー　81, 82, 86, 88, 89, 107, 113, 122, 124, 127, 129, 134, 141, 149, 151, 173
帝国主義　12, 13, 171, 179
手つかずの自然　iv, 16, 17, 41, 106, 176

伝統的狩猟　127, 138, 147, 169, 176
天然ソーダ　60, 85, 125
盗賊　76, 156, 157, 164
動物愛護思想　iv
動物愛護精神　vi, 1, 29
動物愛護団体　iv, 27-29, 133, 172
動物虐待　22, 24, 29
動物虐待防止協会（SPCA）　24, 25
動物の権利運動　21, 26, 27, 29, 30, 39, 40, 106, 172
特権階級　10, 17, 20, 22, 39, 171, 183
トマス・モア（Thomas More）　24
トラッカー　60, 63, 64, 74, 93-97, 100, 101, 108, 129, 137, 146
トロフィー　i-iii, 2, 12, 13, 15, 31, 35, 37, 56, 64, 66, 72, 73, 77, 93, 94, 138
トロフィーコレクター　2, 57

な 行

ナイジェリア　47, 125, 151, 155, 156
ナッシュ（Nash, R.）　16, 26
二項対立　1, 41, 42, 172, 176
農耕民　vi, 81, 82, 84-89, 91, 97, 101, 106, 107, 113, 121, 122, 124, 127, 134, 141, 146, 149-151, 154, 165, 168, 173, 174, 179, 181, 184, 186, 188
農耕民ペレ　151, 164
農作物被害　v, 114, 135, 137-139, 152, 176, 178

は 行

罰金　17, 73, 131-173, 176
バッファロー　i, ii, 6, 48, 55, 63-65, 67, 69, 70, 113, 121, 132
ハンター　i-vi, 2-5, 12-15, 27-32, 34-38, 40, 42, 50, 51, 53, 55, 56, 59-64, 66, 67, 70,

213

索 引

73, 74, 76-78, 81, 84, 89, 90, 93, 94, 96,
105, 106, 125-127, 129, 142, 145, 146, 149,
154, 155, 173, 176, 183, 187, 188
ハンター（Hunter, J. A.）　13
「光」　91, 102, 106, 107, 124, 134, 141, 142,
147, 149, 164, 168, 185-187
人と野生動物の関係　v, vi, 176
人と野生動物の共存関係　43, 191
ブーム　81, 151, 157, 165
put-and-take hunting　29
フルベ族の聖戦　85, 89, 166
PETA（People for the Ethical Treatment
of Animals）　27, 39, 41
ポーター　34, 60, 63-65, 74, 93-97, 108,
110, 129, 137
捕獲枠　36, 37, 53-56, 66, 71-73, 77-79,
105, 127, 147, 173, 182, 183
牧畜民　vi, 50, 73, 81, 85, 87, 89, 91, 113,
121, 122, 179, 181, 184
保全　iii, iv, 12, 16-20, 32-34, 36-43, 49,
141, 142, 147, 168, 171, 172, 175, 177-180,
182, 187-190
保存　16, 41-43, 93
ポリ市　151, 157

ま　行

マーティン法　24-26
マネージャー　60, 63, 64, 66, 73, 74, 93,
94, 96, 99, 100, 106, 135, 142, 155
護るために殺す　iii-vii, 1, 20, 32, 33, 38,
40, 91, 172, 175, 191
密猟　11, 15, 18, 93, 102, 103, 110, 127-
137, 139-142, 144, 169, 174, 176, 177, 186,
188, 189
密猟監視員　93, 128-131, 134-137, 144,
186

密猟者　11, 15, 129-132, 135, 136, 139,
140, 177, 186, 188
南アフリカ共和国　4-6, 29, 35, 49, 78
民族　8, 17, 82, 91, 129, 135, 151, 157, 178,
184, 188, 189
ムスリム　82, 93, 112, 113, 127, 151
綿花　82-88, 97, 99, 100, 111, 114-118, 126,
151
綿花開発公社　84, 97, 99, 104, 114, 116,
117, 151
モデルシフト　19, 21, 40, 177, 179
モンテーニュ（Montaigne, M. E.）　24, 32

や　行

野生獣肉の譲与　102, 105, 106, 145, 147
野生動物管理　v, 173, 181, 182, 190
野生動物森林省　53, 57-59, 66, 67, 70-
76, 78, 79, 92, 102, 120, 124-136, 138-142,
144-147, 150, 155, 158, 159, 167-169, 178,
189
野生動物保全政策　v, vi, 1, 6, 33, 43, 44,
144, 171, 179
野生動物保護　vi, 4, 16, 42, 50, 51, 132,
183, 190
簗　84, 125, 154
野蛮　11, 15, 25, 39, 40, 172, 183
ユートピア　iv, 24, 43, 189
遊牧系フルベ　85-90, 101, 106, 112-114,
121, 124-127, 134, 135, 138-141, 146, 147,
149-158, 160, 164, 168, 173, 174, 184-186
弓矢　7, 90, 108, 111-113, 121, 122, 126,
130, 131, 160
要塞型保全（Fortress Conservation）
12, 17, 18, 20, 38-40, 171, 172, 175, 177,
180
預託　87, 88, 173

索　引

ら 行

ライオン　　6, 7, 14, 19, 45, 48, 53-56, 67,
68, 100, 121, 126, 154

ライセンス　　vi, 34, 46, 49-51, 53, 56, 62,
66, 67, 70, 73, 76, 77, 102, 126, 127, 132,
176, 186

ラミド　　85, 157, 158, 160-168, 174, 178,
185

ランチ　　3, 184

リーダー＝ウィリアムス (Leader-Williams,
N.)　　i, 31

利益分配　　38, 40, 91, 102, 103, 142, 144,
164, 174, 185, 186

猟期　　36, 49, 55, 60, 66, 72, 73, 91-93, 95-
97, 105, 132, 138, 154

レイ・ブーバ (Rey-Bouba) 王国　　50,
55, 77, 85, 89, 113, 136, 166, 184

レーガン (Regan, T.)　　26

歴史的支配構造　　164, 167

わ 行

ワシントン条約　　66

罠　　11, 108, 111, 112, 123, 127, 130, 131,
136, 153, 169, 183

罠猟　　111, 112

ンガウンダル (F : Ngaoundal)　　108, 109,
127, 131

215

著者略歴

1982年生.
京都大学大学院アジア・アフリカ地域研究研究科博士課程修了.
主要論文として,「『持続可能な』野生生物管理の政治と倫理——アフリカの野生生物をめぐる一局面」, 鬼頭秀一・福永真弓編著『環境倫理学』(東京大学出版会, 2009), pp.130-145,「自然保護政策におけるスポーツハンティングの意義と住民生活への影響——カメルーン共和国・ベヌエ国立公園地域を事例に」,『アフリカ研究』第73号, pp.1-15 など.

護るために殺す?
アフリカにおけるスポーツハンティングの「持続可能性」と地域社会

2013年2月20日 第1版第1刷発行

著者 安田章人(やすだあきと)

発行者 井村寿人

発行所 株式会社 勁草書房(けいそうしょぼう)
112-0005 東京都文京区水道2-1-1 振替 00150-2-175253
(編集)電話 03-3815-5277／FAX 03-3814-6968
(営業)電話 03-3814-6861／FAX 03-3814-6854
本文組版 プログレス・港北出版印刷・牧製本

©YASUDA Akito 2013

Printed in Japan

JCOPY <(社)出版者著作権管理機構 委託出版物>
本書の無断複写は著作権法上での例外を除き禁じられています.
複写される場合は, そのつど事前に,(社)出版者著作権管理機構
(電話 03-3513-6969, FAX 03-3513-6979, e-mail: info@jcopy.or.jp)
の許諾を得てください.

＊落丁本・乱丁本はお取替いたします.
http://www.keisoshobo.co.jp

護るために殺す?
アフリカにおけるスポーツハンティングの
「持続可能性」と地域社会

2023年9月20日　オンデマンド版発行

著者　安田章人

発行者　井村寿人

発行所　株式会社　勁草書房

112-0005 東京都文京区水道 2-1-1　振替 00150-2-175253
（編集）電話 03-3815-5277／FAX 03-3814-6968
（営業）電話 03-3814-6861／FAX 03-3814-6854
印刷・製本　（株）デジタルパブリッシングサービス

Ⓒ YASUDA Akito 2013　　　　　　　　　　　　　AM078
ISBN978-4-326-98585-2　Printed in Japan

JCOPY　〈出版者著作権管理機構 委託出版物〉
本書の無断複写は著作権法上での例外を除き禁じられています。
複写される場合は、そのつど事前に、出版者著作権管理機構
（電話 03-5244-5088, FAX 03-5244-5089, e-mail: info@jcopy.or.jp）
の許諾を得てください。

※落丁本・乱丁本はお取替いたします。
https://www.keisoshobo.co.jp